Imaginaire rescripting

Remco van der Wijngaart

Imaginaire rescripting

theorie en praktijk

Houten 2020

Remco van der Wijngaart
Maastricht, Nederland

ISBN 978-90-368-2450-7   ISBN 978-90-368-2451-4   (eBook)
https://doi.org/10.1007/978-90-368-2451-4

© Bohn Stafleu van Loghum is een imprint van Springer Media B.V., onderdeel van Springer Nature 2020
Alle rechten voorbehouden. Niets uit deze uitgave mag worden verveelvoudigd, opgeslagen in een geautomatiseerd gegevensbestand, of openbaar gemaakt, in enige vorm of op enige wijze, hetzij elektronisch, mechanisch, door fotokopieën of opnamen, hetzij op enige andere manier, zonder voorafgaande schriftelijke toestemming van de uitgever.
Voor zover het maken van kopieën uit deze uitgave is toegestaan op grond van artikel 16b Auteurswet j° het Besluit van 20 juni 1974, Stb. 351, zoals gewijzigd bij het Besluit van 23 augustus 1985, Stb. 471 en artikel 17 Auteurswet, dient men de daarvoor wettelijk verschuldigde vergoedingen te voldoen aan de Stichting Reprorecht (Postbus 3060, 2130 KB Hoofddorp). Voor het overnemen van (een) gedeelte(n) uit deze uitgave in bloemlezingen, readers en andere compilatiewerken (artikel 16 Auteurswet) dient men zich tot de uitgever te wenden.
Samensteller(s) en uitgever zijn zich volledig bewust van hun taak een betrouwbare uitgave te verzorgen. Niettemin kunnen zij geen aansprakelijkheid aanvaarden voor drukfouten en andere onjuistheden die eventueel in deze uitgave voorkomen. De uitgever blijft onpartijdig met betrekking tot juridische aanspraken op geografische aanwijzingen en gebiedsbeschrijvingen in de gepubliceerde landkaarten en institutionele adressen.

NUR 777
Basisontwerp omslag: Studio Bassa, Culemborg
Grafisch ontwerp omslag: Daphne Philippen, www.daphnephilippen.nl
Automatische opmaak: Scientific Publishing Services (P) Ltd., Chennai, India

Bohn Stafleu van Loghum
Walmolen 1
Postbus 246
3990 GA Houten

► www.bsl.nl

sluit mijn ogen en zie bomen
wijken, een open plek
zacht licht, hoor
vogels boven
de stilte hier
waar kleuren
dansen
landen
.

Voorwoord

Imaginaire rescripting is een steeds populairdere therapeutische techniek aan het worden. Wereldwijd zijn er talloze toepassingen onderzocht, en fundamenteel laboratoriumonderzoek draagt bij aan de ontrafeling van de werkingsmechanismen. De toenemende populariteit heeft waarschijnlijk te maken met verschillende zaken. Zo heeft wetenschappelijk onderzoek eraan bijgedragen dat imaginaire rescripting niet langer als een twijfelachtige en onbewezen techniek wordt gezien. Ook theoretische ontwikkelingen en beeldvormend hersenonderzoek maken het mogelijk de effecten beter te begrijpen dan zo'n dertig jaar geleden. Maar ook het brede toepassingsterrein, de krachtige therapeutische effecten en het feit dat imaginaire rescripting goed te verdragen is (het dropout-percentage is erg laag) dragen bij aan de toenemende belangstelling. Lang was het in de cognitieve gedragstherapie een taboe om vroege ervaringen te behandelen. Dat werd als iets psychoanalytisch gezien, en de overheersende visie was dat je alleen onderhoudende factoren moest opsporen en behandelen. Hoewel er geen goede reden is waarom het revalueren van de representaties van de oorspronkelijke nare ervaringen die aan vele psychopathologische problematiek ten grondslag liggen een verkeerde aanpak zou zijn – integendeel, dit past uitstekend in de moderne leertheorie – was dit dus wel een overheersend idee. Deze opvatting veranderde door de bevinding dat vastgelopen behandelingen met alleen een focus op het hier en nu vaak vlot getrokken konden worden door herinneringen aan vroege ervaringen te verwerken met imaginaire rescripting. Waarschijnlijk heeft ook de toegenomen aandacht voor de schadelijke langetermijneffecten van misbruik en verwaarlozing van kinderen de aandacht voor vroege herinneringen vergroot, evenals het toenemende inzicht dat traumatische ervaringen niet alleen in een posttraumatische-stressstoornis hoeven uit te monden. Ten slotte zijn de brede toepasbaarheid – imaginaire rescripting is bij uitstek een transdiagnostische techniek – en de mogelijkheid imaginaire rescripting ofwel als complete behandeling aan te bieden, ofwel te integreren in een breder behandelpakket, voor velen aantrekkelijk.

De toegenomen belangstelling voor imaginaire rescripting en de brede toepasbaarheid hebben geleid tot de vraag naar een overzicht van de toepassingen en de wetenschappelijke fundering. Er zijn wel protocollen beschikbaar voor de toepassing bij specifieke stoornissen, maar een boek dat een breed overzicht biedt ontbrak. Het is dan ook zeer verheugend dat Remco van der Wijngaart, met steun van Marleen Rijkeboer, dit boek heeft geschreven. Het biedt een uitstekend en up-to-date overzicht van de stand van de wetenschap en van de klinische toepassingen van imaginaire rescripting. Er worden praktische voorbeelden gegeven, en problemen die de behandelaar kan tegenkomen en mogelijke oplossingen worden besproken. Dit boek biedt daarmee voor zover mij bekend het uitgebreidste overzicht van imaginaire rescripting. De clinicus vindt in dit boek een rijkdom aan klinische toepassingen en tips, die gebaseerd zijn op de recentste inzichten.

Arnoud Arntz

Dankwoord

Nu het werk is gedaan, wil ik een paar mensen expliciet bedanken voor hun rol in de totstandkoming van dit boek. Allereerst wil ik de uitgeverij Bohn Stafleu van Loghum bedanken voor het vertrouwen dat ze me hebben gegeven om dit boek te schrijven. Yulma Perk, je hebt me echt over de streep getrokken met je vertrouwen en enthousiasme, en ik wil je daar oprecht voor danken! Hester Presburg, je bent een fijne, opgewekte vraagbaak geweest die er altijd bijzonder snel was als ik je nodig had; heel fijn!

Prof. dr. Arnoud Arntz, beste Arnoud, ik waardeer het heel erg dat je ruimte hebt willen en kunnen vrijmaken om dit boek te voorzien van een schitterend voorwoord!

Ik wil met name ook prof. dr. M.M. Rijkeboer danken voor haar onmisbare bijdrage aan de totstandkoming van dit boek; Marleen, je bent echt geweldig! Jouw co-auteurschap van het eerste hoofdstuk ervaar ik echt als een cadeau; wat een geschenk dat iemand die zo kundig is mijn geschrift heeft doorgeploegd, uren en uren van geduldig werk die je in je uiterst drukke leven hebt ingevoegd waardoor het een mooi hoofdstuk is geworden. Ik kan je niet genoeg bedanken voor al dat werk! Ik heb de feedback van dr. Julie Krans op het boek eveneens als een cadeau ervaren. Beste Julie, ik ben je ontzettend dankbaar voor je scherpzinnige, humoristische en zeer deskundige feedback op het manuscript! Marisol Voncken, ik wil jou nog hartelijk danken voor de artikelen die je me doorstuurde en de adviezen over wetenschappelijke notaties.

Hélène Bögels, we hebben het er vaak over gehad hoe druk onze levens zijn, en daarom waardeer ik het des te meer dat je al die tijd hebt vrijgemaakt om het manuscript door te nemen. Ik wil je dan ook hartelijk danken voor je positieve feedback en je actieve meedenken!

Daphne, wat maak jij als grafisch vormgeefster alles toch maar mooi en dus ook de omslag van dit boek! Daarnaast ben je ook nog eens ontzettend behulpzaam en help je me iedere keer weer uit de brand als er een deadline nadert, dank!

Ik wil hierbij ook de vele cursisten en supervisanten bedanken voor hun prikkelende vragen over imaginaire rescripting tijdens trainingen of supervisie. Jullie hebben me daarmee aangespoord me verder te verdiepen in allerlei facetten van imaginaire rescripting, waardoor het boek, denk ik, rijker en vollediger is geworden. Ik wil ook mijn cliënten die ik in de afgelopen twintig jaar heb behandeld met imaginaire rescripting bedanken voor hun bereidheid om mij in hun belevingswereld toe te laten en me toe te staan om beelden te herschrijven en voor de vergevingsgezindheid voor de fouten die ik onherroepelijk maakte in dat proces.

Ik wil deze dankbetuigingen afsluiten met het uitspreken van mijn dank aan mijn geweldige vrouw Marion en mijn dochter en zoon, Robin en Arthur. Jullie hebben heel wat uren moeten verdragen dat ik achter de computer zat en zijn vaker opgestaan én naar bed gegaan met het beeld van mij achter de computer. Fijn dat het boek nu klaar is en het leven weer meer leven kan zijn. Jullie zijn het mooiste wat me overkomen is in het leven, dank voor die rijkdom!

Inhoud

1	**Inleiding**.	1
1.1	**Imaginatie**.	3
1.1.1	Wat betekent imaginatie?.	3
1.1.2	Imaginatie is een onderdeel van gezond functioneren.	3
1.1.3	De rol van imaginatie in het verwerken van informatie	4
1.1.4	De impact van imaginatie op ervaren emoties	4
1.1.5	Relatie tussen imaginatie en psychopathologie	6
1.1.6	Imaginaties, realiteit of niet?	6
1.2	**Imaginaire rescripting**	7
1.2.1	Wat is imaginaire rescripting	7
1.2.2	Welke beelden worden bewerkt met imaginaire rescripting?.	8
1.2.3	De geschiedenis van imaginaire rescripting.	8
1.3	**De effectiviteit van imaginaire rescripting**.	9
1.3.1	Posttraumatische-stressstoornis.	9
1.3.2	Sociale-angststoornis.	10
1.3.3	Specifieke fobieën.	12
1.3.4	Obsessief-compulsieve stoornis.	12
1.3.5	Depressie.	13
1.3.6	Eetstoornissen.	14
1.3.7	Nachtmerries.	16
1.3.8	Psychose.	17
1.3.9	Stoornis in de lichaamsbeleving.	17
1.3.10	Persoonlijkheidsstoornissen.	18
1.3.11	Overige toepassingsgebieden.	19
1.3.12	Samenvatting.	19
1.4	**Het werkingsmechanisme**.	19
1.5	**Toepassing van imaginaire rescripting**.	20
1.5.1	Indicatiecriteria voor imaginaire rescripting.	20
1.5.2	Wie kan imaginaire rescripting doen?.	21
1.5.3	Duur van de behandeling en frequentie van de sessies	21
1.5.4	Behandelplan en evaluatiecriteria.	21
1.5.5	Emotieregulatie tijdens imaginaire rescripting	22
1.5.6	Kritische noot.	22
1.6	**Samenvatting**.	23
1.7	**Introductie casussen Nicky en Greg**	23
2	**Diagnostische imaginatie**	25
2.1	**Inleiding**.	26
2.2	**Toelichting op de stappen van diagnostische imaginatie**.	27
2.2.1	Stap 1: Introductie van diagnostische imaginatie.	27
2.2.2	Stap 2: Veilige plek.	32
2.2.3	Stap 3: Nare situatie in het heden.	35
2.2.4	Stap 4: Affectbrug naar het verleden.	36
2.2.5	Stap 5: Exploratie van een betekenisvolle ervaring uit het verleden.	38

2.2.6	Stap 6: Terug naar de veilige plek.	41
2.2.7	Stap 7: Nabespreking	42
2.3	**Samenvatting**.	45

3	**Imaginaire rescripting – de therapeut herschrijft**	**47**
3.1	**Inleiding**.	48
3.2	**Rescripting**	48
3.2.1	Hoe werkt rescripting?	48
3.2.2	Wie doet de rescripting?	49
3.2.3	Wat wordt herschreven?	49
3.2.4	Kiezen van de interventie	50
3.2.5	Wat is het juiste moment voor rescripting?	50
3.3	**Onderwerpen en thema's**	56
3.3.1	Gebrek aan veiligheid.	57
3.3.2	Gebrek aan waardering, spontaniteit en spel: veeleisende antagonist	62
3.3.3	Gebrek aan zelfexpressie en autonomie: schuld-inducerende antagonist	63
3.3.4	Gebrek aan emotionele verbondenheid en zorg: afwezige antagonist	67
3.3.5	Gebrek aan realistische grenzen: verwennende/verwaarlozende antagonist	68
3.4	**Samenvatting**.	68

4	**Imaginaire rescripting aan het eind van de therapie – de cliënt herschrijft**.	**71**
4.1	**Inleiding**.	72
4.2	**Wanneer ga je over tot deze fase van de behandeling waarin de cliënte zelf herschrijft?**	72
4.3	**Visualiseren van de gezonde volwassene**	73
4.3.1	Stap 1 Leg uit waarom cliënte gezonde volwassene moet leren visualiseren	73
4.3.2	Stap 2 Geef een persoonlijk voorbeeld van jouw gezonde volwassene.	74
4.3.3	Stap 3 Focus op specifieke aspecten van deze herinnering.	76
4.3.4	Stap 4 Vraag cliënte haar gezonde volwassene te visualiseren	76
4.3.5	Stap 5 Nabespreking en huiswerk	78
4.4	**Imaginaire rescripting aan het eind van de therapie: de cliënte herschrijft**.	79
4.4.1	Stap 1 Introductie	79
4.4.2	Stap 2 Visualiseren van gezonde volwassene in plaats van veilige plek	79
4.4.3	Stap 3 Visualiseren van traumatische gebeurtenis vanuit perspectief kind/slachtoffer.	80
4.4.4	Stap 4 Rescripting van dit traumatische beeld vanuit perspectief gezonde volwassene.	81
4.4.5	Stap 5 Herhaling van deze rescripting, maar nu vanuit perspectief kind/slachtoffer.	84
4.4.6	Stap 6 Nabespreking.	86
4.5	**Samenvatting**.	87

Inhoud

5	**Toekomstgerichte imaginaire rescripting om patronen te doorbreken**	89
5.1	**Inleiding**	90
5.2	**Toekomstgerichte imaginaire rescripting: voorbereiding**	90
5.2.1	Zelfcompassie	91
5.2.2	Cognitieve herstructurering	93
5.2.3	Gedragsverandering	95
5.3	**Toekomstgerichte imaginaire rescripting om patronen te doorbreken: de praktijk**	97
5.3.1	Stap 1 Voorbespreking	97
5.3.2	Stap 2 Visualiseren Gezonde Volwassene	100
5.3.3	Stap 3 Visualiseren gevreesd rampscenario	101
5.3.4	Stap 4 Contact maken met gezond, volwassen deel	102
5.3.5	Stap 5 Coachen in zelfcompassie, cognitieve herstructurering, gedragsverandering	103
5.3.6	Stap 6 Nabespreking en huiswerk	106
5.4	**Samenvatting**	107

6	**Specialistische toepassingsgebieden en vormen van imaginaire rescripting**	109
6.1	**Inleiding**	110
6.2	**Specialistische toepassingsgebieden**	110
6.2.1	Imaginaire rescripting bij verslavingsproblematiek	110
6.2.2	Imaginaire rescripting bij nachtmerries	113
6.2.3	Imaginaire rescripting bij flashforwards	116
6.3	**Specialistische vormen van imaginaire rescripting: positieve imaginatie**	121
6.3.1	Inleiding	121
6.3.2	Verschillende vormen van positieve imaginatie	122
6.4	**Samenvatting**	124

7	**Valkuilen van therapeuten**	125
7.1	**Inleiding**	126
7.2	**Therapeut vraagt de cliënte te snel om zelf te herschrijven**	126
7.2.1	Bewustwording	127
7.2.2	Compassie	127
7.2.3	Cognitieve herstructurering	128
7.2.4	Gedragsmodificatie	128
7.3	**De rescripting is niet krachtig genoeg**	128
7.3.1	Bewustwording	130
7.3.2	Compassie	130
7.3.3	Cognitieve herstructurering	130
7.3.4	Gedragsinstructie	130
7.4	**Therapeut is te rationeel en snel**	131
7.4.1	Bewustwording	132
7.4.2	Compassie	133

7.4.3	Cognitieve herstructurering	133
7.4.4	Gedragsinstructie	133
7.5	**Therapeut is te gedetailleerd**	133
7.5.1	Bewustwording	135
7.5.2	Compassie	135
7.5.3	Cognitieve herstructurering	135
7.5.4	Gedragsinstructie	135
7.6	**Samenvatting**	136

Bijlagen

Bijlage 1 Richtlijn diagnostische imaginatie ... 138
Bijlage 2 Uitleg imaginaire rescripting aan cliënten ... 140
Bijlage 3 Richtlijn imaginaire rescripting – de therapeut herschrijft ... 143
Bijlage 4 Richtlijn imaginatie van gezonde volwassene ... 145
Bijlage 5 Richtlijn imaginaire rescripting – cliënte herschrijft ... 147
Bijlage 6 Richtlijn toekomstgerichte imaginaire rescripting ... 149
Literatuur ... 151

Over de auteur

Remco van der Wijngaart

Imaginaire rescripting, theorie en praktijk is geschreven door Remco van der Wijngaart, psychotherapeut en gezondheidszorgpsycholoog. Hij is meer dan twintig jaar werkzaam geweest op een academische afdeling van een ambulante instelling voor geestelijke gezondheidszorg waarbinnen hij als therapeut participeerde aan talrijke behande studies bij angst-, somatoforme- en eetstoornissen en persoonlijkheidsstoornissen. In een eerste behandelstudie naar de effectiviteit van schematherapie voor borderlinepersoonlijkheidsstoornis is hij getraind en gesuperviseerd in imaginaire rescripting door Jeffrey Young, grondlegger van schematherapie. Momenteel is Remco werkzaam in een zelfstandige praktijk voor psychotherapie in Maastricht. Hij heeft, in samenwerking met anderen, diverse audiovisuele producties ontwikkeld, zoals Fine Tuning Imagery rescripting; 35 scènes die imaginaire rescripting tonen in al zijn facetten.

Inleiding

Dit hoofdstuk werd geschreven door
Remco van der Wijngaart en Marleen Rijkeboer*

1.1 Imaginatie – 3
1.1.1 Wat betekent imaginatie? – 3
1.1.2 Imaginatie is een onderdeel van gezond functioneren – 3
1.1.3 De rol van imaginatie in het verwerken van informatie – 4
1.1.4 De impact van imaginatie op ervaren emoties – 4
1.1.5 Relatie tussen imaginatie en psychopathologie – 6
1.1.6 Imaginaties, realiteit of niet? – 6

1.2 Imaginaire rescripting – 7
1.2.1 Wat is imaginaire rescripting – 7
1.2.2 Welke beelden worden bewerkt met imaginaire rescripting? – 8
1.2.3 De geschiedenis van imaginaire rescripting – 8

1.3 De effectiviteit van imaginaire rescripting – 9
1.3.1 Posttraumatische-stressstoornis – 9
1.3.2 Sociale-angststoornis – 10
1.3.3 Specifieke fobieën – 12
1.3.4 Obsessief-compulsieve stoornis – 12
1.3.5 Depressie – 13
1.3.6 Eetstoornissen – 14
1.3.7 Nachtmerries – 16
1.3.8 Psychose – 17
1.3.9 Stoornis in de lichaamsbeleving – 17
1.3.10 Persoonlijkheidsstoornissen – 18
1.3.11 Overige toepassingsgebieden – 19
1.3.12 Samenvatting – 19

---

* Prof. dr. Marleen Rijkeboer is verbonden aan de Universiteit Maastricht en de Universiteit van Amsterdam, waar zij onder meer onderzoek doet naar schematherapie, EMDR en Imagery Rescripting. Ze is voorzitter van de Vereniging voor Schematherapie en is hoofdopleider van de BIG-opleidingen tot Klinisch Psycholoog en Psychotherapeut bij de RINO Amsterdam.

© Bohn Stafleu van Loghum is een imprint van Springer Media B.V., onderdeel van Springer Nature 2020
R. van der Wijngaart, *Imaginaire rescripting*, https://doi.org/10.1007/978-90-368-2451-4_1

1.4	Het werkingsmechanisme – 19	
1.5	Toepassing van imaginaire rescripting – 20	
1.5.1	Indicatiecriteria voor imaginaire rescripting – 20	
1.5.2	Wie kan imaginaire rescripting doen? – 21	
1.5.3	Duur van de behandeling en frequentie van de sessies – 21	
1.5.4	Behandelplan en evaluatiecriteria – 21	
1.5.5	Emotieregulatie tijdens imaginaire rescripting – 22	
1.5.6	Kritische noot – 22	
1.6	Samenvatting – 23	
1.7	Introductie casussen Nicky en Greg – 23	

1.1 Imaginatie

1.1.1 Wat betekent imaginatie?

'Imaginatie' heeft in de Nederlandse taal verschillende betekenissen, zoals verbeelding, verbeeldingskracht, droombeeld, fantasie, inbeelding of een verbeelde voorstelling. In de wetenschappelijke literatuur wordt imaginatie omschreven als *'seeing with the mind's eye, hearing with the mind's ear, and so on'* (Kosslyn et al. 2001, pag. 635). Imaginatie wordt daarbij gezien als de 'representatie en de begeleidende ervaring van zintuiglijke informatie zónder een directe externe stimulus' (Pearson et al. 2015). De beleving tijdens een imaginatie kan daarbij meerdere zintuiglijke elementen bevatten, niet alleen visuele maar ook auditieve, olfactorische, tactiele en motorische elementen (Kosslyn 1994). Wanneer we ons bijvoorbeeld een poffertjeskraam voorstellen, dan zien we het oud-Hollandse tafereel van een kraam met grote ijzers met ronde bolletjes waarin het beslag wordt gegoten, we horen het gesis van het beslag dat het hete ijzer raakt, we ruiken de zoete geur van de allengs garende poffertjes, we voelen de warme poffertjes op onze tong smelten et cetera.

Tijdens imaginatie speelt het autobiografische geheugen een essentiële rol. Imaginaties worden geconstrueerd uit elementen van datgene wat in ons geheugen ligt opgeslagen. Anderzijds gaat het herinneren van autobiografische gebeurtenissen gepaard met imaginaire beelden, oftewel: *'When people remember, they imagine, and when they imagine, they use memory'* (Conway en Loveday 2015, pag. 574). Imaginaties hoeven niet alleen betrekking te hebben op het verleden, zij kunnen ook toekomstgericht zijn, waarbij zij vrijwillig opgeroepen kunnen worden (zoals het fantaseren over een geplande vakantie), maar zich soms ook opdringen (zoals de intrusieve herbelevingen bij de post-traumatische-stressstoornis). Imaginaties kunnen dus verschillende vormen aannemen, zoals dagdromen, nachtmerries en plezierige fantasieën. Al deze vormen van imaginatie kunnen vervolgens worden beschreven op grond van hun inhoud, levendigheid, helderheid, kleur, vormen, beweging, voorgrond- en achtergrondeigenschappen, en andere ruimtelijke relaties (Horowitz 1970). Hoewel imaginaties alle zintuigen kunnen omvatten, wordt in de literatuur het meest ingegaan op visuele beelden. Deze beelden kunnen daarbij worden ervaren als een waarheidsgetrouwe reconstructie van een reële gebeurtenis, of als een compleet hypothetische situatie, of alles daartussenin (Martin en Williams 1990).

1.1.2 Imaginatie is een onderdeel van gezond functioneren

Imaginatie lijkt een essentieel onderdeel van ons psychische leven te zijn, dat ons in staat stelt om ons het verleden te herinneren, de toekomst te simuleren of vooraf te ervaren, en beslissingen te nemen (Schacter et al. 2012). Imaginatie lijkt daarmee gebruikt te worden bij bijna elk gedrag dat baat zou kunnen hebben bij zintuiglijke simulatie, variërend van het vermijden van gevaar of juist het zoeken van een beloning tot en met het oplossen van problemen en afronden van taken (Holmes et al. 2016).

Het lukt vrijwel iedereen om zich zaken levendig voor te stellen. Slechts twee à drie procent van de gezonde volwassenen lijkt niet in staat tot het genereren van mentale beelden (Holmes 2015; Isaac en Marks 1994). Deze capaciteit is onafhankelijk van geslacht of leeftijd, al zijn er wel wat leeftijdsafhankelijke verschillen in de mate van levendigheid van de gevisualiseerde beelden. Een studie met 547 deelnemers van 7 tot 50 jaar of ouder toonde bijvoorbeeld een significant toegenomen levendigheid van de beelden bij meisjes van 8–9 jaar ten opzichte van meisjes in andere leeftijdscategorieën. Ook hadden jongens van 10–11 jaar een toegenomen levendigheid van de beelden ten opzichte van jongens in andere leeftijdscategorieën. Over het algemeen lijken vrouwen levendiger imaginaties te beschrijven dan mannen, maar dat verschil lijkt verdwenen op een leeftijd van 50 jaar (Isaac en Marks 1994).

Vrijwel iedereen lijkt dus in staat tot imaginatie, maar er worden wel individuele verschillen gerapporteerd hoe goed mensen kunnen visualiseren. Vooralsnog is echter onduidelijk welke invloed die verschillen hebben op de emotionele belevingen die door de imaginatie worden gegenereerd (Ji et al. 2016).

1.1.3 De rol van imaginatie in het verwerken van informatie

Er bestaat al wetenschappelijke interesse voor imaginatie sinds de negentiende eeuw. Volgens Galton (1880) zijn imaginaire beelden de bouwstenen van dromen en van hallucinaties (zie voor een uitgebreidere beschrijving: Holmes et al. 2016). Ondanks deze wetenschappelijke interesse voor het fenomeen, duurde het tot 1987 eer er een eerste toetsbare theorie werd ontwikkeld over emotie-inducerende visualisaties.

Lang (1987) formuleerde met zijn '*bio-informational theory*' een theorie waarin imaginaties een rol hebben in het verwerken van emoties. Hij veronderstelde dat het je voorstellen van een situatie of object (bijvoorbeeld het beeld dat er een grote spin vlak bij je zit) vrijwel dezelfde emotionele reacties oproept als een daadwerkelijke confrontatie met een situatie of object (een spin die in werkelijkheid vlakbij zit). Imaginatie blijkt dus een reactie teweeg te brengen 'alsof het echt is, of echt gebeurt'. Lang beschreef ook de therapeutische implicaties die hieruit kunnen voortvloeien, zoals het leren van nieuwe, meer adaptieve responsen door imaginaire exposure.

Lang legde daarmee een fundament voor inmiddels veertig jaar experimenteel en klinisch onderzoek naar imaginatie. De kennis en het begrip van imaginatie en de impact ervan op emotionele en gedragsmatige responsen zijn in die tijd enorm toegenomen (zie Ji et al. 2016).

1.1.4 De impact van imaginatie op ervaren emoties

Uit een reeks experimenten bleek dat de verwerking van beladen informatie op imaginair niveau een grotere impact had op de ervaren emoties dan een meer verbale verwerking ervan. Zo werden depressieve en sociaal angstige volwassenen gevraagd bewust imaginaire beelden te genereren naar aanleiding van emotioneel beladen triggers (bijvoorbeeld verhalen of bepaalde beeld-woordcombinaties). Er werden bij hen stemmingsveranderingen gezien in zowel positieve als depressieve of angstige richting, congruent met de emotionele lading van de aangeboden stimuli (Holmes et al. 2006, 2008; Pictet et al. 2011; Stopa et al. 2012). Daarentegen liet een verbale verwerking van dezelfde aangeboden informatie geen vergelijkbare stemmingsveranderingen zien (Holmes en Mathews 2005; Holmes et al. 2008). Hoewel replicatie nodig is, lijken deze experimenten een eerste aanwijzing te geven dat imaginaties als aanjagers/versterkers van zowel positieve als negatieve emoties fungeren (Holmes 2010).

Er is dus een sterke relatie tussen imaginatie en emotionele beleving. Holmes en Mathews (2010) beschrijven drie hypothesen die deze sterke relatie kunnen verklaren:
1. *Imaginatie activeert emotiesystemen in het brein die reageren op specifieke zintuiglijke informatie, ook wanneer die gevisualiseerd wordt.*
Imaginatie blijkt de emotiedelen in het brein, zoals de amygdala, meer te activeren dan verbale informatie. Dit zou vanuit evolutionair oogpunt een overlevingsfunctie kunnen hebben: het zien van gevaarsignalen, ook imaginair, leidt direct tot vlucht- of vechtgedrag.
2. *Imaginatie activeert dezelfde hersengebieden die actief zijn bij waarneming. Imaginaire beelden worden daardoor geïnterpreteerd als echte emotionele gebeurtenissen.*
Imaginatie activeert selectief die gebieden in het brein die ook een rol spelen in het verwerken van zintuiglijke informatie, zoals bij visuele waarneming (Ganis et al. 2004; Kosslyn en Thompson 2003; Pearson et al. 2015; Sirigu en Duhamel 2001). In het brein zijn tijdens een imaginatie van een emotionele gebeurtenis dus dezelfde gebieden actief als bij de feitelijke waarneming of ervaring van een emotionele gebeurtenis (Holmes 2010). Imaginatie kan zo gezien worden als een 'zwakke' vorm van perceptie (Pearson et al. 2015) met de daarbij behorende emotionele reacties. Een voorbeeld hiervan zijn de flashbacks van mensen met PTSS, die ze ervaren alsof de gebeurtenis opnieuw plaatsheeft, met alle emotionele reacties die daarmee samenhangen.
3. *Imaginaties maken gebruik van elementen van autobiografische herinneringen aan emotionele ervaringen.*
Deze hypothese gaat ervan uit dat imaginaire beelden worden geconstrueerd met gebruik van elementen uit het autobiografische geheugen en de daarmee samenhangende emoties. Er lijkt inderdaad een relatie te zijn tussen imaginaties en de werking van het autobiografische geheugen. Zo worden bij de meeste vormen van herinneren imaginaire beelden gerapporteerd. Bij herinneringen aan persoonlijke gebeurtenissen is dat nog meer het geval en lijkt nagenoeg iedereen imaginaire beelden te hebben (Holmes en Mathews 2010). Als iemand zich iets herinnert wat emotioneel is, dan is het dus zeer waarschijnlijk in de vorm van een visueel beeld.

Een levendig visueel beeld bij een herinnering van een persoonlijke gebeurtenis kan veel overtuigingskracht hebben ('*seeing is believing*'; Holmes en Mathews 2010). Het betekent echter niet dat dit beeld een exacte weergave van deze ervaren gebeurtenis is en dat deze werkelijk (zo) heeft plaatsgevonden. Het is niet alsof er een video is gemaakt van de gebeurtenis en dat je deze keer op keer kunt afspelen, met iedere keer dezelfde scènes. Herinneringen (en de beelden die men ervan heeft) lijken eerder constructies te zijn van los opgeslagen elementen (Conway en Pleydell-Pearce 2000). Deze losse fragmenten zouden dan ook worden gebruikt bij het construeren van herinneringen die feitelijk niet hebben plaatsgevonden en bij de vorming van beelden over toekomstige gebeurtenissen (Schacter et al. 2007). Wanneer herinneringen worden gevisualiseerd, blijken inderdaad dezelfde hersengebieden actief te zijn als bij het visualiseren van toekomstige gebeurtenissen (D'Argembeau en Van der Linden 2006).Bovenstaande hypothesen over hoe het komt dat imaginatie emotie-versterkend is, sluiten elkaar niet uit en kunnen worden gezien als onderdeel van een meer complex samenhangend geheel (Holmes en Mathews 2010).

1.1.5 Relatie tussen imaginatie en psychopathologie

Het hebben van intrusieve beelden is een diagnostisch kenmerk van de posttraumatische-stressstoornis en de obsessief-compulsieve stoornis, maar wordt niet genoemd bij de criteria van andere psychologische stoornissen (APA 2013). Toch is er in toenemende mate bewijs dat intrusieve beelden een belangrijke rol spelen bij veel psychische stoornissen, zoals sociale angst, depressie, eetstoornissen of psychotische problematiek (zie bijvoorbeeld Brewin et al. 2010; Hirsch en Holmes 2007; Kadriu et al. 2019; Wesslau en Steil 2014).

Mensen met psychopathologie hebben, in vergelijking met gezonde mensen, vaker intrusieve beelden, en deze worden als belastender ervaren (Brewin et al. 2010). Dergelijke intrusieve beelden hangen ook vaak samen met onaangename gebeurtenissen in het verleden. Imaginaties hoeven echter niet alleen een negatieve inhoud te hebben; zo komen bijvoorbeeld bij manische patiënten en mensen met een stoornis in middelengebruik ook positief gekleurde beelden voor die de pathologie verder kunnen versterken. Samenvattend blijkt imaginatie een belangrijke rol te spelen bij diverse vormen van psychopathologie.

1.1.6 Imaginaties, realiteit of niet?

Aangezien er een zekere overlap lijkt te zijn tussen het feitelijk waarnemen en het imaginair waarnemen, kan verondersteld worden dat mensen imaginaties kunnen verwarren met herinneringen aan feitelijke gebeurtenissen. Inderdaad blijkt een herhaald imagineren van gebeurtenissen (of gedragingen) die nooit hebben plaatsgevonden ertoe te leiden dat deze herinnerd worden alsof ze echt zijn gebeurd (Hyman en Pentland 1996; Johnson en Raye 1981; Thomas et al. 2007).

Hoe levendiger het beeld tijdens de imaginatie, des te groter het geloof dat het om een echte herinnering gaat (Gonsalves et al. 2004; Johnson 2006). Emotionele beelden worden doorgaans als levendiger ervaren dan neutrale beelden (Bywaters et al. 2004), en het gevolg zou dus kunnen zijn dat met name levendige, emotionele imaginaties verward kunnen worden met reële herinneringen (Holmes en Mathews 2010). In een onderzoek hiernaar (Hyman en Pentland 1996) kregen deelnemers gebeurtenissen uit hun jeugd gepresenteerd waaraan één emotioneel beladen gebeurtenis was toegevoegd die nooit had plaatsgevonden (bijvoorbeeld het omstoten van een glas op een trouwreceptie waardoor de drank over de ouders van de bruid heen viel). Eén groep deelnemers werd gevraagd de gebeurtenissen herhaaldelijk te visualiseren tijdens een imaginatie, terwijl een tweede groep deelnemers enkel hoefde te denken aan de gebeurtenissen. Deelnemers die de gebeurtenissen hadden gevisualiseerd, gaven vaker aan dat ze zich de verzonnen gebeurtenis (bijvoorbeeld het omstoten van het drankje) daadwerkelijk herinnerden. Anders gezegd, door je een situatie herhaaldelijk levendig voor te stellen, krijgt deze situatie meer realiteitsgehalte, waardoor het lijkt alsof deze werkelijk heeft plaatsgevonden. In feite zijn al onze 'herinneringen' constructies, die doorgaans maar matig overeenkomen met de destijds werkelijk beleefde situatie (Conway en Loveday 2015). De mate van overeenkomst kan groter of kleiner zijn, maar imaginatie kan het *idee* van overeenkomst (dus dat het werkelijk zo heeft plaatsgevonden) versterken. Wees je er daarom altijd bewust van dat het niet vanzelfsprekend betekent dat iets werkelijk zo heeft plaatsgevonden wanneer iemand een emotioneel en zeer levendig beeld van iets rapporteert (bijvoorbeeld een flashback) (zie voor meer mythes over trauma en geheugen: McNally 2005). De toonaangevende geheugenonderzoeker Daniel Schacter (1997) omschreef het als volgt: '*We often edit or entirely rewrite our previous experiences – unknowingly and unconsciously – in light of what we now know or believe. The result can be a skewed rendering of a specific incident, or even of an extended period in our lives, that says more about how we feel now than about what happened then*' (pag. 7). En dit herschrijven van gebeurtenissen is waar – in positieve zin – gebruik van wordt gemaakt in de techniek die het hoofdonderwerp vormt van dit boek: imaginaire rescripting.

1.2 Imaginaire rescripting

1.2.1 Wat is imaginaire rescripting

Imaginaire rescripting (IR) is een therapeutische techniek die ingrijpt op de inhoudelijke weergave van de gebeurtenissen in ons leven die opgeslagen liggen in ons geheugen, waardoor we klachten krijgen. Kort gezegd wordt tijdens IR een nare of traumatische gebeurtenis (de mentale representatie van die gebeurtenis) uit ons geheugen opgehaald en wordt in de verbeelding het verloop van de gebeurtenis in een meer gewenste richting veranderd. Een recente meta-analyse laat zien dat met deze techniek sterke therapeutische effecten worden behaald (Morina et al. 2017). De interesse in en de toepassing van imaginaire rescripting zijn vanaf de jaren negentig van de vorige eeuw flink toegenomen (Arntz 2012).

In de literatuur worden twee verschillende manieren beschreven hoe deze verandering van het verloop van gebeurtenissen gerealiseerd kan worden.

Variant 1: imaginaire rescripting in combinatie met cognitieve herstructurering
IR wordt in deze variant voorafgegaan door een bespreking waarin de betekenis van de imaginatie wordt onderzocht en bijgesteld. Tijdens de rescripting worden de realistischer conclusies van die bespreking ingebracht in de imaginatie met vragen als 'Wat weet je nú van (de kans op dit gevaar/wat alternatieve interpretaties zouden kunnen zijn)?' (Grey et al. 2002). De verandering van het verloop van de gebeurtenissen gebeurt dan soms aan de hand van vooraf besproken alternatieve scenario's. IR kan een herhaald oefenen zijn van het van tevoren bedachte alternatieve scenario (zie bijvoorbeeld Hackmann 1998).

Variant 2: imaginaire rescripting zonder cognitieve herstructurering vooraf
In deze variant van IR wordt tijdens de imaginatie het verloop van de gebeurtenissen veranderd zónder cognitieve herstructurering vooraf. De rescripting gebeurt dan aan de hand van vragen als 'Wat vind je van deze situatie?', 'Wat heb je nu nodig?' (Arntz 2015). In deze variant wordt het verloop van de gevisualiseerde gebeurtenissen dus niet bepaald aan de hand van een vooraf besproken scenario, maar kan iedere herhaalde IR-interventie steeds leiden tot een ander verloop van de gebeurtenissen.

In dit boek wordt IR als een opzichzelfstaande interventie beschreven, zonder toevoeging van andere behandelelementen als cognitieve herstructurering. In dit boek zal dus met name de tweede variant van IR worden beschreven (Arntz 2015; Arntz en Van Genderen 2010; Arntz en Weertman 1999).

De mogelijkheden om het verloop van nare ervaringen imaginair te herschrijven zijn eindeloos: agressors kunnen worden overwonnen, vijanden vernederd, slachtoffers kunnen worden gered, getroost en met compassie behandeld, of er kan worden gecommuniceerd met overledenen. Het rescripten omvat regelmatig elementen die feitelijk onmogelijk zijn, zoals het inzetten van bovenmenselijke krachten of bovennatuurlijke wezens, of het uitvoeren van onmogelijke veranderingen van de realiteit (zie bijvoorbeeld Arntz 2015).

De oppervlakkige indruk zou kunnen worden gewekt dat de toepassing van IR slechts het veranderen is van een negatief beeld uit het verleden in een positief beeld. Het werkelijke doel van imaginaire rescripting is de cliënt een nieuwe kijk te laten ontwikkelen op gebeurtenissen in het verleden, nieuwe gevoelens op te wekken die niet per se positief hoeven te zijn (zoals boosheid), niet-gevalideerde basisbehoeften te leren herkennen, of de realiteit onder ogen te zien (bijvoorbeeld bij misbruikervaringen) zodat een rouwproces kan starten (Holmes 2007).

1.2.2 Welke beelden worden bewerkt met imaginaire rescripting?

Bij IR kunnen intrusieve nare beelden worden bewerkt, zoals traumatische herinneringen (Arntz et al. 2007; Grunert et al. 2007) of fantasiebeelden van negatieve gebeurtenissen zonder dat daar duidelijk autobiografische herinneringen aan ten grondslag liggen (bijvoorbeeld het beeld iemand neer te steken bij de obsessief-compulsieve stoornis of een beeld van een suïcide bij een depressie). IR kan echter ook gericht worden op betekenisvolle, maar niet per se traumatische, herinneringen die ten grondslag liggen aan onderliggende schematische overtuigingen zoals bij borderline- en andere persoonlijkheidsstoornissen (Arntz et al. 2007; Holmes et al. 2007; Weertman en Arntz 2007). Dat kan bijvoorbeeld een herinnering zijn aan een situatie waarin er niet naar de cliënt werd geluisterd, waardoor ze zich onbelangrijk en eenzaam voelde.

1.2.3 De geschiedenis van imaginaire rescripting

Hoewel de belangstelling voor IR vanaf de jaren negentig van de vorige eeuw sterk is gegroeid, bestaat de techniek zelf al veel langer. Reeds in 1889 beschreef Pierre Janet voorbeelden van geleide verbeeldingsoefeningen, waarbij hij de cliënt herinneringen liet herschrijven (zie Van der Hart et al. 1989). Zijn werk werd echter genegeerd in de eeuw die volgde, die werd gedomineerd door de freudiaanse en post-freudiaanse psychoanalytische benadering (Edwards 2007). Wel beschreef Beck in 1970 het gebruik van simpele imaginatietechnieken, en Freeman (1981) beschreef hoe het gebruik van droombeelden een belangrijke bijdrage kon leveren aan de cognitieve conceptualisatie van een cliënt. Gestructureerde imaginatieoefeningen werden ontwikkeld en raakten binnen de gedragstherapie in de jaren zeventig en tachtig van de vorige eeuw bekend in bijvoorbeeld de vorm van systematische desensitisatie, of contraconditionering (Arntz 2012; Edwards 2007).

In de jaren tachtig van de vorige eeuw leek er echter nog een sterke scheiding te bestaan tussen enerzijds de wat meer sceptische, academische benadering van IR en anderzijds de klinische praktijk, waarin inmiddels frequent gebruik werd gemaakt van diverse ervaringsgerichte technieken. Erskine en Moursund (1988) beschreven bijvoorbeeld het gebruik van wat nu IR genoemd zou worden bij het helen van 'scripts' (een term uit de transactionele analyse, die als synoniem zou kunnen worden beschouwd aan kernovertuigingen of schema's in het model van Young (Young 2003)). Young begon technieken uit de transactionele analyse te integreren in de schemagerichte cognitieve gedragstherapie (Young 1990). In 1995 verscheen een eerste publicatie over imaginaire rescripting zoals we die vandaag de dag kennen (Smucker et al. 1995).

Gedurende de laatste jaren is de wetenschappelijke interesse in IR enorm toegenomen (Hackmann et al. 2011) en is IR geïntegreerd in diverse, goed getoetste behandelprotocollen, zoals cognitieve gedragstherapie voor PTSS, de sociale-angststoornis (Clark et al. 2006; Ehlers en Clark 2000; Ehlers et al. 2005) en de nachtmerriestoornis (Davis en Wright 2007; Krakow et al. 2001) en cognitieve therapie en schematherapie voor persoonlijkheidsstoornissen (Arntz en Van Genderen 2009; Giesen-Bloo et al. 2006; Layden et al. 1993; Young et al. 2003).

1.3 De effectiviteit van imaginaire rescripting

In een recente meta-analyse van Morina en collega's (2017) worden 19 onderzoeken naar de effectiviteit van IR beschreven bij in totaal 363 patiënten. IR bleek effectief voor de behandeling van nare herinneringen bij diverse stoornissen, zoals de posttraumatische-stressstoornis, de depressieve stoornis, de sociale-angststoornis, de stoornis in de lichaamsbeleving (in DSM-5 morfodysfore stoornis), boulimia nervosa en de obsessief-compulsieve stoornis. IR had een positief effect op de klachten, en dit effect werd al binnen gemiddeld 4,5 sessie bereikt (Morina et al. 2017).

Hieronder volgt een overzicht van de diverse stoornissen waarbij IR een zinvolle behandelinterventie lijkt te zijn. Voor iedere stoornis wordt begonnen met een samenvatting van het empirisch bewijs voor de rol van imaginaire beelden in de stoornis. Vervolgens wordt een samenvatting gegeven van het empirisch bewijs voor de effectiviteit van IR voor de behandeling van diezelfde stoornis. Het is daarbij niet onze intentie een uitputtend overzicht van verschenen studies te geven. Wel hebben we getracht de belangrijkste resultaten op een rijtje te zetten.

1.3.1 Posttraumatische-stressstoornis

Intrusieve symptomen als recidiverende herbelevingen van, of dromen over, de traumatische gebeurtenis(sen) zijn kenmerkend voor de posttraumatische-stressstoornis (PTSS; APA 2013). Onderzoek heeft aangetoond dat bij PTSS, ongeacht het soort trauma, vooral visuele beelden voorkomen, gevolgd door andere zintuiglijke ervaringen, zoals lichamelijke gewaarwordingen, geluiden of smaaksensaties (Ehlers et al. 2004). De imaginaire beelden betreffen vaak betekenisvolle fragmenten van de traumatische herinnering. Deze beelden hoeven echter niet altijd een getrouwe weergave te zijn van wat er tijdens het trauma is gebeurd. De imaginaties kunnen ook vertekend zijn en vooral de subjectieve betekenis weergeven die de gebeurtenis voor de persoon destijds had of inmiddels heeft (Hackmann 2011). Zo kan iemand intrusieve beelden hebben naar aanleiding van een auto-ongeluk dat zij in het verleden had. Op het moment van het ongeluk dacht ze het niet te zullen overleven en dood te gaan. In de herbelevingsbeelden komt deze beleving steeds weer terug in de vorm van beelden waarin ze ziet dat ze komt te overlijden tijdens het auto-ongeluk. De imaginaties worden ervaren als iets wat nú gebeurt, in plaats van met het besef dat het om een herinnering gaat aan iets uit het verleden. Daarmee zijn de beelden vaak gekoppeld aan een gevoel van dreigend gevaar (Ehlers en Clark 2000), ondanks informatie uit de omgeving dat hiervan geen sprake is. Naast angst of hulpeloosheid kunnen bij imaginaties ook woede, walging, verdriet, schaamte of schuldgevoelens ervaren worden (Hackmann 2011).

Imaginaire rescripting bij PTSS

Ehlers en Clark integreerden in de jaren negentig van de vorige eeuw IR al in hun cognitieve therapie voor PTSS en behaalden met deze combinatietherapie sterke effecten (Ehlers en Clark 2000; Ehlers et al. 2005; Smucker en Niederee 1995). Het effect van IR is daarin echter niet apart bestudeerd. In de eerdergenoemde meta-analyse van Morina en collega's (2017) is wel gekeken naar de effectiviteit van IR bij diverse stoornissen. Daarbij gingen 8 van de 19 geïncludeerde studies over de behandeling van PTSS (Morina et al. 2017).

In drie van deze studies werd IR vergeleken met een andere conditie, namelijk een wachtlijstconditie (Jung en Steil 2013), imaginaire exposure (Øktedalen et al. 2015) of EMDR (Alliger-Horn et al. 2015). IR bleek in deze drie vergelijkende onderzoeken een effectieve behandeling van PTSS-symptomen (Morina et al. 2017). Niet alleen bleken behandelingen van tien of meer sessies effectief (zie bijvoorbeeld Kindt et al. 2007), ook interventies van twee of drie sessies blijken een daling van PTSS-symptomen tot gevolg te hebben (Alliger-Horn et al. 2015; Jung en Steil 2013; Steil et al. 2011).

IR lijkt ook andere klachten dan angst te verminderen, zoals schuldgevoelens, woede of schaamte (Grunert et al. 2007; Øktedalen et al. 2015). Het effect van IR bleek bovendien toe te nemen wanneer de rescripting vroeg in het traumatische beeld plaatsvindt, zodat de eigenlijke traumatische gebeurtenis wordt voorkomen en er vroegtijdig veiligheid wordt geboden. Het lijkt dus niet nodig om het trauma tijdens de behandeling weer in detail te herbeleven (Arntz et al. 2013). Raabe en collega's (2015) vonden verder dat, net als bij imaginaire exposure, IR ook effectief was voor de behandeling van PTSS als gevolg van misbruikervaringen in de jeugd als er niet een voorafgaande stabilisatiefase had plaatsgevonden.

1.3.2 Sociale-angststoornis

Onderzoek heeft aangetoond dat een vertekend, negatief zelfbeeld heel gebruikelijk is bij de sociale-angststoornis (zie bijvoorbeeld Moscovitch et al. 2011; Reimer en Moscovitch 2015; Stopa 2009). Zo beschreef een patiënt naar aanleiding van een naderend sollicitatiegesprek het beeld dat zij tijdens het gesprek enorm begon te hoesten, waardoor ze geen zinnig woord meer uit kon brengen, ze steeds roder begon aan te lopen en uiteindelijk onverrichter zake het toneel moest verlaten. In cognitieve modellen van de sociale-angststoornis worden dergelijke negatieve zelfbeelden gezien als een in stand houdende factor (Clark en Wells 1995; Rapee en Heimberg 1997). Een negatief zelfbeeld maakt namelijk angstiger, zet aan tot meer veiligheidsgedragingen en hangt samen met het geloof minder vaardig te zijn en ook daadwerkelijk als sociaal minder vaardig beoordeeld te worden door onafhankelijke beoordelaars (Wild et al. 2007). Deze beelden hangen vaak samen met herinneringen aan nare gebeurtenissen die ten grondslag liggen aan het ontstaan of de verergering van de stoornis, zoals gepest, vernederd of bekritiseerd worden (Hackmann et al. 2000; Moscovitch et al. 2011; Wild et al. 2007, 2008).

Imaginaire rescripting bij de sociale-angststoornis

Een eerste gecontroleerde studie toonde aan dat één sessie IR van nare herinneringen aan sociale situaties in het verleden leidde tot een significante verandering in de betekenis van de herinnering en de gerapporteerde sociale-angstklachten, terwijl in de controleconditie, waar de herinnering enkel verbaal werd geëxploreerd, geen veranderingen optraden (Wild et al. 2008). Deze effecten bleken een week na de sessie nog behouden. IR werd hierbij gecombineerd met cognitieve herstructurering. Deze combinatie bleek ook in een latere gecontroleerde studie superieur aan de placebo-controleconditie, waarin begripvol werd geluisterd naar de problemen van de deelnemer (Lee en Kwon 2013). Dit effect bleef ook bij follow-up na drie maanden behouden.

IR als zelfstandige behandeling van sociale angst, dus zónder cognitieve herstructurering, is mogelijk ook effectief (Nillson et al. 2012). Hoewel het in deze studie om een klein aantal deelnemers ging, lijkt het belang van cognitieve herstructurering minder groot dan aanvankelijk gedacht door de auteurs. In een studie van Reimer en Moscovitch (2015) bleek verder dat een enkele sessie IR niet alleen leidde tot een vermindering van sociale-angstsymptomen, maar ook tot een vermindering van de emotionele lading van de autobiografische herinneringen die gepaard gingen met de ontwikkeling van de klachten. Tevens rapporteerden deelnemers een vermindering van negatieve gedachten over zichzelf of anderen en verminderde gevoelens van schaamte. Daarentegen namen gevoelens van tevredenheid en trots over hun herschreven autobiografische herinneringen juist toe.

Het intrigerendste gegeven uit bovengenoemde studies is misschien wel dat slechts één sessie IR voldoende was om de effecten te behalen. Let wel, hoewel veel van de deelnemers sociale angst hadden, hadden ze deze angst niet in die mate dat ze zelf hulp hadden gezocht. Frets et al. (2014) bestudeerden wel cliënten die zichzelf hadden aangemeld met een sociale-angststoornis die al lange tijd aanhield en waarbij er vaak ook sprake was van comorbiditeit ($N = 6$). In deze studie werd de behandeling niet gelimiteerd tot een vast aantal sessies; deze kon duren zolang als de therapeut en cliënt vonden dat nodig was. Dat resulteerde in behandelingen variërend van 5 tot 17 sessies, met een gemiddelde van 11,2 sessies. Ook deze studie liet zien dat IR zonder cognitieve herstructurering vooraf een effectieve interventie kan zijn in de behandeling van de sociale-angststoornis, met effecten die behouden bleven tot ten minste zes maanden na afloop van de behandeling.

Norton en Abbott (2016) bestudeerden het relatieve effect van zowel cognitieve herstructurering als IR in vergelijking tot een controleconditie zonder interventie. Hun studie met 60 deelnemers toonde aan dat één sessie IR effectief kan zijn voor de behandeling van de sociale-angststoornis. IR en cognitieve herstructurering waren beide effectief, maar op andere uitkomstmaten.

De auteurs gaven aan dat meerdere deelnemers tijdens de imaginatieoefening zo overweldigd waren door angst, schaamte of machteloosheid dat zij niet in staat waren om zelfstandig de beelden te rescripten. Voor deze deelnemers zou het nodig kunnen blijken dat de therapeut eerst de rescripting doet, ter voorbereiding op het rescripten door de cliënt zelf.

Concluderend kan gesteld worden dat er steeds meer aanwijzingen komen dat IR een opzichzelfstaande en mogelijk effectieve behandeling voor de sociale-angststoornis kan zijn. IR lijkt niet alleen de sociale-angstklachten, maar ook gevoelens van schaamte en de geloofwaardigheid van negatieve kerngedachten over zichzelf of anderen te verminderen. Deze effecten lijken stand te houden gedurende ten minste drie tot zes maanden na afloop van de behandeling.

1.3.3 Specifieke fobieën

Er is sterk bewijs dat imaginatie en visuele beelden een belangrijke rol spelen in de instandhouding en wellicht ook in het ontstaan van specifieke fobieën. Zo bleken cliënten met een spinnenfobie beangstigende en vertekende beelden te hebben, waarin de spin plotseling groter werd of waarin ze vastgehouden werden door een spin die groter is dan henzelf (Arntz et al. 1993). Ook Hunt et al. (2006) vonden dat 78 % van de mensen met een specifieke fobie visuele beelden rapporteerde die angst-gerelateerd waren. Sommige van deze beelden waren vertekend en hoogst onwaarschijnlijk (zoals het beeld dat een rat zich zou vastbijten in de voet van de cliënt en niet meer los zou laten, wat zij ook deed (Hunt et al. 2006)). Deze bevindingen suggereren dat imaginatie een belangrijk onderdeel is van de klachtbeleving bij een specifieke fobie en dat deze imaginaties kunnen bijdragen aan de instandhouding van de fobische angst. Ander onderzoek heeft aangetoond dat imaginatie een rol kan spelen in het ontstaan van een specifieke fobie. Zo bleken kinderen nieuwe angsten te kunnen ontwikkelen als ze een beeldende, negatieve beschrijving kregen bij plaatjes van niet-bestaande wezens (Field 2006; Field en Lawson 2003).

Imaginaire rescripting bij een specifieke fobie

Op grond van deze bevindingen werd de effectiviteit onderzocht van een combinatie van IR met cognitieve herstructurering voor de behandeling van 60 deelnemers met angst voor slangen (Hunt et al. 2006). IR bleek effectiever te zijn dan exposure voor hoogangstige deelnemers. Exposure in vivo bleek daarentegen effectiever te zijn voor de laagangstige deelnemers. Een belangrijke bevinding daarbij was dat deelnemers IR minder aversief vonden dan exposure in vivo.

Een tweede studie toonde aan dat IR minstens even effectief is als exposure in vivo voor de behandeling van een specifieke fobie (Hunt en Fenton 2007). Concluderend lijkt IR een effectieve behandeling te kunnen zijn van specifieke fobieën.

1.3.4 Obsessief-compulsieve stoornis

De obsessief-compulsieve stoornis is samen met PTSS een van de stoornissen die gekarakteriseerd worden door terugkerende, opdringende beelden (APA 2013). Systematische studies toonden aan dat 81–95 % van de cliënten met een obsessief-compulsieve stoornis levendige en verontrustende beelden rapporteerde (Lipton et al. 2010; Speckens et al. 2007). De stoornis onderscheidt zich van andere angststoornissen door een hogere frequentie van beelden die minder samenhang met autobiografische herinneringen hebben. Ook de inhoud van de beelden verschilt en gaat vaker over gevaar in het heden (bijvoorbeeld besmet worden met bacteriën) of toekomstig gevaar (bijvoorbeeld iemand te zullen doden) (Lipton et al. 2010; Rachmann 2007; Speckens et al. 2007). In de meerderheid van de gevallen werden deze beelden ervaren vanuit het eerstepersoonsperspectief (Lipton et al. 2010).

Imaginaire rescripting bij de Obsessief-Compulsieve Stoornis

Hoewel de intrusieve beelden geen rechtstreekse weergave zijn van autobiografische herinneringen, blijken ze toch vaak thematisch samen te hangen met herinneringen aan nare gebeurtenissen die voorafgingen aan het ontstaan van de stoornis (Veale et al. 2015). Het bewerken van deze herinneringen zou daarom een therapeutisch effect kunnen hebben op de dwangklachten. Veale en collega's (2015) lieten zien dat een enkele sessie IR een klinisch significante klachtvermindering tot gevolg had bij 7 van de 12 deelnemers, en de auteurs suggereren dat meerdere sessies IR nog effectiever zouden kunnen zijn. Maloney en collega's (2019) boden de mogelijkheid om het aantal sessies IR aan te passen aan wat nodig was om te komen tot een significante klachtverbetering. In deze studie werden 13 cliënten geïncludeerd die eerder onvoldoende hadden geprofiteerd van exposure met responspreventie. Zes cliënten hadden al na één sessie IR significant minder klachten. Bij de overige cliënten waren gemiddeld twee sessies nodig om dat resultaat te behalen. Deze effecten bleven grotendeels behouden na een periode van drie maanden.

Samenvattend kan worden gesteld dat het onderzoek naar IR bij de obsessief-compulsieve stoornis beperkt is, maar dat de eerste kleine studies voorzichtig bemoedigende resultaten laten zien.

1.3.5 Depressie

In groepen depressieve cliënten rapporteerde 44–96 % intrusieve, negatieve beelden te hebben van nare autobiografische herinneringen (Brewin et al. 1996; Newby en Moulds 2011; Patel et al. 2007).

Deze imaginaties kunnen bijvoorbeeld betrekking hebben op fysiek of seksueel misbruik in het verleden, vernedering in de jeugd (bijvoorbeeld gepest worden op school), faalervaringen (bijvoorbeeld ontslagen worden) of een overweldigend verdriet (bijvoorbeeld het verlies van een dierbare) (zie voor een review: Weßlau en Steil 2014).

Niet alleen kenmerken depressieve cliënten zich – in vergelijking tot niet-depressieve mensen – door een hoger aantal negatieve beelden, maar ook door een lager aantal positieve beelden (Holmes et al. 2008; Morina et al. 2011; Moscovitch et al. 2011; Pile en Lau 2018). Depressieve cliënten blijken verder, net als cliënten met een angststoornis, meer intrusieve beelden te hebben over negatieve gebeurtenissen in de toekomst, de zogenaamde *flash-forwards* (Morina et al. 2011). Voorbeelden zijn beelden waarin cliënten zichzelf zien automutileren, suïcide zien plegen of hun eigen begrafenis of de gevolgen van hun dood zien (Crane et al. 2012; Holmes et al. 2007).

Imaginaire rescripting bij depressie

Imaginatie heeft in vergelijking tot de meer verbale cognitieve gedragstherapieën minder aandacht gekregen als onderdeel van de behandeling van depressie (Holmes et al. 2016). Er zijn dan ook relatief weinig studies die het effect van IR bij een depressie hebben onderzocht. Brewin en collega's (2009) behandelden 10 cliënten met een depressieve stoornis, waarvan sommigen ernstige, chronische depressieve klachten vertoonden, met gemiddeld 8 sessies IR gericht op intrusieve herinneringen. Het merendeel van de cliënten liet een klinisch significante verbetering van klachten zien, en de gemiddelde klachtendaling kwam overeen met die gemiddeld bereikt wordt in een standaard cognitieve gedragstherapie van ongeveer 16 sessies. Dit effect bleef ten minste een jaar na afronding van de behandeling behouden.

Moritz en collega's (2018) onderzochten of IR ook als zelfhulptechniek effectief kan zijn voor de behandeling van depressie, waarbij gebruik werd gemaakt van een uitgebreid en minder uitgebreid cliëntenhandboek met uitleg over de interventie en oefeningen. In vergelijking tot een wachtlijstconditie hadden cliënten in de IR-conditie waarbij het uitgebreide handboek werd gebruikt significant minder depressieve klachten. Wel bleken vooral de cliënten met ernstiger klachten, meer vertrouwen in de techniek en een grotere bereidheid tot verandering te profiteren van de behandeling.

In aanvulling op IR voor autobiografische herinneringen zou men zich ook kunnen richten op toekomstgerichte beelden van suïcide of automutilatie. Deze beelden functioneren als een vorm van emotieregulatie op de korte termijn (Selby et al. 2007). Op de langere termijn lijken deze toekomstgerichte imaginaties echter de kans op daadwerkelijk suïcidaal gedrag te vergroten (Crane et al. 2012). Het effect van IR op deze toekomstgerichte imaginaties is echter – voor zover ons bekend – niet onderzocht.

Samenvattend lijken er voorzichtige aanwijzingen te zijn dat IR een goede, alternatieve behandelstrategie voor depressie kan zijn; depressieve cliënten hebben meer negatieve imaginaties en juist minder positieve beelden dan gezonde controlepersonen. IR als opzichzelfstaande behandeling of als onderdeel van een cognitieve gedrags27therapie lijkt depressieve klachten te verminderen (Brewin et al. 2009). Meer vergelijkend onderzoek is echter nodig om te achterhalen of IR daadwerkelijk een effectieve behandeling voor depressie is.

1.3.6 Eetstoornissen

Er zijn aanwijzingen dat imaginaire beelden bijdragen aan de instandhouding van eetstoornissen (zie bijvoorbeeld: Cooper 2011). Zo rapporteren cliënten met boulimia nervosa meer negatieve imaginaire beelden dan mensen zonder eetstoornis (Somerville et al. 2007). Deze negatieve beelden hadden betrekking op eten, lichaamsgewicht en lichaamsvormen (Somerville et al. 2007), of – voorafgaand aan braken – op sociale afwijzing (Hinrichsen et al. 2007). Dugué en collega's (2016) vonden echter dat cliënten met een eetstoornis (81 % eetbuienstoornis en 19 % boulimia nervosa) niet zozeer méér beelden over lichaamsvormen en -gewicht hadden dan de controlegroep met gezonde deelnemers en patiënten (lijdend aan andere dan eetstoornissen), maar dat deze beelden wel samenhingen met een grotere drang om te eten.

> **Voorbeelden van imaginaire beelden bij eetstoornissen (Dugué et al. 2016)**
> *Eten*:
> 'Ik zie mezelf aan de keukentafel zitten en eet en eet en eet, ik prop mezelf vol met van alles.'

> *Lichaam*:
> 'Ik zie mezelf als een soort michelinmannetje; opgeblazen, lelijk en vet. Ik probeer mezelf uit bed te hijsen, maar dat lukt niet, omdat ik te dik ben.'
> *Sociale afwijzing*:
> 'Ik word bekritiseerd voor iets, ik weet niet wat. Het hele team is bij de baas geroepen en dan zegt die "Dit of dit is verkeerd gedaan", en terwijl hij dat zegt kijkt hij al een maar mij aan.'

Ook bij anorexia nervosa worden terugkerende en levendige, negatieve zelfbeelden gerapporteerd (Cooper et al. 2007). Cliënten met anorexia nervosa lijken echter niet méér beelden te hebben over lichaamsvormen en -gewicht dan mensen zonder deze stoornis. De beelden gaan echter wel meer gepaard met specifieke auditieve ervaringen, zoals het horen van negatief commentaar (bijvoorbeeld dat ze dunner moeten worden, dat ze over moeten geven of dat ze dik zijn) en gevoelens van schaamte, verdriet en angst (Cooper et al. 2007).

Beelden die cliënten met een eetstoornis rapporteren zijn vaak gerelateerd aan specifieke autobiografische herinneringen. Bij boulimia nervosa zijn dit vaak herinneringen aan negatieve commentaren over hun gewicht, lichaamsvormen en uiterlijk (Somerville et al. 2007) en aan vernedering, misbruik of verlating (Hinrichsen et al. 2007). De vroegste herinneringen aan deze eetstoornis-gerelateerde ervaringen stammen uit de periode dat men gemiddeld ongeveer tien jaar was (Cooper et al. 2007; Somerville et al. 2007). Bij anorexia nervosa worden herinneringen aan afwijzing en waardeloosheid gerapporteerd (Cooper et al. 2007).

Imaginaire rescripting bij eetstoornissen

Er is maar beperkt onderzoek gedaan naar de effectiviteit van IR voor de behandeling van eetstoornissen. In 2007 vergeleken Cooper en collega's het effect van één sessie IR met een niet-specifieke bespreking van de visuele beelden bij 12 patiënten met boulimia nervosa. IR leidde tot minder geloof in eetstoornis-gerelateerde overtuigingen, een verbeterde stemming en een verminderde drang tot eetbuien (Cooper et al. 2007). Dugué et al. (2019) voerden als eersten een gecontroleerde studie uit waarbij IR werd vergeleken met cognitieve herstructurering bij 36 patiënten met boulimia nervosa of een eetbuienstoornis. IR was niet superieur aan cognitieve herstructurering, hoewel het effect van IR wel langer behouden bleef. De studie was echter beperkt van omvang, en een deel van de cliënten had niet deelgenomen aan de follow-upmeting, dus vervolgonderzoek moet uitwijzen of IR een goed alternatief is voor de behandeling van boulimia nervosa of een eetbuienstoornis.

Een andere studie vergeleek het effect van IR met een cognitieve interventie (cognitieve dissonantie) – beide online aangeboden – bij vrouwen die niet tevreden waren met hun lichaam en het risico liepen een eetstoornis te ontwikkelen (Pennesi en Wade 2018). De uitkomsten geven een eerste aanwijzing dat deze onlinevariant van IR kan leiden tot een grotere acceptatie van het lichaamsbeeld en meer zelfcompassie.

Samenvattend lijken imaginaire beelden met betrekking tot lichaam, lichaamsvormen en eten relevant voor het ontstaan en de instandhouding van eetstoornissen. Er is een duidelijke relatie tussen dergelijke beelden en autobiografische herinneringen die samenhangen met het ontstaan of de verergering van de eetstoornis. Het onderzoek naar het effect van IR bij eetstoornissen staat echter nog in de kinderschoenen. De eerste resultaten zijn voorzichtig positief, maar meer onderzoek is nodig.

1.3.7 Nachtmerries

De nachtmerriestoornis wordt gekenmerkt door frequente nachtmerries over onveiligheid of bedreiging van de fysieke of emotionele integriteit. De nachtmerries gaan gepaard met grote angst, boosheid, verdriet en walging (APA 2013). De nachtmerries worden doorgaans goed onthouden na het ontwaken en veroorzaken een grote lijdensdruk (Lancee en Schrijnemaekers 2013; Spoormaker et al. 2006). Nachtmerries komen geregeld voor: 83 % van de volwassenen rapporteert een of meer nachtmerries per jaar (Hublin et al. 1999; Schredl 2010) en 2–5 % zegt een of meer nachtmerries per week te hebben. In psychiatrische populaties komt de nachtmerriestoornis vaak voor (Nielsen en Levin 2007; Schredl 2016; Spoormaker et al. 2006).

Cliënten met een nachtmerriestoornis ervaren een grote mate van machteloosheid en oncontroleerbaarheid met betrekking tot hun nachtmerries (Kunze et al. in druk). IR biedt de mogelijkheid om de verhaallijn in de nachtmerries te veranderen, en dat kan leiden tot de ervaring iets te kunnen doen aan de inhoud van de nachtmerries (Kunze et al. 2016). IR is bij uitstek een interventie voor deze stoornis.

Imaginaire rescripting bij nachtmerries

IR van nachtmerries betrof lange tijd *imagery rehearsal therapy*. Voor een uitgebreide beschrijving van deze interventie wordt hier verwezen naar publicaties van Krakow en Zadra (2006, 2010). Kort samengevat bevat deze behandeling twee componenten: een cognitieve herstructurering van gedachten over (het hebben van) de nachtmerries en een tweede component waarin de verhaallijn van de nachtmerrie wordt herschreven, waarna dit nieuwe scenario dagelijks in gedachten wordt herhaald.

Imagery rehearsal therapy blijkt effectief voor het verminderen van de frequentie van de nachtmerries en de lijdensdruk (Augedal et al. 2013; Hansen et al. 2013). Bij mensen die naast de nachtmerriestoornis een PTSS hadden, namen ook deze posttraumatischestressklachten af (Casement en Swanson 2012; Krakow et al. 2001).

Kunze en collega's (2017) hebben IR – als een opzichzelfstaande behandeling – en imaginaire exposure vergeleken met een wachtlijstcontroleconditie bij een groep van 104 patiënten. IR en imaginaire exposure bestonden elk uit drie, wekelijkse sessies. De frequentie van de nachtmerries en de daarbij behorende spanning daalde significant meer in beide actieve condities dan in de wachtlijstcontroleconditie. Daarbij werd geen verschil gevonden tussen IR en imaginaire exposure; ze werkten beide even goed.

Samenvattend kan gesteld worden dat imagery rehearsal therapy effectief is voor de behandeling van nachtmerriestoornis. Deze behandeling bevat echter verschillende componenten, waaronder cognitieve herstructurering. Er is voor zover ons bekend slechts één studie die enkel IR heeft onderzocht in vergelijking met een andere bewezen effectieve interventie (imaginaire exposure). Daaruit blijkt dat IR als een opzichzelfstaande behandeling, hoewel niet superieur, eveneens effectief kan zijn voor de nachtmerriestoornis.

1.3.8 Psychose

Ongeveer driekwart van de psychotische cliënten geeft aan negatieve imaginaire beelden te hebben die samenhangen met hun psychotische symptomen (Morrison et al. 2002). Deze beelden hangen thematisch samen met autobiografische herinneringen (Schulze et al. 2013). Zo wordt in de studie van Ison en collega's (2014) een cliënte beschreven die beelden zag van een dode man met een kogelgat in zijn voorhoofd. De autobiografische herinneringen die samenhingen met deze beelden waren een suïcide van haar oom toen ze veertien jaar oud was, waarna ze had gedroomd van zijn gezicht onder water, en een ervaring later in haar leven waarbij ze getuige was geweest van dode mensen in een afgebrand huis. Bij mensen met auditieve hallucinaties zijn de beelden gerelateerd aan de oorsprong van de stem, of aan wat de stem zegt. Eveneens in de studie van Ison en collega's (2014) wordt een 45-jarige vrouw beschreven die stemmen hoorde op straat die haar uitscholden en haar een kindermisbruiker noemden. Ze beschreef een imaginair beeld waarin ze zag hoe ze als kind werd misbruikt. Dit beeld bleek samen te hangen met herinneringen aan het seksueel misbruik door haar broer toen ze elf jaar was.

Imaginaire rescripting bij een psychose

Er is tot op heden maar zeer beperkt bewijs dat IR effectief zou kunnen zijn voor de behandeling van psychotische klachten, want er is nog amper onderzoek naar gedaan. Er zijn twee gepubliceerde gevalsbeschrijvingen van de effectiviteit van IR bij wanen. IR was daarbij onderdeel van een uitgebreider behandelpakket met onder andere cognitieve herstructurering (Morrison 2004; Serruya en Grant 2009). Verder is in twee studies het effect van IR onderzocht bij cliënten met auditieve hallucinaties. Een enkele sessie IR bleek bij drie van de vier cliënten de intrusieve beelden van herinneringen die samenhingen met hun auditieve hallucinaties minder belastend te maken (Ison et al. 2014). Paulik et al. (2019) toonden aan dat 8 sessies IR bij 12 cliënten met auditieve hallucinaties zowel de PTSS-klachten als de auditieve hallucinaties drastisch verminderden.

Samenvattend lijken intrusieve beelden veel voor te komen bij psychotische klachten. Er is vooralsnog maar beperkt onderzoek gedaan naar de mogelijke effectiviteit van IR voor de behandeling van deze klachten. Het beschikbare onderzoek wijst erop dat IR positieve effecten zou kunnen hebben. Meer onderzoek is echter nodig.

1.3.9 Stoornis in de lichaamsbeleving

Patiënten met een stoornis in de lichaamsbeleving maken zich zorgen over vermeende uiterlijke onvolkomenheden, zoals rimpels of de grootte of de vorm van de neus of ogen (APA 2013). Hoewel deze onvolkomenheden meestal niet zichtbaar zijn voor anderen, kunnen cliënten uren per dag besteden aan het controleren van hun uiterlijk, het aanbrengen van bedekkende make-up of kleding, of het regelmatig vragen om geruststelling. Een verhoogde zelfgerichte aandacht, waarbij cliënten zichzelf zien als een 'esthetisch object', lijkt een centraal kenmerk te zijn van de stoornis (Veale 2004; Wilson et al. 2016). Cognitief-gedragstherapeutische modellen van de stoornis benadrukken de rol van mentale beelden als in stand houdende factor (Veale 2004; Veale en Neziroglu 2010).

Cliënten met deze stoornis blijken vaker negatief gekleurde beelden van het uiterlijk te hebben dan gezonde proefpersonen. Deze beelden worden vaak vanuit het derdepersoonsperspectief waargenomen, waarbij ze zichzelf zien door de ogen van een ander (zie Veale 2004). Deze beelden zijn bovendien levendiger, gedetailleerder en meer vertekend, en gaan vaker gepaard met lijfelijke sensaties vergeleken met die van een gezonde controlegroep (Osman et al. 2004). De inhoud van de beelden hangt vaak samen met herinneringen aan nare gebeurtenissen in de jeugd of adolescentie. De meest voorkomende herinneringen betroffen pesterervaringen of de lichamelijke veranderingen die optraden in de puberteit (Buhlmann et al. 2007, 2011; Osman et al. 2004), of ervaringen met seksueel en emotioneel misbruik in het verleden (Neziroglu et al. 2006).

Imaginaire rescripting bij een stoornis in de lichaamsbeleving

Gezien de centrale rol die imaginatie lijkt te spelen in de stoornis en de sterke samenhang van de beelden met autobiografische herinneringen, zou IR een effectieve interventie bij deze stoornis kunnen zijn. Hoewel er nog maar weinig onderzoek is gedaan naar IR bij deze stoornis, bleek uit twee studies met elk 6 patiënten dat een à twee sessies IR bij de meeste cliënten tot een significante klachtvermindering leidde (Ritter en Stangier 2016; Wilson et al. 2016). IR werd in beide studies gecombineerd met cognitieve herstructurering. Deze verbetering was (ruim) een halfjaar na de interventie nog aanwezig.

Samenvattend lijken imaginaire beelden een centrale rol te spelen in de stoornis in de lichaamsbeleving. Deze beelden blijken sterk samen te hangen met herinneringen aan betekenisvolle ervaringen uit het verleden. Er is nog te weinig onderzoek verricht om een uitspraak te kunnen doen over de effectiviteit van IR bij deze stoornis, maar eerste studies laten gunstige resultaten zien.

1.3.10 Persoonlijkheidsstoornissen

Anders dan bijvoorbeeld PTSS worden persoonlijkheidsstoornissen niet zozeer gekenmerkt door intrusieve herinneringen aan specifieke traumatische gebeurtenissen. Mensen met een persoonlijkheidsstoornis ontwikkelen in hun jeugd schema's die gebaseerd zijn op betekenisvolle, maar niet per se traumatische, jeugdervaringen (Arntz 2011).

Imaginaire rescripting bij persoonlijkheidsstoornissen

IR kan zich richten op het bewerken van herinneringen aan die betekenisvolle jeugdervaringen. Deze toepassing van IR zou een effectieve manier zijn om persoonlijkheidsstoornissen te behandelen (Arntz en Van Genderen 2009; Lobbestael et al. 2010; Young et al. 2003).

Door de aard van de problematiek bestaat de behandeling van persoonlijkheidsstoornissen echter vrijwel altijd uit een uitgebreid pakket van diverse methoden en technieken. Daardoor is het bijzonder lastig om het effect van enkel IR te onderzoeken. Zo is IR een belangrijk onderdeel van schematherapie, maar zeker niet het enige. Schematherapie heeft gedurende de afgelopen vijftien jaar haar effectiviteit bewezen voor de behandeling van persoonlijkheidsstoornissen (bijvoorbeeld Bamelis et al. 2014; Farrell et al. 2009; Giesen-Bloo et al. 2006; Nadort et al. 2009; Nordahl en Nysaeter 2005; Van Asselt et al. 2008). Daardoor is aannemelijk dat IR als onderdeel van die behandeling, ook heeft bijgedragen aan het effect. Onduidelijk is echter of die aanname klopt en wat die bijdrage dan precies is geweest.

1.3.11 Overige toepassingsgebieden

Naast de toepassing van IR bij de bovengenoemde stoornissen wordt de techniek ook bij diverse andere psychische problemen gebruikt. Zo werd IR toegepast bij een cliënt met een diagnose van terminale kanker. De rescripting van jeugdherinneringen leidde tot een vermindering van angst- en stemmingsklachten (Whitaker et al. 2010). Cliënten met agorafobie blijken in klachtsituaties beelden te hebben die samenhangen met herinneringen aan nare gebeurtenissen in het verleden. Op basis van deze bevindingen wordt gesuggereerd dat IR een mogelijk onderdeel van de behandeling van agorafobie zou kunnen zijn (Day et al. 2004). Reiss toonde aan dat cognitieve gedragstherapie in combinatie met IR een effectieve manier was om de subjectieve angst te verminderen bij studenten met examenvrees (Reiss et al. 2018). Bovenstaande studies vormen een illustratie van de toenemende belangstelling voor IR bij mensen met diverse aan angst gerelateerde problemen.

1.3.12 Samenvatting

De meeste studies naar de effectiviteit van IR zijn gedaan bij PTSS en de sociale-angststoornis, en IR blijkt een effectieve behandeling van deze klachten. Er zijn voorzichtige aanwijzingen dat IR ook een goede behandelstrategie zou kunnen zijn voor depressie. Bovendien bleek dat de comorbide depressieve symptomen ook significant afnamen wanneer de interventie werd toepast bij andere stoornissen dan depressie (Morina et al. 2017). IR lijkt een veelbelovende, mogelijk aanvullende interventie te kunnen zijn bij de behandeling van de obsessief-compulsieve stoornis, nachtmerries, psychosen, eetstoornissen, specifieke fobieën en persoonlijkheidsstoornissen. Maar het is belangrijk wel in ogenschouw te nemen dat het onderzoek naar de effectiviteit bij deze stoornissen tot op heden minimaal is en IR ook niet is vergeleken met een andere, effectieve techniek. Dus echt uitsluitsel over de effectiviteit bij deze stoornissen is op dit moment nog niet te geven.

1.4 Het werkingsmechanisme

Hoewel er inmiddels veel studies zijn die de effectiviteit van IR bij bijvoorbeeld PTSS hebben aangetoond, weten we nog relatief weinig van het werkingsmechanisme van de interventie, oftewel *hoe* de interventie haar effect bereikt. De gangbaarste hypothesen verklaren de werking van IR ofwel door een veranderde betekenis van de representatie van de betekenisvolle autobiografische herinnering (Arntz 2012) ofwel door het creëren van een alternatieve herinnering die concurreert met de oorspronkelijke herinnering (Brewin 2006, 2010; Stopa 2010; Stopa en Jenkins 2007). Hieronder worden deze twee hypothesen wat uitvoeriger besproken.

Hypothese 1: Imaginaire rescripting verandert de betekenis van de representatie van de autobiografische herinnering (Arntz 2012)
Deze theorie gaat ervanuit dat de mentale representatie van een voor de persoon betekenisvolle gebeurtenis, sterk vereenvoudigd vertaald als de 'oorspronkelijke herinnering', bij het ophalen in het werkgeheugen in een zogenoemde 'labiele staat' komt, waardoor het mogelijk is om informatie toe te voegen (bijvoorbeeld door IR) en aldus de betekenis

van deze representatie te veranderen (Arntz 2012; Nader 2003). IR heeft daarbij een grotere impact dan een meer verbale bewerking (zie bijvoorbeeld Blackwell 2018; Holmes en Mathews 2010) en zou basale overtuigingen op zowel een cognitief als een non-verbaal/emotioneel niveau veranderen (Arntz 2011, 2015). IR kan er zo voor zorgen dat men sterker de overtuiging krijgt dat 'er iets aan te doen is', in plaats van gedachten en gevoelens van machteloosheid en hulpeloosheid die gekoppeld waren aan de oorspronkelijke herinnering (Kunze et al. in druk). Door het veranderen van deze betekenis wordt de herinnering opgeslagen met een andere, minder negatieve lading, wat in theorie zou moeten leiden tot minder negatieve cognities, gevoelens en intrusies over de herinnering.

Er zijn diverse experimenten uitgevoerd die deze hypothese deels ondersteunen (bijvoorbeeld Dibbets et al. 2012, 2018; Hagenaars 2012; Hagenaars en Arntz 2012; Rijkeboer et al. 2019). Toch blijven er nog vele vragen open, en dus is er meer onderzoek nodig.

Hypothese 2: Imaginaire rescripting creëert een alternatieve herinnering die concurreert met de oorspronkelijke herinnering
Deze hypothese stelt dat er in iedere situatie verschillende relevante autobiografische herinneringen strijden om tot het bewustzijn door te dringen. Bij psychische stoornissen zoals angststoornissen krijgen vooral negatieve, angst-bevestigende herinneringen de voorrang boven andere herinneringen die niet zozeer passen bij de angstbeleving. Brewin (2006) betoogde dat psychologische behandelingen niet zozeer de negatieve geheugenrepresentaties *veranderen*. Eerder worden er nieuwe, alternatieve representaties gecreëerd, die wat betreft toegankelijkheid concurreren met de oorspronkelijke, negatieve geheugenrepresentaties. Vanuit deze visie hoeven de nieuwe representaties niet zozeer *realistischer* te zijn, ze hoeven enkel gemakkelijker *toegankelijk* te zijn wanneer cliënten geconfronteerd worden met angst-oproepende triggers (Brewin et al. 2010). Volgens deze hypothese wordt bij IR dus niet de geheugenrepresentatie van een trauma veranderd, maar er wordt een nieuwe, alternatieve representatie gevormd, die – hopelijk – veelal gemakkelijker op te halen is dan de negatieve variant (zie ook Arntz et al. 2013).

Concluderend lijkt er tot nog toe weinig zicht op het werkingsmechanisme van IR. De twee gangbaarste hypothesen spreken over een veranderende betekenis van de oorspronkelijke herinnering (Arntz 2012) of het meer toegankelijk maken van een alternatieve geheugenrepresentatie (Brewin et al. 2010). Maar mogelijk zijn er nog meer verklaringen voor *hoe* IR werkt (zie Arntz 2012).

1.5 Toepassing van imaginaire rescripting

1.5.1 Indicatiecriteria voor imaginaire rescripting

Uit onderzoek blijkt dat de toepassing van IR een geschikte behandeling is voor diverse vormen van psychopathologie (zie Morina et al. 2017). Het meeste onderzoek is echter gedaan bij traumagerelateerde stoornissen, zoals PTSS. Hoewel er aanwijzingen zijn dat IR ook toepasbaar is bij andere vormen van psychopathologie, dienen in eerste instantie de geldende richtlijnen binnen de ggz gevolgd te worden. Wanneer de behandelingen uit deze richtlijnen onvoldoende effect sorteren, kan IR als een alternatieve behandeling of als toevoeging aan de bestaande behandeling worden ingezet. Een imaginatieoefening lijkt in ieder geval een nuttige aanvulling op de methoden en technieken in de diagnostiekfase, aangezien een dergelijke oefening beter toegang biedt tot betekenisvolle klachtgerelateerde herinneringen. Deze diagnostische imaginatie (zie ook ▶ H. 2 'Diagnostische imaginatie') kan meer informatie bieden over de geschiktheid en bereidheid van de specifieke cliënt voor het gebruik van IR.

1.5.2 Wie kan imaginaire rescripting doen?

Cliënten blijken een diagnostische imaginatie als nuttig, maar ook als intensief en emotioneel te ervaren (Ten Napel-Schutz et al. 2011). Een goede voorbereiding van de cliënt met behulp van educatie over imaginatieoefeningen is dus aan te bevelen. Ook IR kan sterke emotionele ervaringen oproepen. Het is daarom van belang dat een behandelaar, voorafgaand aan het toepassen van IR, een specifieke training en supervisie heeft gekregen met betrekking tot de techniek.

1.5.3 Duur van de behandeling en frequentie van de sessies

De duur van de IR is sterk afhankelijk van de betreffende klacht waar de techniek voor wordt ingezet. In studies met vaste protocollen varieert deze duur van drie sessies in de behandeling van een nachtmerriestoornis (Kunze et al. 2016) tot zestien sessies in de behandeling van PTSS als gevolg van vroegkinderlijke traumatisering (Arntz et al. in prep.). En in de behandeling van de borderline-persoonlijkheidsstoornis wordt twee à drie jaar frequent gebruikgemaakt van de techniek (Giesen-Bloo et al. 2006). In recente studies naar de effectiviteit van IR als opzichzelfstaande behandeling van PTSS werd een frequentie van twee sessies per week gebruikt (Arntz et al. in prep.). Deze frequentie bleek goed te werken voor zowel therapeuten als cliënten. IR lijkt dus als opzichzelfstaande behandeling beter kort en intensief te kunnen worden toegepast, bijvoorbeeld twee keer per week een dubbele sessie, waarna de behandeling wordt afgerond.

1.5.4 Behandelplan en evaluatiecriteria

Onafhankelijk van de stoornis waarvoor IR wordt ingezet, dient er bij aanvang van de behandeling een behandelplan te worden opgesteld. Daarin staat beschreven hoelang de therapie gaat duren (hoeveel sessies) en op welke concrete criteria zal worden geëvalueerd. Voorbeelden van dergelijke evaluatiecriteria zijn:
- kan de cliënt betekenisvolle beelden visualiseren?
- is het mogelijk deze beelden te rescripten waarbij de rescripting leidt tot betekenisvolle ervaringen?
- is de cliënt in staat deze betekenisvolle ervaringen te herinneren tussen de sessies door?
- is de cliënt in staat zelfstandig betekenisvolle beelden te rescripten?
- verandert de geloofwaardigheid van disfunctionele cognities van de herinnering/het beeld?
- leidt de techniek in enige mate tot klachtverandering, zoals blijkt uit gebruikte vragenlijsten en zelfrapportage?

1.5.5 Emotieregulatie tijdens imaginaire rescripting

IR is een effectieve behandelmethode bij diverse stoornissen waarbij gebruik wordt gemaakt van de grote emotionele lading die imaginatie weet te genereren. Tegelijkertijd kenmerken verschillende vormen van psychopathologie zich juist door een gebrekkige emotieregulatie, zoals de kenmerkende vermijdingsrespons bij angststoornissen of de sterke stemmingswisselingen bij de borderline-persoonlijkheidsstoornis. Sommige cliënten kunnen te dicht bij hun problemen en de daarbij behorende emoties of te ver daarvanaf komen te staan. Wanneer jouw cliënte te dicht bij haar problemen komt te staan, waardoor ze er in zekere zin mee samenvalt en door emoties wordt overspoeld, dan zul je haar moeten helpen wat afstand te nemen en wat te kalmeren. Als jouw cliënte echter te ver afstaat van haar problemen, dan voelt ze nauwelijks iets en kunnen er ook geen correctieve emotionele ervaringen worden opgedaan. In dat geval zul je de IR moeten intensiveren.

Het verschilt voor iedere persoon wanneer hij/zij te dicht bij of te veraf van de problemen en de bijbehorende emoties komt te staan. Bovendien kan dit ook variëren in de loop van de tijd als gevolg van situationele omstandigheden. Je zult dus als therapeut voortdurend moeten proberen in te schatten hoe sterk de emotionele beleving van je cliënt is tijdens de oefeningen. Dit doe je door goed te observeren, maar ook door regelmatig te vragen: 'Hoe voel je je?', 'Wat voel je als ik dit zeg/als je dit beeld ziet?' In IR maak je daarmee veel gebruik van 'gevoelstaal'. Met deze 'gevoelstaal' probeer je in te schatten of jouw cliënte te dicht bij of te veraf staat van haar emoties. In de volgende hoofdstukken worden diverse methoden beschreven die je als therapeut in staat stellen deze emotionele belevingen enigszins te reguleren. Eén manier om de emotionele lading tijdens IR te reguleren wordt nu al gegeven. Het gebruik van het derdepersoonsperspectief is een veel gerapporteerd fenomeen, dat samenhangt met een vermindering van emoties (Brewin et al. 2010). Dit fenomeen past goed bij de lange geschiedenis van klinische observaties en de gedachte dat dissociatieve reacties, zoals zichzelf van een afstand zien, een beschermende werking zouden hebben tegen de emotionele impact van extreme stress.

1.5.6 Kritische noot

Er zijn weliswaar veel aanwijzingen dat IR een effectieve behandelmethode is bij andere stoornissen dan PTSS, maar er zijn relatief weinig gerandomiseerde, gecontroleerde studies gedaan. Dat betekent dat we nog nauwelijks weten hoe effectief IR bij deze stoornissen is in vergelijking tot andere effectieve, meer reguliere behandelmethoden zoals exposure. Daarom wordt dringend aangeraden de geldende richtlijnen binnen de ggz te volgen en IR alleen dan toe te passen als de richtlijnen of recent onderzoek daar aanleiding toe geven, of wanneer de reguliere behandelingen uit die richtlijnen onvoldoende effectief zijn. Dit boek beschrijft de toepassing van IR gebaseerd op de huidige inzichten in het werkingsmechanisme van de techniek. Aangezien er nog veel onduidelijk is over het werkingsmechanisme moeten de aanwijzingen in dit boek dan ook niet als dwingende richtlijn worden gezien.

1.6 Samenvatting

We beschikken praktisch allemaal over het vermogen tot imaginatie, waarbij we beelden hebben bij autobiografische herinneringen, of gebeurtenissen die zouden kunnen plaatsvinden in de toekomst, of beelden die geen enkele samenhang met de realiteit lijken te hebben. Imaginaties kunnen zich intrusief opdringen of vrijwillig worden opgeroepen en lijken een belangrijke rol te spelen bij de verwerking van informatie. Imaginatie heeft een grotere impact op emoties dan de verbale verwerking van diezelfde informatie, mogelijk omdat bij imaginatie dezelfde hersengebieden actief zijn als bij waarneming en het herinneren van emotionele autobiografische gebeurtenissen. Een levendige imaginatie kan daardoor gemakkelijk verward worden met een feitelijke herinnering.

Negatieve, intrusieve imaginaire beelden en herinneringen komen soms vaker voor bij mensen met een psychische stoornis in vergelijking met mensen zonder klachten, maar deze beelden worden vooral ook als meer belastend ervaren. Tijdens IR wordt het verloop van gebeurtenissen in een herinnering veranderd in een meer gewenste richting. Deze methode werd al meer dan een eeuw geleden beschreven, maar heeft sinds de jaren negentig van de vorige eeuw een grote groei doorgemaakt in zowel wetenschappelijk opzicht als wat betreft de klinische toepassingen. IR blijkt bij verschillende stoornissen een effectieve behandeling te zijn waarbij dit effect binnen korte tijd kan worden gegenereerd. Er zijn echter nog weinig onderzoeken gedaan naar de vergelijking van IR met andere effectieve behandelvormen. Er is bovendien nog weinig zicht op hoe IR dit effect bewerkstelligt. De gangbaarste hypothese is dat tijdens imaginaire rescripting de betekenis van de oorspronkelijke herinnering wordt veranderd. IR blijkt hoe dan ook een effectieve interventie, die sterke emotionele ervaringen kan oproepen. Daarom is het belangrijk dat therapeuten die deze techniek toepassen daarvoor goed zijn opgeleid, om aldus te komen tot correctieve emotionele ervaringen. In de komende hoofdstukken wordt beschreven hoe de techniek wordt toegepast in de praktijk.

1.7 Introductie casussen Nicky en Greg

In dit boek wordt gebruikgemaakt van twee casussen die als een leidraad fungeren, die van Nicky en die van Greg. Hoewel dit fictieve personages zijn, is hun casuïstiek een samenvoeging van verschillende cliënten. Iedere beschreven fase van IR wordt geïllustreerd met een toepassing van die specifieke fase bij Nicky of Greg. De dialogen zijn letterlijke transcripten van scènes die te zien zijn op de audiovisuele productie 'Fine Tuning Imagery rescripting' (Remco van der Wijngaart en Chris Hayes 2016). Deze productie is verkrijgbaar op ▶ www.schematherapy.nl.

Casus Nicky

Nicky is een 28-jarige vrouw met een borderline-persoonlijkheidsstoornis en terugkerende depressieve periodes. Ze is geneigd mogelijke conflictsituaties met anderen te vermijden, maar als gevolg van de opgebouwde spanningen kan ze soms woede-uitbarstingen hebben. Deze klachten bestaan al jaren en hangen samen met een jeugd waarin ze het slachtoffer was van geweld en emotionele verwaarlozing. Ze

groeide als enig kind op in een gezin met een agressieve vader die haar regelmatig sloeg en uitschold. Haar moeder dronk veel en was emotioneel afwezig.
Haar zelfbeeld is erg negatief; ze vindt zichzelf stom, klagerig en hopeloos. Ze wantrouwt andere mensen en heeft vaak het idee dat anderen haar niet mogen en in de steek zullen laten. Net als in haar jeugd voelt ze zich nog vaak angstig, eenzaam en verdrietig. Ze probeert deze pijn zo min mogelijk te voelen door haar gevoel uit te schakelen met als gevolg dat ze zich dan leeg en moe voelt.

Casus Greg

Greg is een 41-jarige man met PTSS en een persisterende depressieve stoornis. Hij werkt als politieman in een kleine stad en heeft een halfjaar geleden twee dode kinderen aangetroffen in een autowrak toen hij tijdens zijn werk arriveerde bij een verkeersongeluk. De automobilist die het ongeluk had veroorzaakt, bleek dezelfde man te zijn die Greg drie dagen eerder nog had bekeurd voor rijden onder invloed. In de periode die volgde kreeg hij last van terugkerende herinneringen aan het ongeluk en het beeld van de dode kinderen. Hij heeft echter ook in toenemende mate last van gevoelens van eenzaamheid en verdriet die samenhangen met zijn verleden. Hij komt uit een gezin met een afstandelijke, kille vader, die niet agressief was, maar wel veeleisend en Greg indirect de boodschap gaf dat hij niet in hem geïnteresseerd was. Moeder was weliswaar emotioneel zachter, maar niet in staat om de dominante, veeleisende opvoeding van vader te compenseren. Greg heeft als kind gevoeld, gezien en gehoord hoe moeder ongelukkig was in het huwelijk met vader. Zo kon moeder tegen hem klagen over vader, was ze openlijk verdrietig en somber in de nabijheid van Greg en zei dan dingen als: 'Het interesseert niemand hoe ik me voel ...'
Greg heeft altijd het gevoel gehad dat hij tekortschoot en beter zou moeten presteren. Hij kijkt naar de wereld om hem heen zoals zijn vader hem heeft geleerd: 'Uiteindelijk sta je er alleen voor in het leven. Niet klagen maar dragen.' Hij heeft moeders boodschappen geïnternaliseerd tot een zelfbeeld dat gekleurd is door een gevoel niet sterk genoeg en niet steunend genoeg voor anderen te zijn.

Diagnostische imaginatie

2.1 Inleiding – 26

2.2 Toelichting op de stappen van diagnostische imaginatie – 27
2.2.1 Stap 1: Introductie van diagnostische imaginatie – 27
2.2.2 Stap 2: Veilige plek – 32
2.2.3 Stap 3: Nare situatie in het heden – 35
2.2.4 Stap 4: Affectbrug naar het verleden – 36
2.2.5 Stap 5: Exploratie van een betekenisvolle ervaring uit het verleden – 38
2.2.6 Stap 6: Terug naar de veilige plek – 41
2.2.7 Stap 7: Nabespreking – 42

2.3 Samenvatting – 45

© Bohn Stafleu van Loghum is een imprint van Springer Media B.V., onderdeel van Springer Nature 2020
R. van der Wijngaart, *Imaginaire rescripting*, https://doi.org/10.1007/978-90-368-2451-4_2

2.1 Inleiding

In dit hoofdstuk wordt besproken hoe je de imaginatieoefening kunt gebruiken in de diagnostische fase van de therapie. Na een kort overzicht van de verschillende stappen in deze diagnostische imaginatie wordt iedere stap verder toegelicht met voorbeelden. Aan het eind van iedere toelichting zullen ook uitdagende, moeilijke situaties besproken worden die zich kunnen voordoen in de klinische praktijk. Aan het eind van dit hoofdstuk heb je voldoende basis om deze visualisatieoefening te gebruiken in de diagnostiekfase en heb je handvatten die je in staat stellen om te gaan met uitdagende situaties die zich in de klinische praktijk kunnen voordoen.

De beginfase van de de toepassing van imaginaire rescripting (IR) als behandelinterventie heeft tot doel om samen met cliënte[1] de klachten in haar huidige leven te leren begrijpen vanuit betekenisvolle gebeurtenissen uit het verleden.

De kern van de diagnostische imaginatie is dat cliënte huidige klachtsituaties visualiseert, zich inleeft in die beelden en dan stilstaat bij de gevoelens die opgeroepen worden. Door zich te concentreren op die gevoelens kunnen via deze 'affectbrug' herinneringen aan ervaringen in andere levensfasen worden geactiveerd, meestal uit de (vroege) jeugd. Zo leren therapeut en cliënte meer over het ontstaan en voortbestaan van de patronen in haar leven. Er zijn verschillende manieren om een diagnostische imaginatie uit te voeren, waarbij het uitgangspunt is dat de oefening niet een doel of interventie op zichzelf is, maar meer een hulpmiddel om oorspronkelijke herinneringen te identificeren die gerelateerd zijn aan de huidige klachten. Wanneer je als therapeut nog geen ervaring hebt met deze methode, kan een gestructureerd stappenplan helpen.

> **Diagnostische imaginatie: stappenplan**
>
> Stap 1 Introductie van diagnostische imaginatie
> Stap 2 Veilige plek
> Stap 3 Nare situatie in het heden
> Stap 4 Affectbrug naar het verleden
> Stap 5 Exploratie van een betekenisvolle ervaring uit het verleden
> Stap 6 Terug naar de veilige plek
> Stap 7 Nabespreking

Dit stappenplan kan houvast en structuur bieden in de fase dat je je vertrouwd maakt met de methode. Wanneer je meer ervaring hebt met de imaginatieoefeningen kun je meer variëren met de verschillende stappen, afhankelijk van wat zich voordoet in de sessie. Zo kan het zijn dat je cliënt vertelt dat ze al dagen last heeft van een angstig gevoel, wat ze vooral voelt in haar borst en waarbij ze de hele tijd het gevoel heeft dat er iets ergs gaat gebeuren. In een dergelijke situatie kan de oefening beginnen met stap 4 'Affectbrug

---

1 Er is gekozen voor de vrouwelijke vorm aangezien veel van de gebruikte voorbeelden voortkomen uit de behandeling van de borderline-persoonlijkheidsstoornis en de posttraumatische-stressstoornis, stoornissen die relatief vaker voorkomen bij vrouwen dan bij mannen (RIVM 2020). (Bron: ▶ www.volksgezondheidenzorg.nl (2020). RIVM.

naar het verleden' en hoef je niet eerst een veilige plek te visualiseren. Je kunt deze cliënte vragen de ogen te sluiten, zich te concentreren op dat angstige gevoel en vragen een beeld op te laten komen uit haar jeugd.

Een cliënte kan ook vertellen dat ze de afgelopen week last heeft gehad van herinneringen uit haar kindertijd dat haar vader haar uitschold. Je kunt haar in dat geval vragen de ogen te sluiten en de beelden uit haar verleden te beschrijven die ze kennelijk toch al heeft. De diagnostische imaginatie begint dan dus met stap 5: 'Exploratie van een betekenisvolle ervaring uit het verleden'.

De stappen van diagnostische imaginatie zijn met andere woorden geen dwingend script, maar eerder een suggestie om gebruik te maken van werkzame onderdelen van de techniek en tegelijkertijd vertrouwd te raken met imaginatieoefeningen.

2.2 Toelichting op de stappen van diagnostische imaginatie

Hieronder wordt iedere stap uit het proces van diagnostische imaginatie verder toegelicht. Aan de hand van onze casus Nicky wordt geïllustreerd hoe iedere stap er in de praktijk uit kan zien. Per stap wordt ingegaan op problemen of uitdagende situaties waar je in de klinische praktijk mee geconfronteerd kunt worden.

2.2.1 Stap 1: Introductie van diagnostische imaginatie

Er zijn grofweg twee verschillende manieren waarop je een imaginatieoefening kunt introduceren. De eenvoudigste manier is door het simpelweg aan te kondigen als: 'Ik wil nu graag een oefening doen.' In de meeste gevallen wordt een dergelijke aankondiging door cliënten zonder problemen geaccepteerd. Voor hen is de voorgestelde oefening onbekend, maar ze protesteren daar meestal niet tegen. Eventuele vrees voor het doen van een imaginatieoefening leeft dan ook meestal eerder bij de therapeut dan bij de cliënt.

Een tweede manier om de oefening te introduceren is door die meer aan te laten sluiten op wat zojuist met de cliënt besproken is. Nicky had bijvoorbeeld net verteld over een ruzie in de afgelopen week, waardoor zij zich in de dagen erna heel slecht heeft gevoeld. De introductie van de imaginatieoefening kan dan zijn: 'Dat klinkt als een heftige situatie voor je. Ik kan me voorstellen dat deze situatie voor iedereen wel stressvol zou zijn. Maar het klinkt ook alsof jij echt flink van slag was door wat er gebeurde. Zullen we eens een oefening doen die ons kan helpen beter te begrijpen waardoor je zo van slag raakte?' Een variant hierop is je cliënte opmerkzaam te maken op de beelden die al lijken te worden gevisualiseerd: 'Je beschrijft de situatie heel levendig, en ik zie die al bijna voor me. Ik kan me voorstellen dat er bij jou ook beelden opkomen van wat er is gebeurd. Kun je je ogen eens sluiten en die beelden beschrijven?'

De uitleg over de imaginatieoefening die gaat plaatsvinden, beperkt zich in principe tot drie punten:
1. Duur van de oefening
   Een diagnostische imaginatie duurt doorgaans tien tot vijftien minuten. Uit onderzoek is gebleken dat cliënten de imaginatieoefeningen waardevol vinden, maar dat ze het als stressvol ervaren als de duur van de oefening niet bekend is of sterk kan wisselen (Ten Napel-Schutz et al. 2011).

2. Werkwijze
Enige uitleg over wat er staat te gebeuren is wel gewenst, maar treed daarbij niet te veel in detail. Een goede uitleg zou kunnen zijn: 'Ik ga je zo vragen je ogen te sluiten en ze gedurende tien tot vijftien minuten gesloten te houden. In die tijd zal ik je vragen om beelden op te laten komen van betekenisvolle situaties uit de afgelopen tijd en uit het verleden. Ik zal je door de oefening heen leiden. Naderhand kunnen we dan samen bespreken wat je hebt beleefd en wat we daaruit kunnen leren over je klachten.' Door onbekendheid met de oefening kun je als therapeut geneigd zijn heel precies te beschrijven wat de verschillende fasen van de imaginatieoefening zullen zijn. Hoewel bedoeld om de cliënt gerust te stellen en te zorgen dat die een zekere controle heeft, kan een uitgebreide uitleg echter angst en vragen oproepen. Bij suggestibelere cliënten is het echter wél raadzaam om iets meer uitleg te geven over de werkingsmechanismen van de oefening (Advies Gezondheidsraad 2004). Zo kun je benadrukken dat je in de oefening stilstaat bij betekenisvolle *ervaringen* en dat die niet automatisch hetzelfde zijn als *feitelijke* herinneringen. Misschien was vader *feitelijk* vaak moe na zijn werk en daardoor prikkelbaar, maar heeft cliënt dat *ervaren* als dat hij boos op haar was. In de casusconceptualisatie proberen we de ervaringswereld van de cliënt in kaart te brengen en is het primaire doel niet om de feitelijke realiteit te beschrijven.
3. Bieden van veiligheid
Ten slotte is het wel aan te raden om te benadrukken dat de cliënt controle blijft houden en dat het sluiten van de ogen slechts een manier is om zich beter te kunnen concentreren op wat ze ervaart.

Wanneer je cliënte bereid is de oefening te doen, dan vraag je haar gemakkelijk te gaan zitten, zodat ze tijdens de oefening niet te veel afgeleid wordt door haar houding. Voor de oefening is het goed om rechtop te zitten, met beide voeten op de grond en de handen losjes in de schoot. Dan vraag je de cliënt haar ogen te sluiten en begint de oefening.

Stap 1 Introductie van de diagnostische imaginatie – Nicky

De sessie is tien minuten aan de gang, en Nicky heeft daarin verteld dat ze een heftige aanvaring heeft gehad met haar vriend Peter. Ze staat op het punt te praten over de invloed die dat heeft gehad op haar week. De therapeut wil echter nog genoeg tijd overhouden voor het doen van een diagnostische imaginatie en onderbreekt haar.
Therapeut: Ik wil nog even stil blijven staan bij wat je zojuist vertelde, Nicky. Als je vertelt over je ruzie met Peter, dan klinkt het alsof je flink van streek was. Nu zou iedereen van streek zijn in een dergelijke situatie, maar jij was echt van slag, het raakte je echt diep, klopt dat?
Nicky: Ja ... (klinkt verdrietig)
T: Ik vraag me dan ook af wat je zo diep raakte dat je daar de hele week van slag van was? We kunnen een imaginatieoefening doen die ons daarbij helpt. Vind je dat een goed idee?
N: Ja.
T: Heel fijn. Deze oefening kan ons echt helpen beter te begrijpen wat er op dergelijke momenten gebeurt. Dan wil ik je nu vragen om voor de komende tien tot vijftien minuten je ogen te sluiten. Het is geen hypnose, en je behoudt de controle. Je ogen

sluiten is vooral een manier om niet te veel afgeleid te worden en je goed te kunnen concentreren op je gevoel en je beleving. Hoe klinkt dat?

N: Ja, op zich wel logisch ... Maar ik wil er juist eigenlijk niet te veel bij stilstaan ... Ik ben juist een beetje blij dat het nu weer gaat ...

T: Dat snap ik, en ik vind dat ook heel normaal; het is natuurlijk niet fijn juist stil te staan bij dingen die je je zo naar doen voelen. We doen het dan ook niet om je je slecht te laten voelen, maar juist om beter zicht te krijgen op de vraag waarom dat nare gevoel in die situaties zo sterk, zo overweldigend is. En ik ga je ook helpen om niet opnieuw overstuur te raken door dat gevoel, oké?

N: Ik weet het niet ...

T: Laat ik vooropstellen dat ik je nergens toe wil dwingen, Nicky, zeker niet! Als jij het niet wilt, dan gebeurt het niet, jij blijft de controle houden ... Ik worstel een beetje met hoe we nu verder gaan, en laat ik maar even hardop denken, zodat jij met me mee kunt luisteren waar ik over twijfel. Aan de ene kant denk ik: 'Oké, ze heeft het al zo zwaar gehad, laat haar dan even met rust. Dus doe die oefening nu toch maar niet, ze heeft alles juist weer een beetje onder controle.' Aan de andere kant denk ik; 'Ja maar, als ik haar nu met rust laat, is dat dan niet precies wat er vaker is gebeurd? Dat er na heftigheid vooral maar niet meer nagedacht of gesproken werd over wat er speelde? Misschien is de oefening nu wel even pittig voor Nicky, maar die zou ons wel helpen om beter te begrijpen wat haar iedere keer zo van haar stuk brengt. Het zou mij wel heel erg helpen om haar beter te kunnen gaan helpen ...' Als ik het zo zeg, dan denk ik dat ik toch liever de oefening wel zou willen doen, wat denk jij?

N: ... ja, misschien ... ik snap wel wat je bedoelt, maar ik zie er gewoon tegenop ...

T: Natuurlijk, dat snap ik heel goed! Zullen we het anders gewoon eens tien minuten proberen, en dan spreken we af dat je op ieder moment mag stoppen als je denkt dat het te heftig wordt? En ik zal je ook helpen om het allemaal wel draaglijk te houden. Wat vind je ervan?

N: ... Oké, laten we het maar eens proberen.

❯ Wat nou als ...
- **cliënt geen imaginatieoefening wil doen, uit angst voor het onbekende?**
  De cliënt kan onzeker en angstig zijn over wat de imaginatie gaat inhouden. Ondanks de uitleg en de geruststelling van jou als therapeut is de cliënt wellicht uit angst geneigd de oefening af te wijzen of weerstand te voelen bij het voorstel om de oefening te doen. Een methode om je cliënte te motiveren voor de oefening, is de zogenoemde *stealth imagery* (Hayes 2016). Door een gedetailleerde, levendige beschrijving van de oefening kan je cliënte 'onder de radar' al iets ervaren van het effect van de oefening en voelt zij zich al wat veiliger bij de onbekende oefening.
- **cliënt blijft vragen naar het nut van de imaginatie?**
  Sommige cliënten zijn geneigd veel vragen over de oefening te blijven stellen voordat de oefening daadwerkelijk begint. De vragen kunnen soms zo kritisch zijn dat het meer een onderhandeling lijkt over het nut en belang van de oefening voordat de imaginatie daadwerkelijk begint. Een mogelijke verklaring hiervoor is dezelfde onbekendheid en onzekerheid als hierboven beschreven werd. Deze cliënten hebben echter een wat actievere, overcompenserende

manier van omgaan met die onzekerheid dan vermijding. Hun vragen zijn een poging om grip en controle te verkrijgen over iets wat onbekend is en onwennig en mogelijk onveilig voelt. Het helpt jou als therapeut al wanneer je beseft dat hier onzekerheid aan ten grondslag ligt. Je kunt die (kritisch) vragende cliënte dan zien als een argwanende poortwachter, die jou niet meteen toegang wil verlenen. Probeer dan te onderhandelen met die poortwachter, waarbij je uitleg geeft, geruststelt en controle biedt: 'Ik kan je het best laten ervaren wat het nut is door de oefening te doen. Zullen we het gewoon eens proberen?', 'Zou je het tien minuten willen proberen, en dat we dan kijken of het nuttig was of niet? Of anders vijf minuten? Je kunt op ieder moment stoppen als je wilt. Jij behoudt de controle.'

- cliënt de ogen niet wil sluiten?
  Het sluiten van de ogen is voor sommige cliënten al te bedreigend omdat ze dan het gevoel hebben de controle los te laten. De essentie van de imaginatie zit niet in het sluiten van de ogen, maar in het stilstaan bij en visualiseren van betekenisvolle ervaringen, en dat kan ook met de ogen open. Zo is er geen bewijs dat er consistente verschillen zijn in de gerapporteerde levendigheid van de gevisualiseerde beelden tussen de conditie waarin de ogen open zijn en die waarin de ogen gesloten zijn (Isaac en Marks 1994). Opdat cliënte niet te veel afgeleid wordt door de ruimte om haar heen, kun je haar wel vragen te kijken naar een vast punt voor zich, bijvoorbeeld op de grond of de muur.

- cliënt zegt niet te kunnen visualiseren?
  Het lukt vrijwel iedereen om zich zaken levendig voor te stellen. Slechts drie procent van de gezonde volwassenen lijkt niet in staat tot het genereren van mentale beelden (Isaac en Marks 1994; Holmes 2015). De kans bestaat dus dat deze specifieke cliënte behoort tot die drie procent, maar die is niet groot. Er is een grotere kans dat het ervaren onvermogen om te visualiseren voortkomt uit vermijding van emotioneel zeer beladen ervaringen. Het ontbreken van imaginaire beelden is dan een beschermingsreactie wanneer de cliënt overweldigd wordt door haar emoties. In dat geval heeft de cliënt dus meer veiligheid nodig om wat meer afstand van haar emoties te kunnen nemen. Je kunt die veiligheid bieden door de oefening te beginnen met neutralere beelden en cliënte bijvoorbeeld te vragen haar ouderlijk huis te beschrijven: 'Was het een rijtjeshuis?', 'Had het huis een tuin?' Na dit eerst in de verleden tijd te hebben besproken, is de volgende stap het beeld in de tegenwoordige tijd te beschrijven, personen in het beeld te plaatsen en vervolgens interacties te visualiseren. Zo wordt een neutraal beeld stap voor stap meer een beeld dat geassocieerd is met betekenisvolle, emotionele ervaringen. Als het beschrijven van het ouderlijk huis niet lukt (omdat het ouderlijk huis al te veel verbonden is met te emotionele herinneringen die vermeden worden), kun je als therapeut starten met vragen over neutrale of zelfs positieve levensgebieden in het huidige leven: 'Waar zijn je kinderen op dit moment? Hoe ziet die klas eruit? Weet je ook waar ze zitten in die klas? Wat zouden ze nu aan het doen zijn? Kun je je ogen sluiten en de klas die je ziet voor me beschrijven?' Rond de oefening af nadat je cliënte dergelijke positieve beelden heeft gevisualiseerd. De positieve nabespreking is dat cliënt dus wel in staat blijkt om beelden te zien.

2.2 · Toelichting op de stappen van diagnostische imaginatie

– cliënt weerstand tegen de oefening heeft?
Sommige cliënten zeggen ronduit dat ze geen zin hebben in de oefening of zijn nog actiever in hun weerstand tegen een oefening die hen emotioneel zou kunnen maken. Naast alle bovengenoemde strategieën is het ook een overweging deze weerstand expliciet te benoemen. Bespreek de weerstand in termen dat 'een deel van de cliënte' geen zin heeft in de oefening. Het is niet de cliënte in haar geheel die de oefening niet wil doen; een deel van haar voelt die weerstand, maar een ander deel van haar heeft wel hulp nodig. Deze vorm kan helpen om voorbij de weerstand te komen.

Problemen bij de introductie van de diagnostische imaginatie – Greg

Therapeut: Oké, laten we een imaginatieoefening doen.
Greg: Een wát?
T: Een imaginatieoefening. Een oefening waarbij ik je vraag voor de komende tien minuten je ogen te sluiten en stil te staan bij de herinnering aan wat er gebeurd is. Er niet alleen over te praten, maar echt contact te maken met de gevoelens die je toen had.
G: … En dit is wat je doet … wat we hier doen …?
T: Ja, dit is een manier van werken die we hier zullen doen.
G: … dat klinkt pathetisch …
T: Het voelt voor jou alsof we niet serieus bezig zijn als we zo'n oefening zouden doen?
G: Ja, het klinkt stom en pathetisch!
T: Nou, dat zou ik zelf niet zeggen, want in mijn ervaring helpt deze oefening juist erg goed. Maar ik kan me voorstellen dat het een beetje gek klinkt; je komt hier met de verwachting te praten over dingen en dan is dit een andere manier van werken.
G: Ik zie gewoon niet hoe 'doen alsof' me verder gaat helpen.
T: We kunnen het gewoon eens proberen? We kunnen natuurlijk zeggen, we doen het niet, maar zullen we het niet gewoon eens proberen?
G: Ik zie gewoon het nut niet! Waarom kunnen we niet gewoon praten zoals we dat tot dusver hebben gedaan?
T: Oké, ik begrijp het, zoals je er nu bij zit (T wijst naar plek tussen hen in) kijk je hiernaar met een gevoel van: 'Hm, ik vind het maar niks, raar gedoe!' Klopt dat?
G: Ja!
T: Maar ik weet dat er ook een andere kant is (T wijst naar buik van cliënt), een emotionele Greg, die lijdt, die zich schuldig voelt, die van streek is. En als ik alleen maar zou luisteren naar de Stoere Kant (T wijst opnieuw naar het punt tussen hen in) die zegt: 'Dat ga ik niet doen', en ik zou deze oefeningen niet doen, dan zou ik die emotionele Greg (T wijst weer naar buik cliënt) in de steek laten. Ik weet dat er die kant is die lijdt (T wijst opnieuw naar buik), die het zwaar heeft en die mijn hulp en steun echt kan gebruiken. Ik ga je echt niet dwingen om dit te doen, maar ik aarzel wel om dit idee nu los te laten met die emotionele Greg in gedachten.
G: Ik snap gewoon niet hoe het mij gaat helpen om in een plas van ellende te veranderen …
T: Je bent dus bang dat je overspoeld zult raken als je meer contact zou maken met die emotionele Greg?
G: Ik zou meteen veranderen in een poel van ellende en wegstromen …

T: Laat me je dan geruststellen dat ik mijn uiterste best zal doen om ervoor te zorgen dat je je aan het eind van de oefening oké voelt. Mijn verwachting is dat jij je aan het eind van de oefening zelfs beter voelt. Want die Stoere Greg heeft je dan wel geholpen te overleven, maar heeft die pijn (wijst naar de buik van G) niet weg kunnen nemen, en ik denk dat deze oefeningen dat wel kunnen. Zullen we het gewoon eens proberen?
G: Jij gaat die beerput openen, en je kunt die echt niet allemaal meteen oplossen of wegnemen, toch?
T: Dat is een terechte vraag. Nou, als iemand me zou zeggen: 'Die ene stap die je zet, daar loop je echt de marathon niet mee hoor!', dan zou ik hem ook gelijk geven: één stap is inderdaad nog niet de hele marathon. Maar ik zal die stap toch echt moeten zetten om bij de finish te komen ... Ik snap wat je zegt: met deze oefening zijn we nog niet bij de finish, maar het is een eerste stap, Greg. En ik ga mijn best doen ... Ik weet dat er een deel van je is dat het wel wil proberen, zelfs als het buiten je comfortzone ligt. Ik zou graag met die kant samenwerken om dit te laten werken. Zelfs als het een beetje gek lijkt. Weet je, ik doe liever iets wat een beetje gek is, maar dat je wel gaat helpen, dan dat ik dat achterwege laat alleen omdat het 'een beetje vreemd' lijkt ... ik vind jou en je klachten té belangrijk om dit dan maar niet te doen.
G: ... Oké, laten we het dan maar proberen.

2.2.2 Stap 2: Veilige plek

Je vraagt je cliënt vervolgens om een beeld op te laten komen van een veilige plek:
'Dan wil ik je nu vragen een beeld op te laten komen van een veilige plek, een plek waarop jij je helemaal op je gemak voelt. Ga niet te diep nadenken wat dat voor plek moet zijn, maar laat beelden vanzelf opkomen als je denkt aan een veilige plek ...'

Het is niet strikt noodzakelijk om de oefening te beginnen met een veilige plek. Onderzoek heeft tot dusver de meerwaarde van deze stap niet kunnen aantonen. Er zijn echter een paar redenen waarom je toch zou kunnen kiezen voor het gebruik van de veilige plek. Op de eerste plaats biedt het visualiseren van een veilige plek cliënten de mogelijkheid om hun verbeeldingskracht enigszins 'op te warmen'. Het sluiten van de ogen en het visualiseren van betekenisvolle gebeurtenissen is niet voor alle cliënten gemakkelijk; ze voelen zich wat gespannen, de techniek is nog wat onwennig en de therapeut nog niet helemaal vertrouwd. De imaginatieoefening betekent dan ook een gedeeltelijk loslaten van de controle en zich overgeven aan de verbeelding, en die verbeelding moet bij sommige cliënten nog een beetje op gang komen. De veilige plek is een eerste stap in dit proces en geeft de cliënt de gelegenheid om te wennen aan het visualiseren.

Op de tweede plaats maakt het gebruik van een veilige plek de imaginatieoefening ook veiliger voor de cliënt. Het stelselmatig starten en eindigen met de veilige plek maakt de structuur van oefening voorspelbaar en daarmee veiliger. Daarnaast kan de veilige plek ook dienen als gezonde emotie-regulerende interventie wanneer cliënte erg emotioneel wordt.

Het was overigens beter geweest om in deze fase van de oefening te spreken van een 'fijne plek', omdat daarmee niet de nadruk wordt gelegd op de basisbehoefte van veiligheid. Het is namelijk ook prima als je cliënte zich inleeft in een beeld waarin ze zich vrij, verbonden, krachtig, of gewoon vrolijk en blij voelt. De term 'veilige plek' is waarschijnlijk voortgekomen uit een klinische praktijk met veel cliënten met een achtergrond van onveilige hechting of traumatische ervaringen. Voor die cliënten heeft deze fase van de oefening een kalmerende, emotie-regulerende werking. Het kan echter voor een andere cliënt, of op een ander moment, prettiger zijn om zich in te leven in een beeld waarbij zelfexpressie of competentie centraal staat. Gezien het feit dat 'de-veilige-plekoefening' een bekend fenomeen is geworden onder therapeuten is ervoor gekozen om deze benaming ook in dit boek aan te houden. Probeer je cliënte uit te nodigen om een fijne plek te visualiseren, niet noodzakelijkerwijs eentje waarop veiligheid centraal staat als dat niet goed aansluit bij de relevante behoefte van je cliënte op dat moment.

Vraag cliënte om zich tijdens het visualiseren van de veilige plek zo goed mogelijk in te leven, alsof zij er nu echt ís, en te beschrijven wat zij ziet, zodat je goed weet wat de cliënt ziet en beleeft. Vragen naar zintuiglijke informatie helpt om de beleving te intensiveren: 'Waar ben je nu? … Kijk eens om je heen; wat zie je nu? … Welke geluiden hoor je? … Welke geuren ruik je nu?' Vraag je cliënte zich verder zich te concentreren op het prettige gevoel dat deze plek oproept. Laat cliënte de emotionele, cognitieve en fysiologische aspecten van de ervaring beschrijven, bijvoorbeeld: 'Ik voel me prettig, ontspannen … een gevoel van warmte en rust in mijn borst, een gevoel dat ik even niets meer moet, dat ik niets meer hoef.'

Vervolgens vraag je cliënte deze veilige plek los te laten en beelden op te laten komen van een recente stressvolle situatie: 'Laat nu dit beeld maar los, laat het vervagen of wegdrijven. Ik wil dat je ruimte maakt voor andere beelden.'

Stap 2 Veilige plek – Nicky

Nicky heeft ermee ingestemd om de imaginatieoefening te doen, maar zag er wel tegenop. Daarom wordt rustig begonnen met een visualisatie van een veilige plek.
Therapeut: Goed, Nicky, dan wil ik je vragen om er even gemakkelijk voor te gaan zitten, met je voeten op de grond en handen in je schoot … En je ogen mag je nu sluiten … Haal eerst maar eens diep adem … goed zo … Als eerste wil ik je vragen om je aandacht even te richten op jezelf; je bent hier naartoe gereisd, mensen praten, drukte, maar nu even alleen maar jij … met je voeten op de grond … wees je maar bewust van de stoel onder je, je rug tegen de leuning … en je ademhaling … Je hoeft er niet iets mee te doen, je hoeft je enkel bewust te zijn van jouzelf, nu, in dit moment … Oké … Ik wil je nu eerst vragen om een beeld op te laten komen van een veilige plek … dat kan iedere plek zijn, uit je huidige leven of je verleden, of misschien iets wat je hebt gezien in een film. Als het maar een plek is waarop jij je fijn voelt … En als je een beeld hebt, kun je me dan vertellen wat je nu ziet? …
Nicky: … ik denk dat ik dan aan mijn kamer moet denken, gewoon thuis …
T: Dat is prima. Dus je bent nu thuis, en waar ben je dan nu in je huis?
N: Op mijn slaapkamer, in bed …
T: Prima, kijk maar eens om je heen, en vertel me maar wat je nu ziet …
N: Gewoon, mijn kamer.
T: Dat is prima, en hoe ziet je kamer eruit, wat zie je nu? Beschrijf het maar zoals je dat nu letterlijk ziet, zodat ik met je mee kan kijken …
N: … Nou, dan zit ik in bed en staat de tv voor me, zo naast de deur.
T: En staat de tv aan nu?

N: Ja.
T: Wat is er op tv? Wat zie je?
N: … een of ander kookprogramma … gewoon, wat makkelijks …
T: Oké … dus je ligt nu in bed, de tv staat aan … wat zie je nog meer? Is het licht of donker in je kamer?
N: … Licht, het is dag …
T: En welke geluiden hoor je?
N: … Er is wat verkeer, soms een auto die voorbijrijdt … en mijn kat spint … (glimlacht)
T: Dat klinkt fijn, waar is je kat nu?
N: Die ligt helemaal uitgestrekt op mijn schoot, zo met zijn poten uitgestrekt dat hij lekker gekroeld kan worden op zijn buik …
T: Wat lekker, helemaal lekker lui …? (N knikt.) En hoe voel jij je nu, Nicky?
N: … rustig, ontspannen … ik hoef even helemaal niets …
T: Even helemaal niets, rustig, waar voel je dat rustige, ontspannen gevoel in je lijf?
N: (wijst haar buik aan)
T: In je buik … geniet dan maar even van dat fijne, ontspannen gevoel in je buik … Dat gevoel dat je even niets hoeft …

> **Wat nou als …**
> — **cliënt geen veilige plek heeft?**
> Sommige cliënten zijn dermate beschadigd door hun achtergrond dat ze moeite hebben een veilige plek te visualiseren. Benadruk dan dat het niet een realistische, bestaande plek hoeft te zijn, maar dat het ook een fantasieplek kan zijn, of een situatie die ze hebben gezien in een film of waarover ze gelezen hebben in een boek. In dergelijke situaties kan het helpen om voorafgaand aan de oefening rustig en concreet te exploreren op welke momenten in hun leven ze zich ontspannen hebben gevoeld: Waar was dat? Wat hielp om zich even wat rustiger te voelen? Deze voorbereidende exploratie kan helpen om tijdens de imaginatie een beeld te kunnen visualiseren dat geassocieerd is met een zeker gevoel van veiligheid. Vergeet niet dat je ook de therapiesessie kunt suggereren als veilige plek als er in de gesprekken al momenten zijn geweest waarop de cliënt zich ontspannen, verbonden, gesteund of gehoord heeft gevoeld.
> — **cliënt in herbelevingen schiet?**
> Het sluiten van de ogen kan voor sommige cliënten betekenen dat ze direct overspoeld worden door (traumatische) herinneringen en de heftige emoties die hiermee gepaard gaan. Je cliënte kan op zo'n moment in een overlevingsstand schieten, waarin alle gevoelens geblokkeerd raken. Dat is een begrijpelijke reactie als ze nog niet heeft geleerd om op een andere manier met die herinneringen en de daaraan gekoppelde emoties om te gaan. Probeer het contact met de cliënt te herstellen door te blijven praten op een warme, steunende toon, en vraag je cliënte zich te concentreren op jouw stem. Je kunt je cliënte ook vragen om haar ogen even open te doen om weer contact te maken met de realiteit, maar vraag haar daarna toch weer de ogen te sluiten en een veilige plek te visualiseren. Dat je cliënte emotioneel is geworden, is niet

een bewijs dat de imaginatie een slechte oefening is, het geeft enkel aan dat er op dat moment veel oude pijn naar boven kwam, waarvoor therapie, en dus ook de methoden en technieken die daarbij horen, noodzakelijk is.

2.2.3 Stap 3: Nare situatie in het heden

'Laat nu een beeld voor je ogen komen van een nare situatie die je onlangs hebt meegemaakt. Een situatie waarin je je onprettig voelde, boos, verdrietig, schuldig of iets anders. Ga er niet te diep over nadenken wat het zou moeten zijn, maar laat de beelden vanzelf in je opkomen.'

Met deze instructie poog je de bewuste controle van het denken en de ratio los te laten en de cliënt zich te laten overgeven aan herinneringen aan een recente, betekenisvolle ervaring en de gevoelens die daarmee samenhangen. Je wilt daarbij dat de cliënt de ervaring weer opnieuw *beleeft*, niet zozeer dat er gesproken wordt *over* de ervaring. Wees daarom duidelijk in je instructie, waarin je haar vraagt om zich in te leven alsof ze nú in die situatie zit. Het helpt daarbij om de cliënt de beelden te laten beschrijven in de tegenwoordige tijd.

'Als je een beeld voor ogen hebt, wil ik je vragen om je daar helemaal in in te leven, alsof je nu weer in die situatie bent. Dus kijk om je heen … Wat zie je nu? … Vertel me het me maar, zodat ik met je mee kan kijken waar je nu bent … Wat hoor je nu? … Wat gebeurt er nu? …'

Het is ook mogelijk om als therapeut zelf een specifieke klachtsituatie voor te stellen die in eerdere gesprekken, of voorafgaand aan de oefening, is genoemd door cliënte. Vraag je cliënte om het gevisualiseerde beeld voor- of achteruit te spoelen tot het moment waarop de emotionele reactie het sterkst is. De informatie uit eerdere gesprekken kan je helpen om hierover mee te denken.

Stap 3 Nare situatie in het heden – Nicky

Nicky heeft net een beeld beschreven van haar veilige plek, in haar bed, met haar kat spinnend op schoot. Ze voelt zich daarbij ontspannen, 'ik hoef even niets'.
T: Goed, Nicky, dan wil ik je nu vragen dit beeld van je kamer, van je kat en de tv te laten vervagen … Laat het maar wegdrijven, zodat er ruimte ontstaat voor andere beelden … Ik wil je vragen om terug te denken aan die ruzie met Peter waar je zojuist over vertelde en een beeld daarvan op te laten komen … Ga er niet te diep over nadenken wat het zou moeten zijn, laat de beelden maar vanzelf opkomen als het gaat om die ruzie …
N: … Ik denk het moment dat hij tegenover me staat, tegen me staat te schreeuwen …
T: En waar ben je nu?
N: Ik ben thuis, in de keuken.
T: En je staat tegenover hem?
N: Ja.
T: Kun je naar hem kijken, hoe kijkt hij nu naar je?
N: Hij kijkt echt boos, echt boos … schreeuwend.
T: Wat zegt hij?
N: Hij noemt me stom, een debiel … het is allemaal mijn schuld.

Let op dat je cliënte niet automatisch vervalt in een oude copingstijl van vermijding of overcompensatie door bijvoorbeeld in de verleden tijd óver de situatie te praten in plaats van die te beleven: 'Ik kan me voorstellen dat het helemaal niet fijn is om bij dit moment stil te staan, en wellicht voel je de neiging om ervan weg te blijven, bijvoorbeeld door erover na te gaan denken of op andere aspecten van het beeld te gaan letten. Ik kan me dat heel goed voorstellen, maar wil je toch vragen stil te blijven staan bij dit pijnlijke moment.'

> Wat nou als ...
> - cliënt wel een beeld beschrijft, maar er niet veel bij voelt?
>   Cliënten zullen bij het beschrijven van een recente vervelende situatie geneigd zijn deze eerder te beschouwen dan te beleven. De cliënt vertelt bijvoorbeeld op een rationele manier en in de verleden tijd wat er toen gebeurde. Dit kan een vorm van vermijding zijn, terwijl het doel van de oefening is om wel contact te maken met de gevoelens die met de situatie geassocieerd zijn. Je kunt op de eerste plaats de woorden van de cliënt herformuleren in de tegenwoordige tijd:
>   Cliënt: 'Ik was op mijn werk en mijn baas kwam toen langs.'
>   Therapeut: 'Je bent nu dus op je werk, en je ziet dat je baas binnenkomt. Wat doet ze nu?, of Wat zegt ze nu?'
>   Als dat niet voldoende is, kun je de instructie van de imaginatie nog eens herhalen: 'Ik wil je vragen je helemaal in te leven, alsof je het nu weer opnieuw beleeft. Dus, wat zie je nu? Wat voel je nu?'
>   Mocht je cliënt blijven hangen in het beschouwend vertellen, dan kun je ook expliciet zeggen wat je anders wilt: 'Ik wil je vragen om het beeld in de tegenwoordige tijd te beschrijven. We zullen er straks wel over praten wat het allemaal betekent, maar voor nu wil ik dat je de situatie echt weer ervaart. Probeer daar weer te zijn, en wat voel je nu?'
> - er geen beeld bij de cliënt opkomt?
>   Als er helemaal geen beeld bij je cliënte opkomt, of als zij een beeld blijft beschrijven in algemene bewoordingen en in de verleden tijd, dan kan dit ook een signaal zijn dat de ervaren spanning te groot is. Hoe sterker de coping, hoe groter de emotionele lading die kennelijk ervaren wordt. Je kunt er dan ook voor kiezen om deze coping, deze bescherming van de cliënt, expliciet te benoemen. Als je die bescherming expliciet besproken hebt met de cliënt kun je samen zoeken naar manieren om uit die oude overlevingspatronen van vermijding te komen. Je maakt daarmee de cliënt, het gezonde deel van de cliënt, medeverantwoordelijk in je poging om contact te maken met de onderliggende gevoelens en ervaringen.

2.2.4 Stap 4: Affectbrug naar het verleden

De recente klachtsituatie en de daaraan gekoppelde emotionele belevingen kunnen als toegangspoort fungeren tot (veronderstelde) oorspronkelijke betekenisvolle ervaringen. Toegang tot deze vroege gebeurtenis wordt het best verkregen wanneer de gevoelens in de huidige situatie zo veel mogelijk overeenkomen met de ervaringen uit het verleden. Vraag je cliënte altijd naar drie verschillende aspecten van deze emotionele respons:

2.2 · Toelichting op de stappen van diagnostische imaginatie

1. emoties: hoe voelt je cliënte zich nu? Angstig? Boos? Verdrietig?
2. fysiologische aspecten: waar voelt je cliënte deze angst in haar lichaam?
3. betekenisaspecten: waar is je cliënte nu bang voor, boos over, verdrietig over?

Vraag je cliënte zich nu te concentreren op deze gevoelsbeleving en het beeld van de recente gebeurtenis daarbij los te laten.

'Houd dit gevoel vast, hoe naar het ook is. Het is dit gevoel wat belangrijk is, hier draait het om, niet zozeer om deze situatie. Dus concentreer je op het gevoel, en laat het beeld vervagen, laat het wegdrijven, zodat er ruimte ontstaat voor andere beelden die met dit gevoel te maken hebben. Herken je dit gevoel? Is dit voor het eerst dat je dit gevoel hebt in je leven, of heeft het iets bekends voor je? Welke beelden of herinneringen uit het verleden komen naar boven die op de een of andere manier met dit gevoel te maken hebben? … Ga er echter niet te veel over nadenken wat het zou moeten zijn, concentreer je enkel op dit gevoel, en laat de beelden vanzelf bij je opkomen.'

> **Stap 4 Affectbrug naar het verleden – Nicky**
>
> *Nicky heeft zojuist het beeld beschreven waarin haar vriend Peter boos schreeuwend tegenover haar staat en haar stom noemt.*
> T: Hoe voel jij je nu, als hij dat allemaal tegen je zegt?
> N: Afschuwelijk, verdrietig, bang, schuldig … het is ook allemaal mijn schuld.
> T: Dus jij hebt nu het gevoel dat hij gelijk heeft? Dat jij iets verkeerd hebt gedaan?
> N: Ja.
> T: Waar voel je dat verdrietige, angstige, schuldige gevoel in je lichaam? Dat gevoel dat je iets verkeerd hebt gedaan?
> N: In mijn buik.
> T: Het klinkt als een heel naar gevoel, maar probeer er gedurende de komende minuten contact mee te houden, maak het zelfs maar wat sterker, dat gevoel dat jij iets hebt gedaan wat slecht is, dat nare gevoel in je buik waarbij je je zo bang en verdrietig tegelijk voelt … Laat nu het beeld van Peter maar vervagen. En terwijl je zo contact houdt met dit gevoel van verdriet en schuld, wil ik je vragen beelden op te laten komen uit je jeugd, je kindertijd … Welk beeld uit je jeugd komt dan naar boven? … Ga er niet over nadenken, Nicky, laat de beelden maar vanzelf opkomen … En als je een beeld hebt, kun je me dan vertellen wat je ziet?

> **Wat nou als …**
> — er geen beeld bij cliënt opkomt?
> Opnieuw kan dit betekenen dat de emotionele lading zo groot is dat beelden vermeden worden. Je maakt het veiliger voor je cliënte om zich open te stellen voor beelden als je zelf ontspannen blijft en ruimte blijft bieden:
> 'Het is niet erg als er geen beeld bij je opkomt. Dan wacht je gewoon even. Het enige wat ik je wil vragen te doen, is contact blijven houden met de gevoelens die je nu hebt. Als je merkt dat die wat verminderen, dan kun je weer even terugkeren naar dat vervelende moment van afgelopen week, zodat je weer goed kunt voelen wat er zo vervelend was aan die situatie. Concentreer je op dit gevoel, en geef jezelf gewoon de tijd.'

> Bij het wachten op beelden is het wel raadzaam om de stiltes niet te lang te laten worden, omdat die stiltes een onuitgesproken verwachting kunnen creëren 'dat er nu toch eindelijk weleens beelden moeten gaan komen'. Onderbreek die stilte dus af en toe met een simpele herhaling van wat de cliënt voelde in de triggersituatie.
>
> – cliënt juist heel veel beelden ziet?
> In dat geval lijkt er een sluis opengezet te zijn, waardoor je cliënte zo veel beelden ziet dat het moeilijk kiezen wordt. Ook in dit geval is het aan te raden om de eventueel gevoelde druk om de oefening 'goed te doen' zo veel mogelijk te verminderen. Benadruk bijvoorbeeld dat er geen 'juiste keuze' is voor een beeld: 'Als er veel beelden zijn, dan wacht je gewoon even af welke van die beelden het meest blijft hangen, het meest op de voorgrond treedt. Als dat een paar beelden zijn, dan kun je er ook gewoon één kiezen; er is geen goede of foute keuze, dus kies er maar willekeurig een.'

2.2.5 Stap 5: Exploratie van een betekenisvolle ervaring uit het verleden

Wanneer je cliënte een beeld voor ogen heeft, vraag je opnieuw of zij zich zo goed mogelijk probeert in te leven in dat beeld, alsof zij de situatie weer opnieuw beleeft. Ook hierbij helpt het om te vragen naar zintuiglijke informatie: 'Wat zie je nu?', 'Wat hoor je nu?', 'Welke geuren ruik je nu?' Met deze vragen naar zintuiglijke informatie genereer je eerder beelden die je cliënte vanuit de eerste persoon ervaart (Brewin 2010).

Je kunt dit proces van inleven ondersteunen door je cliënte rechtstreeks aan te spreken als het kind dat ze beschrijft, op een toon die past bij de belevingswereld van het kind in het beeld. Een volwassen toon gecombineerd met een vlot tempo van spreken zal je cliënte eerder in een volwassen gemoedstoestand houden. Het risico daarvan is dat de gebeurtenis niet beleefd wordt, maar dat er vooral over nagedacht wordt.

'Dus je bent nu zeven jaar ... je staat in de keuken, en nu komt je vader op je af en kijkt boos ... hoe voel je je nu als je vader zo boos naar je kijkt? En waar voel je die angst in je lijf? Waar ben je bang voor wat hij gaat doen nu hij zo op je af komt lopen?'

Het doel van de oefening is een betekenisvolle ervaring te activeren, maar niet om alle aspecten van traumatische ervaringen opnieuw te beleven. Het is bijvoorbeeld niet de bedoeling om de hele gebeurtenis te doorlopen waarin vader begint te slaan. Op een dergelijk moment kun je het beeld beter stopzetten: 'Oké, ik wil dat je nu het beeld stopzet alsof je op een afstandsbediening op pauze drukt. Kun je dat nu doen? Zie je dat het beeld stilstaat en je vader dus niet meer verdergaat?' Dergelijke interventies bieden de mogelijkheid om wat langer stil te staan bij de belevingswereld van de cliënt zonder dat je cliënte in een herbeleving van de traumatische momenten schiet.

Het beschreven beeld biedt op zichzelf al veel informatie over de omstandigheden waarin het kind zich bevond en over de interactiepatronen met belangrijke hechtingsfiguren. Hoe beeldend ook, het beeld geeft echter niet automatisch de relevante basisbehoeften weer. Om zicht te krijgen op die relevante basisbehoeften stel je nog aanvullende vragen als: 'Wat heb je nu nodig?' of 'Wat zou je nu anders willen?' Deze vragen zijn nu nog niet bedoeld om het beeld te veranderen, maar om zicht te krijgen op de beleving en de behoeften van je cliënte. Zo kan je cliënte een beeld beschrijven waarin haar vader boos op haar is. Op grond van dat beeld zou je mogelijk denken dat je cliënte vooral verbondenheid nodig had in de vorm van troost. Je cliënte kan echter ook vooral de behoefte hebben gehad om boos te kunnen worden op die ouder (zelfexpressie).

Vraag de cliënte vervolgens om zich voor te stellen dat ze de ander (in dit voorbeeld haar vader) vraagt om dat wat ze nodig heeft, en let dan vooral op de reactie van de ander in het beeld. Het doel hiervan is opnieuw niet om het beeld te veranderen, maar weer om zicht te krijgen op hoe de hechtingsfiguren omgingen met geuite basisbehoeften.

'Oké, dus je wilt eigenlijk tegen je vader zeggen dat je het stom vindt dat hij zo boos is. Kun je eens proberen dat te zeggen? ... En hoe reageert je vader hierop?' Via deze weg is er meer zicht te krijgen op de relatie tussen ouder en de interactiepatronen.

Stap 5 Exploratie van een betekenisvolle ervaring uit het verleden – Nicky

Nicky heeft zojuist de ruzie met Peter beschreven die afgelopen week plaatsvond. Ze voelt zich verdrietig, angstig en schuldig, een gevoel dat ze herkent uit haar jeugd.
N: Ik zie mezelf zitten op mijn bed ...
T: En hoe oud ben je?
N: Vijf ...
T: Dus je bent vijf, en je zit daar op je bed. Als je nu om je heen kijkt, wat zie je dan?
N: Mijn spullen ... ik zit daar maar, en ik kijk naar de deur ...
T: Wat voel je nu?
N: Schuldig ...
T: Waarom?
N: Omdat ik iets verkeerds heb gedaan ...
T: Omdat je iets verkeerd hebt gedaan. (Therapeut spreekt nu zoals je tegen een kind van vijf jaar oud zou praten.) Wat heb je dan gedaan dat zo slecht zou zijn?
N: Ik heb papa boos gemaakt ...
T: En hoe heb je dat dan gedaan?
N: Ik heb wat van mijn drinken gemorst in de auto op de terugweg naar huis, en hij is daar echt heel boos over ...
T: En waar ben je nu dan bang voor?
N: Ik ben bang dat hij naar mijn kamer komt en tegen me zal schreeuwen ...
T: Kun je nu even, voor een kort moment, je vader in het beeld brengen ... zie je hem?
N: Ja ...
T: Hoe is het om hem daar te hebben?
N: Hij is echt heel boos ... (N klinkt bang.)
T: Hoe zie je dat?
N: Hij is naar me aan het wijzen, hij ziet er rood uit, schreeuwt.
T: Oké ... ik ben bij je Nicky, je zit hier bij mij in de kamer ... maar houd dat beeld nog even vast ... Als die vijfjarige, wat zou je nu het liefst anders willen?
N: Ik zou willen dat hij niet zo boos zou zijn ...
T: Kun je een stukje vooruitspoelen, alsof je net hebt gevraagd of hij wat aardiger kan doen ... Hoe reageert hij daarop?
N: Hij staat daar maar ...
T: Oké, welke uitdrukking zie je op zijn gezicht?
N: Streng ...

❯ Wat nou als …
- cliënt het perspectief van het kind niet kan innemen?
  Sommige cliënten vinden het moeilijk zich in te leven in het kind dat ze zien in het beeld. Cliënten hebben vooral moeten leren overleven, en dat betekende over het algemeen dat ze zich moeten afsluiten voor de belevingswereld van vroeger. Je kunt je cliënt helpen dit kind-perspectief in te nemen door allereerst zelf als therapeut het kind in het beeld zo goed mogelijk te visualiseren tijdens de oefening. Denk bijvoorbeeld aan het kind dat je hebt gezien op de foto's die de cliënt heeft meegebracht. Door je dit kind voor ogen te houden, zal de toon van je stem waarschijnlijk automatisch veranderen, en je zult andere woorden gebruiken dan wanneer je een volwassene voor ogen houdt tegen wie je praat. Er is een voortdurende interactie tussen jou en de cliënt, dus alles wat jij doet, zal van invloed zijn op wat de cliënt voelt en ervaart. Als jij praat tegen het kindsdeel van de cliënt zal dat de cliënt helpen zelf ook contact te leggen met dat deel van zichzelf.
- cliënt overspoeld raakt door de intense gevoelens bij de herinnering aan vroeger?
  Wanneer je cliënte overspoeld raakt door de opgeroepen emoties betekent dit dat de ervaring minder intens gemaakt moet worden om de oefening te blijven doen. Je kunt dan beter de cliënt vragen wat afstand te nemen van het beeld, het beeld meer te bekijken als een plaatje, waarbij ze niet meer het kind in dat plaatje is, maar van een afstandje kijkt naar dat kind. Ook zal het in deze situatie helpen om juist rationeler te praten, zoals je tegen een volwassene praat in plaats van tegen een gekwetst kind. Ten slotte kan het helpen om nu wel in de verleden tijd te praten, want als er meer gesproken wordt *over* de gebeurtenis zal de emotionele reactie ook kunnen verminderen.
- cliënt dissocieert?
  Ook dit is een situatie waarin de cliënte overweldigd lijkt te raken door de sterke emotionele beleving. De dissociatie kan daarbij gezien worden als een copingstijl, een overlevingsstrategie om zich staande te houden bij de hevige emoties. Je kunt het contact met de cliënte het best herstellen met *grounding*-technieken; blijf praten, en vraag de cliënte haar aandacht op jouw stem te richten, vraag haar de ogen te openen, rond te kijken en te beschrijven wat ze ziet, en haar handen en voeten te bewegen, zodat ze haar lichaam kan voelen. Het bewust ervaren van zintuiglijke stimuli is een manier om de cliënte weer meer in contact te brengen met de realiteit om haar heen. De meeste therapeuten zullen, net als de cliënten, zo onder de indruk zijn van deze dissociatie dat ze niet geneigd zullen zijn om de imaginatie te hervatten. Toch is het aan te raden om nog een stukje veilige-plekimaginatie te doen voor de sessie af te sluiten. Op die manier kan de imaginatieoefening toch een positieve ervaring worden na de intense, en ook wel nare ervaring van daarvoor.
- cliënt tijdens de oefening probeert te begrijpen wat de betekenis is van de beelden?
  Sommige cliënten zullen patronen gaan herkennen en hierover vertellen terwijl de imaginatie nog gaande is. Het is verleidelijk voor een therapeut om mee te gaan in een dergelijke actieve verwerking van de ervaringen tijdens de imaginatie. Soms zijn therapeuten zelf geneigd om al tijdens de oefening

verbanden te leggen, of te proberen te snappen wat er ervaren wordt en waarom. Deze cognitieve kadering heeft echter een remmende invloed op de emotionele belevingen, die juist het doel zijn van de imaginatie. Probeer dan ook het praten óver de belevingen en het leggen van verbanden expliciet uit te stellen tot na de oefening: 'Ik hoor dat de beelden van betekenis voor je lijken te zijn. Laten we daar dadelijk goed over doorpraten, maar voor nu wil ik je vragen om je alleen te concentreren op wat je ziet, wat je voelt. Het praten over wat het betekent, komt straks wel.'

2.2.6 Stap 6: Terug naar de veilige plek

Vervolgens vraag je de cliënte om terug te keren naar de veilige plek: 'Oké, ik wil je nu vragen het beeld los te laten ... laat het maar wegdrijven, zodat er meer ruimte ontstaat om terug te keren naar je veilige plek. Misschien is het lastig om nu terug te keren naar een veilige plek, dus geef jezelf de tijd, en concentreer je vooral op de details. Waar ben je nu? Kijk maar goed om je heen, en vertel me wat je nu ziet.' Veel cliënten zullen het lastig vinden ter afronding van de oefening deze overgang te maken naar de veilige plek. Oude herinneringen zijn geactiveerd, en de gevoelens die daarmee opgeroepen zijn, maken het moeilijk voor je cliënte zich weer te concentreren op een veilige plek. Je kunt als therapeut helpen door het beeld van de veilige plek in detail te beschrijven zoals je cliënte dat aan het begin van oefening heeft geschetst.

De oefening wordt afgerond door je cliënte te vragen het beeld van de veilige plek los te laten en langzaam terug te keren naar de realiteit van dat moment.

> **Stap 6 Terug naar de veilige plek – Nicky**
>
> *Nicky heeft net beschreven hoe ze als vijfjarig meisje uitgescholden wordt door haar vader, enkel omdat ze wat drinken heeft gemorst in de auto.*
> T: Laat dit beeld vervagen, Nicky, laat het beeld van je vader wegdrijven, en breng jezelf terug naar je veilige plek.
> N: Hij is gewoon zo boos ... ik kan niets goed doen voor hem ... (klinkt verdrietig en angstig).
> T: Nicky ... Nicky ... concentreer je op mijn stem Nicky ... concentreer je op mijn stem, en probeer weer je op je veilige plek terug te keren, met de tv aan, het kookprogramma ... je kat op schoot, die daar zo uitgestrekt ligt te spinnen ... zie je hem?
> N: ... ik weet niet ... een beetje, geloof ik ...
> T: Dat is prima, een beetje is een prima begin! Wat zie je nu dan? Je kat?
> N: ... ja, zo uitgestrekt ... en ik kroel zijn buik ...
> T: En voel maar hoe zacht zijn buik is, hoe je het spinnen bijna kunt voelen in je hand ... Luister nu ook naar de geluiden van het kookprogramma ... Wat zijn ze aan het maken?
> N: ... een of andere curry ...
> T: Lekker. (N glimlacht.) Hoe voel je je nu?
> N: Wel wat rustiger ...

> **Wat nou als …**
> — **cliënt het beeld van de veilige plek niet kan terughalen?**
> Het activeren van emotionele, betekenisvolle gebeurtenissen uit het verleden maakt de overstap naar een veilige plek voor sommige cliënten bijzonder moeilijk; zij zijn weer helemaal terug in een ervaring uit het verleden, en het lukt hun niet om die herinnering dan weer los te laten en 'op te bergen'. De instructie 'probeer er niet aan te denken', zal niet echt helpen, maar het werkt vaak wel om de cliënte te vragen haar aandacht te richten op de zintuiglijke aspecten van de veilige plek. Jij hebt daar als therapeut een belangrijke steunende rol bij; doordat jij de veilige plek goed hebt opgeschreven of onthouden, kun je nu ook de visuele, auditieve en emotionele informatie geven die de cliënte kan helpen weer terug te keren. Een andere optie is om je cliënte te vragen het beeld uit het verleden los te laten en haar ogen te openen, zodat ze meer contact maakt met de realiteit, en vervolgens alsnog haar ogen te sluiten en de veilige plek te visualiseren.

2.2.7 Stap 7: Nabespreking

De nabespreking van de oefening is een belangrijke laatste stap in de toepassing van diagnostische imaginatie. Tot dusver zijn er met behulp van de verbeelding krachtige emoties ervaren en heeft de cliënte mogelijk van alles beleefd. Nu de oefening afgelopen is, is het van belang om te gaan snappen wat er beleefd is en hoe deze sterke beleving samenhangt met de klachten van je cliënte in haar huidige leven.

Geef je cliënte eerst de kans wat bij te komen en over te schakelen van beleven naar beschouwen. Als therapeut doe je er goed aan om niet te snel na te bespreken, maar eerst wat rust in te bouwen en te beginnen met een simpel: 'Hoe voel je je nu?'

Een veelgebruikte manier van nabespreken bestaat eruit de sterke emotionele reactie in het heden te verklaren vanuit de oude pijn die zichtbaar werd in de herinnering uit het verleden: 'Ik begrijp nu wel veel beter waarom je van de week zo (angstig, verdrietig, boos) werd. Het was dus niet alleen maar een vervelende situatie van dat moment, maar het was ook een situatie die raakte aan oude pijn. Het is alsof je al een tijd lang rondloopt met een blauwe plek die het gevolg is van wat je als kind hebt meegemaakt. En nu loop je in de afgelopen week eigenlijk recht tegen die blauwe plek aan. Ergens tegenaan stoten is altijd pijnlijk, maar die pijn wordt nog groter wanneer er precies een blauwe plek wordt geraakt.'

Stap 7 Nabespreking – Nicky

Nicky heeft met moeite haar veilige plek weer terug kunnen halen in haar verbeelding, en de spanning die ze voelde bij de beelden uit haar verleden is wat gezakt. De oefening wordt nu afgesloten zodat er nog voldoende tijd is voor de nabespreking.

T: We gaan de oefening zo dadelijk beëindigen, maar dat doen we rustig en geleidelijk. Laat het beeld van deze veilige plek nu eerst maar wegdrijven of vervagen. Word je langzaam weer bewust van het nu, van de kamer waarin je nu zit, met de geluiden die je hier hoort … Beweeg nu even je handen en je voeten, zodat je weer contact maakt met je lichaam … En dan kun je rustig, wanneer jij eraan toe bent, je ogen weer openen … Welkom terug … Doe maar rustig aan … Hoe voel je je?

N: … Ik denk…een beetje overweldigd …
T: … Overweldigd door een gevoel van verdriet? Of van pijn …? Probeer het niet zozeer te analyseren, maar vertel gewoon maar hoe het nu voor je voelt …
N: Ja … ik denk meer verdrietig …
T: Het was ook een heel verdrietig beeld dat je beschreef (Therapeut spreekt meer en meer op een volwassen toon tegen cliënte.) Jij als vijfjarige met zo'n boze vader …? Wauw … Het helpt mij ook beter te begrijpen waarom het zo moeilijk voor je is in situaties zoals met Peter van de week … Wat leer jij hiervan? Wat pik jij hieruit op?
N: … Een heleboel boosheid …
T: Ja, je hebt al heel wat boosheid te verdragen gekregen in jouw leven, zeg! En dat als vijfjarige … Dat was ook het gedeelte dat ik echt verdrietig vond, het besef dat jij als vijfjarige zoveel boosheid over je uitgestort kreeg …
(Cliënte heeft tranen in haar ogen.)
Je hebt gelijk, het gaat dus over boosheid. Wat ik er ook van leerde, was dat jij in beide situaties iets heel normaals deed: je morste wat drinken, of het boos worden van van de week. Dat gebeurt ons allemaal, we worden allemaal weleens boos in een relatie, elk kind morst weleens iets. Maar iedere keer als jij iets doet, iets waarbij je net even een beetje controle laat varen, dan is dat meteen gekoppeld aan een schuldgevoel, een gevoel alsof je iets verschrikkelijks hebt gedaan. Klopt dat?
N: … Ja … dat is hoe het voelt …
T: Dat lijkt iets wat je vader je heeft geleerd om je zo te voelen. Als vijfjarige heeft hij jou letterlijk de boodschap meegegeven dat het heel erg is als je iets doet wat eigenlijk heel normaal is. Maar ook nu, zelfs nu hij er fysiek niet meer is, is hij nog wel aanwezig in jou. En als jij iets doet wat er een beetje spontaan uitkomt, dan is hij er meteen weer: 'Je doet iets verschrikkelijk slechts!' Hoe klinkt dat voor je?
N: Ja …
T: Hoe voelt het voor jou dat je vader dus nog steeds aanwezig is in jou, je steeds commentaar geeft dat je iets slechts hebt gedaan?
N: Ja, dat klopt wel …
T: Oké, dus dat is iets waaraan we in therapie zouden kunnen werken, dat we je vader, je vaders beschuldigende stem, uit jou, uit je leven kunnen werken, zodat jij gewoon je eigen leven kunt leiden, kunt genieten van jouw leven. Hoe voelt dat idee voor jou?
N: Dat zou een hele opluchting zijn …!

Emotionele basisbehoeften

Met deze nabespreking is duidelijk gemaakt dat de emotionele reactie in een recente situatie niet alleen verklaard kan worden door situationele omstandigheden in het nu, maar dat deze emotionele reactie ook samenhangt met betekenisvolle ervaringen uit het verleden. De manier waarop die emotionele reacties worden verklaard, de 'taal' die gebruikt wordt in de nabespreking, zal afhankelijk zijn van het theoretische model dat je hanteert, bijvoorbeeld cognitieve gedragstherapie, psychoanalyse of een andere benadering. In dit boek zal veelvuldig worden gesproken over 'emotionele basisbehoeften' als een verklaring voor de emotionele reacties van cliënten. Dit begrip 'emotionele basisbehoeften' is een centraal uitgangspunt binnen de schematherapie. Er wordt uitgegaan van universele, emotionele basisbehoeften die in ons menselijk DNA zitten.

> **Emotionele basisbehoeften**
> - Veiligheid
> - Verbondenheid
> - Zelfexpressie
> - Waardering
> - Autonomie
> - Realistische grenzen
> - Spontaniteit en spel
>
> Een recente ontwikkeling binnen schematherapie is het onderzoeken of 'Zelfverwezenlijking' en 'Eerlijkheid' ook geschaard dienen te worden onder deze universele basisbehoeften (Arntz 2019).

Een (chronisch) gebrek aan vervulling van deze basisbehoeften leidt tot natuurlijke emotionele responsen als verdriet, angst, woede, eenzaamheid et cetera. Het zijn deze betekenisvolle ervaringen die naar voren kunnen komen tijdens de imaginatieoefeningen. In de nabespreking van de diagnostische imaginatie kunnen de emotionele reacties dus verklaard worden vanuit de betreffende emotionele basisbehoeften die niet gevalideerd zijn.

> **Wat nou als …**
> - cliënt zegt de oefening in het vervolg niet meer te willen doen …?
>   Wanneer je alle stadia van de diagnostische imaginatie hebt kunnen doorlopen en alle uitdagingen het hoofd hebt kunnen bieden, kan het nog steeds zijn dat de cliënt na afloop aangeeft dat ze de oefening als vervelend heeft ervaren en het niet ziet zitten om dit vaker te doen. Op de eerste plaats hoef je daar niet van te schrikken; wat de cliënte aangeeft, is dat ze de oefening als heel intens heeft ervaren en er op dit moment haar buik wel vol van heeft. Dat lijkt een volkomen normale emotionele respons te zijn na intensief werken. Anderzijds is er wel een kans dat door de emotionele belevingen oude, vermijdende copingstijlen geactiveerd worden. Door de geactiveerde schema's en copingstijlen zal de informatieverwerking verstoord worden. Het is als het opzetten van een gekleurde bril, waardoor je cliënte vooral die aspecten van de oefening ziet en onthoudt die haar schema's en copingstijlen bevestigen. Als therapeut kun je in deze nabespreking nog enige invloed uitoefenen op de wijze waarop de oefening verwerkt wordt door expliciet de aandacht te richten op de positieve aspecten van de oefening. Zo kun je in herinnering brengen dat cliënte weliswaar van streek was door de beelden uit haar jeugd, maar dat ze ook weer tot rust kwam door terug te keren naar de veilige plek. Je kunt haar aandacht ook richten op de opbrengst van de oefening: het was weliswaar zwaar, maar jullie begrijpen nu beter waarom ze door de recente nare gebeurtenis zo van streek raakte. Dat begrip voelt niet alleen goed, maar zal ook helpen de therapie effectiever te maken.

2.3 Samenvatting

In dit hoofdstuk zijn de verschillende fasen van de diagnostische imaginatie beschreven: hoe je vanuit een veilige plek, via een recente triggersituatie, bij betekenisvolle gebeurtenissen uit het verleden uit kunt komen door de cliënt zich te laten concentreren op het gevoel. Het besproken stappenplan kan dienen als hulpmiddel om meer ervaring op te doen, zonder dat een diagnostische imaginatie per se altijd al deze stappen moet doorlopen. Voor de toepassing van de techniek wordt verwezen naar bijlage 1 'Richtlijn diagnostische imaginatie'. Deze Richtlijn kan dienen als hulpmiddel wanneer je de oefening wilt doen, maar je nog niet zo vertrouwd voelt met de verschillende stappen.

Er is benadrukt dat het reflecteren op en bespreken van verbanden tussen de huidige klachten en het verleden uitgesteld dienen te worden tot na de oefening, zodat de diagnostische imaginatie daadwerkelijk een emotiegerichte oefening kan blijven. Voor jou als therapeut helpt het om zelf ook je ogen te sluiten en het beschreven beeld te visualiseren. Op deze manier kun je het best aansluiting houden bij de beleving van de cliënt en haar richting geven in de verschillende stappen van de oefening. Het is echter niet aan te raden om je ogen gedurende de gehele oefening gesloten te houden, omdat je dan het risico loopt belangrijke non-verbale signalen te missen, zoals tranen die over wangen rollen, het ballen van vuisten of het openen van de ogen door je cliënte. Het doel van de diagnostische imaginatie is om te komen tot betekenisvolle beelden die verband houden met de klachten van je cliënte. In het volgende hoofdstuk wordt beschreven hoe je deze beelden of het verloop van de gebeurtenissen in de imaginaire beelden kunt bewerken om daarmee correctieve emotionele ervaringen te genereren.

Imaginaire rescripting – de therapeut herschrijft

3.1 Inleiding – 48

3.2 Rescripting – 48
3.2.1 Hoe werkt rescripting? – 48
3.2.2 Wie doet de rescripting? – 49
3.2.3 Wat wordt herschreven? – 49
3.2.4 Kiezen van de interventie – 50
3.2.5 Wat is het juiste moment voor rescripting? – 50

3.3 Onderwerpen en thema's – 56
3.3.1 Gebrek aan veiligheid – 57
3.3.2 Gebrek aan waardering, spontaniteit en spel: veeleisende antagonist – 62
3.3.3 Gebrek aan zelfexpressie en autonomie: schuld-inducerende antagonist – 63
3.3.4 Gebrek aan emotionele verbondenheid en zorg: afwezige antagonist – 67
3.3.5 Gebrek aan realistische grenzen: verwennende/verwaarlozende antagonist – 68

3.4 Samenvatting – 68

© Bohn Stafleu van Loghum is een imprint van Springer Media B.V., onderdeel van Springer Nature 2020
R. van der Wijngaart, *Imaginaire rescripting*, https://doi.org/10.1007/978-90-368-2451-4_3

3.1 Inleiding

In het vorige hoofdstuk zijn de stappen beschreven van de diagnostische imaginatieoefening. In het huidige hoofdstuk ligt de nadruk op de rescripting, de fase in de oefening waarbij het veranderen van (het verloop van) de betekenisvolle beelden kan leiden tot nieuwe, betekenisvolle ervaringen. Aan het eind van dit hoofdstuk heb je als therapeut een goede indruk hoe je imaginaire beelden kunt herschrijven. Een stappenplan kan helpen om imaginaire rescripting (IR) te leren toe te passen. Hieronder staan de stappen van IR beschreven (gebaseerd op Arntz, H. 8, in Thoma en McKay 2014).

Een uitgebreide uitleg aan cliënten over imaginaire rescripting is te vinden in bijlage 2 'Uitleg Imaginaire Rescripting aan cliënten'.

Imaginaire rescripting: stappenplan

Stap 1 Introductie van imaginaire rescripting
Stap 2 Veilige plek
Stap 3 Nare situatie in het heden
Stap 4 Affectbrug naar het verleden
Stap 5 Exploratie van een betekenisvolle ervaring uit het verleden
Stap 6 Rescripting van deze betekenisvolle beelden
Stap 6 Eventueel terug naar de veilige plek
Stap 7 Nabespreking

Zoals eerder beschreven dient een dergelijk stappenplan ertoe om houvast en structuur te bieden in de fase dat je je vertrouwd maakt met de methode. Wanneer je echter meer bekend bent met de techniek kun je variëren met de verschillende stappen, afhankelijk van wat er zich voordoet in de sessie. Zo kun je zelf voorstellen de imaginatieoefening te richten op een specifieke herinnering die de cliënt heeft beschreven tijdens de casusconceptualisatie. Of je vraagt de cliënt of ze haar ogen kan sluiten en de gebeurtenis kan visualiseren waar ze aan het begin van de sessie over sprak, zonder dat je eerst de stap met de veilige plek zet. De genoemde stappen zijn geen dwingend script, maar eerder een suggestie om gebruik te maken van werkzame onderdelen van de techniek en tegelijkertijd vertrouwd te raken met imaginatieoefeningen.

3.2 Rescripting

3.2.1 Hoe werkt rescripting?

In ▶ H. 2 'Diagnostische imaginatie' heb je geleerd hoe je jouw cliënte kunt helpen om betekenisvolle beelden uit het verleden te visualiseren. In die fase van het therapeutische proces is het doel om meer zicht te krijgen op de ervaringen die ten grondslag liggen aan de klachten in het leven van cliënt. Het doel van therapie is echter niet alleen dit inzicht te verkrijgen, maar vooral om deze klachten te verlichten of te verhelpen. Ervaring en onderzoek hebben ons geleerd dat het veranderen van (de uitkomst van) de gevisualiseerde betekenisvolle beelden tot gevolg heeft dat je cliënt zich anders voelt en daarmee zich ook anders zal gaan gedragen.

Er is echter nog veel onduidelijkheid over de werkingsmechanismen van IR. Wel zijn er aanwijzingen dat het voor de hersenen geen verschil lijkt te maken of een gebeurtenis daadwerkelijk wordt waargenomen of 'slechts' levendig wordt voorgesteld. Doel van de rescriptingfase is dat je cliënte zich een levendige voorstelling maakt van een ander verloop of een andere uitkomst van betekenisvolle beelden.

3.2.2 Wie doet de rescripting?

In dit hoofdstuk wordt beschreven hoe de therapeut in het beeld stapt en het imaginaire beeld verandert. In de beginfase van de therapie verdient het zelfs bij cliënten zonder persoonlijkheidsproblematiek de voorkeur dat jij als therapeut de rescripting doet, om zo een rolmodel te kunnen zijn voor de cliënt. In een volgende fase van de behandeling zal de cliënt leren zelf de beelden te herschrijven. Op welk moment je overstapt naar die volgende fase in de therapie hangt af van de problematiek en daarmee de structuur en fasering van de therapie. Bij het toepassen van IR als behandeling van twaalf sessies bij een enkelvoudige PTSS kan bijvoorbeeld na de eerste zes sessies overgestapt worden naar het herschrijven van de beelden door de cliënt zelf. In het geval dat IR onderdeel is van een langdurige behandeling voor persoonlijkheidsproblematiek zal de fase waarin de therapeut de rescripting doet maanden kunnen duren.

3.2.3 Wat wordt herschreven?

Het doel van de rescripting is, in dit boek, het valideren van de relevante behoeften van cliënte in het imaginaire beeld. Dat kan betekenen dat recht gedaan wordt aan wat er verkeerd gegaan is door bijvoorbeeld antagonisten te stoppen, veiligheid en troost te bieden, ruimte te bieden voor het uiten van boosheid of andere behoeften, grenzen te stellen et cetera.

Welke interventie het best aanslaat bij je cliënte zal voor een groot deel afhangen van de analyse in de casusconceptualisatie. Als in de analysefase is gebleken dat het in de leergeschiedenis van deze cliënte vooral aan veiligheid heeft ontbroken, dan zal de rescripting vooral gericht dienen te zijn op het bieden van veiligheid. Heeft het in de leergeschiedenis van de cliënt echter ontbroken aan ruimte voor zelfexpressie en autonomie, dan dient de rescripting zich daarop te richten. Verschillen in basisbehoeften betekenen dus verschillen in hoe de rescripting wordt ingevuld. Om veiligheid te bieden zul je als therapeut bijvoorbeeld directief en actief moeten ingrijpen in het beeld. Wanneer het er echter meer om gaat dat zelfexpressie en autonomie gestimuleerd worden, zul je bijvoorbeeld vaker vragen wat de cliënte zelf vindt, voelt of wil doen.

> **Voorbeeld 1**
> Een cliënte beschrijft een gewelddadig beeld waarin ze vier jaar oud is en geslagen dreigt te worden. Ze is doodsbang en kan alleen maar wegkruipen.
> Relevante basisbehoefte: veiligheid

> Actie therapeut: 'Zet het beeld even op pauze, alsof je de afstandsbediening gebruikt; zet het maar stil. Ik vind dit helemaal geen veilige situatie voor een kind alleen. Ik wil dan ook bij je komen en je helpen. Kun je mij in het beeld plaatsen?'

> **Voorbeeld 2**
> Een cliënte met een Afhankelijke Persoonlijkheidsstoornis beschrijft een beeld waarin er opnieuw niet naar haar geluisterd wordt door wat afwezige ouders.
> Relevante basisbehoeften: zelfexpressie, verbondenheid
> Actie therapeut: 'Ik vind het belangrijk dat er aandacht voor jou is, dat er naar je geluisterd wordt. Wat heb je nu nodig? Ik zou je graag willen helpen in deze situatie, vind je dat goed? Wat zou je graag willen dat ik doe of zeg? Wat zou je zelf willen zeggen?'

3.2.4 Kiezen van de interventie

De keuze voor een interventie hangt niet alleen af van de casusconceptualisatie, maar ook van jouw inschatting als therapeut tijdens de oefening. Probeer je in te leven alsof jij ook aanwezig bent in het geschetste beeld. Vraag je dan af: 'Als dit nu echt zou gebeuren, en dit zou mijn pleegkind zijn, wat zou ik dan willen doen/zeggen?' Je genereert daarmee een natuurlijke emotionele en gedragsrespons. Het is deze natuurlijke emotionele respons die vaak het best aansluit bij de behoeften van de cliënt in de gevisualiseerde gebeurtenis.

Wat heb je nu nodig?

De leidende vraag tijdens de rescripting is: 'Wat heb je nu nodig?' Je dient je er overigens wel bewust van te zijn hoe je die vraag stelt. Als je wilt dat je cliënte zich tijdens de oefening inleeft in het perspectief van het kind, dan doet de vraag 'Wat heb je nu nodig?' gemakkelijk een appel op een gezond, volwassen deel van je cliënte, zeker als je die op een volwassen toon stelt. Als je wilt dat je cliënte de rescripting vanuit het kindperspectief blijft ervaren, dan doe je er verstandig aan die vraag op een toon te stellen die aansluit bij de belevingswereld van het kind waarin je cliënte zich inleeft. Varianten als 'Wat zou je nu liever hebben?' of 'Wat zou je graag anders willen in deze situatie?' hebben dan ook soms de voorkeur.

3.2.5 Wat is het juiste moment voor rescripting?

Het is soms lastig te bepalen wat het juiste moment is om in het beeld te stappen om te herschrijven. Vaak bestaat de gevisualiseerde herinnering namelijk uit verschillende momenten, die elk betekenisvol zijn. Zo kan je cliënte getuige zijn geweest van agressief gedrag van vader tegen moeder, maar werd vader vervolgens ook boos op cliënte zelf, greep moeder daarbij niet in en kreeg cliënte achteraf de schuld van de ruzie. Hoe weet je dan op welk moment je moet ingrijpen? Meestal is er al veel informatie bekend uit de casusconceptualisatie, die je kan helpen een keuze te maken. Misschien heeft je cliënte bijvoorbeeld vooral last gehad van de ruzies tussen haar ouders, of juist van het feit dat zij de schuld van die ruzies kreeg. Je kunt in deze fase van de oefening dan ook actief vragen aan je cliënte of ze het beeld vooruit of achteruit kan spoelen naar het moment dat het betekenisvolst lijkt op grond van de casusconceptualisatie. Je kunt de cliënte natuurlijk ook gedurende de oefening vragen of ze zich kan richten op het specifieke moment waarop ze zich met name naar heeft gevoeld.

Een andere belangrijke aanwijzing voor het kiezen van het juiste moment voor de interventie kan gevonden worden in de studie van Dibbets en Arntz (2016). In deze studie werden de effecten vergeleken tussen het vroeg herschrijven van geïnduceerde traumatische intrusieve beelden versus het includeren van de meest aversieve scènes in de rescripting. Uit deze studie bleek dat het includeren van de meest aversieve scènes tijdens de rescripting resulteerde in een grotere vermindering van de frequentie en levendigheid van de traumagerelateerde intrusieve beelden dan het vroeg instappen in het beeld (Dibbets en Arntz 2016).

Ten slotte kan het voor het bepalen van het juiste moment voor herschrijven ook helpen om je af te vragen: 'Wanneer zou ik in willen grijpen als het kind in deze situatie mijn eigen kind zou zijn?' Die natuurlijke ouderlijke respons is misschien juist wat cliënte heeft gemist bij haar eigen ouders en wat voor haar de correctieve emotionele ervaring kan zijn in deze imaginatieoefening.

> **Imaginaire rescripting – Nicky**
>
> Therapeut: Zullen we een oefening doen rondom die herinnering aan jouw vader die naar je kamer kwam en heel erg boos werd, waardoor jij zo bang werd. Zou dat oké zijn?
> Nicky: Ja … Misschien wel …
> T: Oké, laten we starten met een veilige plek. Sluit je ogen en haal diep adem. Nu wil ik dat je dat beeld terughaalt wat je een paar weken geleden beschreef: op het strand … wat zie je nu?
> N: De golven, ze zijn blauw en kalm, en de zon schijnt lekker.
> T: En waar zie je jezelf zitten?
> N: Ik zit vrij dicht bij het water, daar waar het droge zand net wat harder begint te worden.
> T: Wat hoor je nu?
> N: Dat zachte geluid wanneer de zee heel rustig is. Het is niet eens het breken van de golven, alleen dat zacht kabbelen van het water.
> T: En welke geuren ruik je?
> N: Zoutig, een vochtige warmte.
> T: En hoe voel je je nu?
> N: Gewoon heel warm, mijn huid is nat van het water, en gewoon lekker warm.
> T: En emotioneel? Hoe voel je je met de zee dichtbij, het zand onder je?
> N: Heel rustig.
> T: Besef dat je altijd naar deze plek terug kunt keren als dat nodig is. En nu wil ik dat je dit beeld rustig loslaat … en ik wil je vragen dat beeld terug te halen van toen je zes was, op je kamer, die herinnering aan je vader die tegen je schreeuwde omdat je limonade had gemorst in de auto … Hij heeft je naar je kamer gestuurd, en stormde

toen weg, maar zei nog wel dat hij terug zou komen om je een lesje te leren ... En jij bent nu op je kamer. Probeer dat meisje te zijn ... Wat zie je nu?
N: Ik zie mijzelf, zittend op mijn bed, speelgoed vlak bij me, maar ik zit alleen maar te staren naar de deur ...
T: Wees maar dat meisje, kruip maar in haar huid. Hoe voel je je nu, zoals je daar nu zit op je kamer, op bed ...
N: Heel bang ...
T: Kun je dat ook ergens voelen in je lichaam?
N: Ja ...
T: Waar voel je dat dan in je lijf?
N: Gewoon misselijk, ik kan niet zo goed ademen, gewoon heel bang.
T: Wat gaat er door je heen terwijl je daar nu zit?
N: Dat ik gewoon iets heel verkeerds heb gedaan. Ik heb papa heel erg boos gemaakt ... bang wat hij nu gaat doen ...
T: Aha, oké, dus je bent heel bang voor wat hij zou kunnen doen. Misschien kun je het beeld nu een beetje vooruitspoelen ... naar het moment dat je je vader de gang op hoort komen, op weg naar je kamer. Kun je je dat voorstellen?
N: Ja ...
T: Hoe voel je je nu?
N: Ik krijg het warmer ... heel erg bang en trillerig.
T: Oké, ik wil je vragen het beeld hier stil te zetten, oké? En breng mij nu in het beeld. Dus ik ben daar nu ook, voor de deur. Kun je me zien, daar voor die deur?
N: Ja.
T: Tussen jou en wie er dan ook door de deur komt. Hoe voelt dat?
N: Een beetje veiliger misschien.
T: Veiliger, oké. En kun je nu je vader ook in het beeld plaatsen? Hoe is hij?
N: Hij is gewoon heel erg boos, schreeuwend ...
T: Wat zegt hij dan?
N: 'Ik kan gewoon niet geloven wat je nu weer hebt gedaan. Je doet ook alles verkeerd!'
T: Oké, zet het beeld maar weer even stil. Ik ben daar, ik sta daar voor de deur, en ik zeg: (T draait zijn hoofd een beetje weg, richting de denkbeeldige vader. Deze beweging is niet zichtbaar voor cliënte, maar wel hoorbaar, waarmee deze sensorische informatie de levendigheid van de rescripting vergroot.) 'Ik wil dat je Nicky niet langer pijn doet en zo tegen haar praat! Ik sta dat niet toe. Ik bepaal nu wat er gebeurt, wij bepalen hier wat er nu gebeurt, en niet jij! Ik ben niet bang voor jou. Ik laat je Nicky niet zo behandelen. Wat is er toch mis met jou?!' Hoe voel jij je?
N: Een beetje veiliger dat er iemand is ...
T: En wat doet hij nu?
N: Hij is nog steeds boos ...
T: Zou het fijner voelen als ik wat groter zou zijn? Kun je me wat groter maken? Zodat ik boven hem uittoren en op hem neerkijk?
N: Ja.
T: En ik zeg hem (T draait hoofd weer een beetje weg en spreekt met luide toon): 'Ik ben niet bang voor jou! Wat voor iemand doet nou zoiets?! Je hebt een geweldig kind, en je behandelt haar op deze manier? Ik sta dat niet toe! Je mag haar nu geen pijn

3.2 · Rescripting

meer doen. En als je nog iets probeert, als je dichterbij komt, ik heb hier een taser, en als je nog dichterbij komt, dan zul je erachter komen hoe een taser voelt. Begrijp je me?' (N grinnikt) (T draait hoofd naar N, zachte toon): Hoe reageert hij?
N: Hij is gestopt met schreeuwen …
T: Ik ga hem nu wegsturen uit deze kamer. Kun je zien hoe ik hem de kamer uitwerk? 'Ik wil dat dit stopt! Wat is er toch mis met jou? Wat voor iemand doet zoiets tegen een kind?! Het is genoeg nu!' En nu is hij de kamer uit. En ik ben er alleen met jou. Hoe voel je je nu?
N: Dat er iemand voor mij is, veiliger …
T: Kun je mij zien? Ik ben nu niet meer supergroot, ik heb weer mijn gewone lengte, en ik zeg: 'Kleine Nicky, je bent geweldig, je bent een geweldig kind. Iedereen morst weleens iets in de auto. En je vader is een heel, heel erg boze en straffende man, en ik sta niet toe dat hij je zo behandelt. Ik ben niet bang voor hem. Ik kan hem prima aan.' Hoe voel je je?
N: Veilig en warm … ja …

De rescripting betrof tot dusver het bevechten van de straffende antagonist (in dit voorbeeld een straffende vader). Naast het bestrijden van de straffende boodschappen is het bieden van emotionele zorg, compassie en begrip een even belangrijk onderdeel van de rescripting. Compassie heeft een verzachtende werking, zoals wondzalf werkt als het kind zich ergens aan gebrand heeft. De rescripting wordt afgerond door wat ontspanning en spel in het beeld te brengen. Daarmee leer je jouw cliënte een belangrijke emotie-regulerende les, dat het heel gezond is om na intense spanning even wat ontspanning te zoeken.

Afronding rescripting – Nicky

T: Jouw ouders zouden zich gelukkig moeten prijzen dat ze jou als dochter hebben! En om je dan zo te behandelen, met name je vader … je bent een leuke, kleine meid … Wat zou je nu anders willen? Wat zou fijner zijn dan hier nu te zijn? Misschien naar buiten gaan, de tuin in?
N: Ja …
T: Is er dan nog iets wat je zou willen doen in de tuin?
N: Touwtjespringen …
T: Touwtjespringen, heel leuk, oké. Kun je je dat nu voorstellen, wij in de tuin, is het oké dat ik er ook bij ben?
N: Ja.
T: Wat ben je nu aan het doen?
N: Ik ben nu op het pad, op de plek waar ik altijd touwtjespring op het pad.
T: Oké, geniet maar van het touwtjespringen … En ik ben daar ook, gewoon kijkend hoe jij geniet van je spel, zoals ieder kind geniet van spelen. Hoe voel je je?
N: Ja … fijn, veilig en warm …

> **Wat nou als …**
> - **er geen antagonist zichtbaar is in het beeld?**
>   Het al dan niet aanwezig zijn van een antagonist is niet van belang voor je mogelijkheden om te herschrijven. Op de eerste plaats kan de rescripting alleen al betekenen dat je in het beeld stapt en het kind troost en helpt. Daarnaast kun je je cliënte ook vragen om de antagonisten in het beeld erbij te plaatsen en ze aan te spreken, ook al waren ze er in de oorspronkelijke situatie niet. Doel van de IR is namelijk niet om de feitelijke, reële aspecten van de herinnering te bewerken, maar om betekenisvolle ervaringen te genereren aan de hand van betekenisvolle gebeurtenissen uit het verleden. Een alternatieve optie is dat je het kind helpt in de situatie waarin ze zich bevindt en dat je, wanneer ze zich veilig of getroost voelt, naar de plek gaat waar de antagonist zich bevindt en die dan aanspreekt. Zo kun je als therapeut bijvoorbeeld naar het café gaan waar vader zich bevindt om hem daar aan te spreken en te wijzen op de basisbehoeften van het kind.
> - **cliënte de therapeut niet kan plaatsen in het beeld?**
>   Soms heeft een cliënte moeite om jou als therapeut te plaatsen in een beeld uit een verleden. Dit kan verschillende oorzaken hebben. Op de eerste plaats kan het zijn dat je cliënte de herinnering waarin jij niet aanwezig was zo levendig ervaart dat het gewoonweg moeilijk te visualiseren is dat jij erbij komt. Mogelijk is de beleving zo intens dat je cliënte overspoeld wordt door emoties, waardoor het verwerken van nieuwe informatie, zoals het visualiseren van jou in het emotionele beeld, moeilijk wordt. Ten slotte kan een cliënte ook nog moeite hebben om jou in het beeld te plaatsen als gevolg van een overcompenserende, controle-houdende copingstijl. Een praktische manier om toch in het beeld te kunnen stappen, is haar de aandacht meer op jou te laten richten: 'Ik wil dat je naar mijn stem luistert nu ik zo tegen je praat en dat je je probeert te herinneren hoe ik eruitzie. Probeer het beeld van mij op te halen en mij erbij te plaatsen.' Je kunt je cliënte ook vragen even haar ogen te openen om de visuele impressie van jou vervolgens mee te nemen naar het beeld: 'Open anders nu even je ogen, en kijk me even aan … Kijk me even aan en luister maar naar mijn stem. Nu wil ik je vragen je ogen weer te sluiten, maar het beeld van mij, pratend tegen je, mee te nemen in het beeld van zojuist.'
> - **cliënte niet wil dat de therapeut in het beeld komt/zelf wil herschrijven vanuit controlebehoefte?**
>   Sommige cliënten geven aan dat ze liever zelf de antagonist aanspreken met als reden dat zij beter weten wat ze moeten zeggen, dat ze beter weten hoe ze de boodschap aan de antagonist over kunnen brengen. Als therapeut heb je misschien inderdaad gemerkt dat ze heel goed weten wat werkt en wat niet werkt bij de antagonist. Dat betekent echter niet automatisch dat je de rescripting dan ook maar beter over kunt laten aan je cliënte. Misschien heeft deze cliënte namelijk, als geparentificeerd kind, altijd al de slimste en sterkste moeten zijn. De relevante basisbehoefte is dan niet zozeer dát de antagonist aangesproken wordt, maar wíé dat doet. De relevante behoefte is in dat geval dat de cliënt zich verbonden voelt en steun ervaart. In dergelijke situaties kun je dan als therapeut zeggen: 'Ik snap dat je het zelf wilt doen, en je hebt gelijk, jij weet heel goed wat je kunt zeggen en hoe je het kunt zeggen. Mijn zorg is niet zozeer dat jij niet zou weten wat te zeggen, of dat je niet sterk genoeg zou

3.2 · Rescripting

zijn om dat te doen. Mijn zorg is veel meer dat je al je hele leven lang de sterkste hebt moeten zijn, dat jij altijd de sterke schouders moest hebben om moeilijke situaties te hanteren. Laat mij nu maar eens de sterke zijn en jou helpen, in plaats van dat jij weer alles zelf moet doen. Ik zou het fijn vinden als jij eens wat steun kreeg in plaats van steun te geven.'

- cliënte zich schuldig voelt dat de therapeut de ouder aanspreekt?
Veel cliënten worstelen met loyaliteitsgevoelens voor hun ouders wanneer de therapeut hen aanspreekt tijdens de imaginatie. Er worden twee vormen van loyaliteit onderscheiden: positief en negatief gemotiveerde loyaliteit (Cohen 1984). Positief gemotiveerde loyaliteit levert iets positiefs op, maar bij de negatief gemotiveerde vorm dreigt er iets naars te gebeuren wanneer niet voldaan wordt aan verwachtingen van ouders (Cohen 1984). Veel cliënten voelen zich negatief gemotiveerd om loyaal te zijn en voelen zich dan ook snel schuldig wanneer er voor hún behoeften wordt opgekomen in plaats van te voldoen aan de verwachtingen van de ouders. Ze voelen zich bijvoorbeeld slecht dat ze iemand anders (de therapeut) hebben ingelicht over de situatie thuis, dat ze de therapeut getuige hebben laten zijn van de manier waarop ouders met de cliënt omgingen en dat ze vervolgens ook nog toestaan dat de therapeut een ouder aanspreekt op zijn of haar gedrag. In dergelijke situaties is het op de eerste plaats belangrijk dat je dit ziet als een compliment voor je werk: het is je gelukt om de cliënt een betekenisvolle ervaring te laten visualiseren alsof die echt opnieuw beleefd wordt. Dat je cliënte nu worstelt met schuldgevoelens betekent dat de hele imaginatie zó levensecht is dat het niet meer een oefening is maar een echte beleving. Je hebt een beeld tot leven gewekt en daarmee sterke gevoelens gegenereerd. Natuurlijk wil je niet dat je cliënte overweldigd wordt door de emotionele belevingen die je hebt weten te genereren en enkel terug kan vallen op haar oude overlevingsmechanismen van vermijding, overgave of overcompensatie. Er zijn dan grofweg twee manieren om de beleving minder intens te maken. Ten eerste kun je proberen binnen de imaginatieoefening meer veiligheid te bieden. Zo kun je in het beeld uitleggen dat een kind niet voor een ouder hoeft te zorgen, maar dat een ouder voor een kind zorgt en dat de ouder een volwassene is die zelf hulp kan regelen. Ten tweede kun je meer veiligheid bieden door je cliënt te herinneren aan de realiteit. Door te benadrukken dat het een oefening is, dat er niemand anders in de kamer is dan jij en de cliënt, help je de cliënt zich te realiseren dat een oefening in de beslotenheid van de therapiesessie niet hetzelfde is als het daadwerkelijk beschuldigen van een ouder.

- cliënte toch wil dat ouders veranderen?
Op de vraag 'Wat heb je nu nodig?' of 'Wat zou je nu liever willen?' zeggen veel cliënten dat ze zouden willen dat de antagonist eens wat liever tegen hen doet. En je cliënten hebben groot gelijk; natuurlijk is het de behoefte van een kind dat een vader en moeder aardig doen en aandacht geven. Deze behoefte staat echter in schril contrast met de realiteit, waarin deze ouders deze normale dingen kennelijk niet konden bieden. Zo hebben deze cliënten al een lange geschiedenis van onvervuld verlangen naar goed ouderschap. Het is dan nodig dat deze harde realiteit aanvaard wordt en dat het verlangen naar goede zorg niet meer gericht wordt op mensen die hen daarin teleurstellen. De aanvaarding van deze rauwe werkelijkheid betekent dus ook rouw: het loslaten van het

verlangen naar een idealere ouder. Het loslaten van een verlangen naar een verbeterde versie van de ouder die ze hadden, betekent echter niet het loslaten van de behoefte aan zorg, steun en waardering, alles wat een ouder die het 'goed genoeg' doet, zou moeten bieden. Dit onderscheid, tussen enerzijds de terecht gevoelde behoefte en anderzijds de realiteit van een ouder die daarin niet kan voorzien, zul je als therapeut expliciet moeten uitleggen:

Therapeut: Wat heb je nu nodig?

Cliënte: Ik wil dat mijn vader ophoudt zo boos te zijn en me kritiek te geven. Ik wil gewoon dat hij lief tegen me doet … (begint te huilen)

Therapeut: Natuurlijk wil je dat, dat klinkt als een heel normale en gezonde behoefte; natuurlijk wil je dat je vader iemand is die aardig is en lief tegen je doet. Er is dus niets mis met je behoefte; je voelt heel zuiver aan wat je nodig hebt. Helaas heeft je vader keer op keer laten zien dat hij niet goed in staat is jou deze normale dingen te bieden. Ik wil dan ook niet dat je steeds maar blijft verlangen dat hij je iets geeft wat hij je niet kán geven. Maar ik ben blij dat ik er nu ben en dat ik ervoor kan zorgen dat je krijgt wat je nodig hebt.

- cliënte overspoeld raakt?

Je pogingen om de IR tot een betekenisvolle ervaring te maken kan tot gevolg hebben dat de cliënte overspoeld raakt door de herinneringen en de daaraan gekoppelde emoties. Sommige cliënten worden meegesleurd in die beleving en worden dan zo emotioneel dat de rescripting moeizaam verloopt of niet lukt. Andere cliënten raken bij een dergelijke heftige ervaring juist meer afgesloten, emotioneel afgevlakt. Beide reacties zijn een teken dat je cliënte overspoeld is geraakt en in de overspoelende emoties geen nieuwe, corrigerende ervaringen kan verwerken. Je zult in die situaties moeten proberen je cliënte weer wat meer afstand te laten nemen van haar emoties. Zo kun je bijvoorbeeld vragen om het beeld terug te spoelen naar een iets minder heftig beeld. Een andere optie is de emotionele lading van het visuele beeld te verminderen door een neutralere stem op te zetten of minder nadruk te leggen op details maar meer op een globale beschrijving van het beeld, eventueel in de verleden tijd geformuleerd. Dit zijn slechts enkele van de interventies waardoor je cliënte wat tot rust komt en ontvankelijker wordt voor de nieuwe ervaringen van de rescripting.

3.3 Onderwerpen en thema's

Tijdens de imaginaties word je als therapeut geconfronteerd met verschillende situaties en verschillende typen antagonisten die moeten worden aangesproken en bevochten. De manier waarop je als therapeut de gevisualiseerde beelden zult moeten herschrijven, is sterk afhankelijk van de betekenis die de beelden voor je cliënte hebben. In de diagnostische fase heb je al de betekenis van de herinneringen bepaald. Daarna heb je waarschijnlijk al gekozen voor een strategie om de invloed van deze herinneringen op het gevoelsleven van je cliënt te verminderen.

Hieronder volgt een selectie van veelvoorkomende situaties waarmee je als therapeut tijdens IR geconfronteerd kunt worden. Deze onderwerpen en thema's zijn geordend aan de hand van basisbehoeften. Deze ordening is geen absolute manier van kadering, aangezien niet de gebeurtenissen zelf bepalen welke basisbehoeften relevant zijn, maar hoe jouw specifieke cliënt die heeft beleefd en welke betekenis die voor hem/haar hadden.

Met andere woorden, de ene cliënt kan, als slachtoffer van oorlogsgeweld, vooral de behoefte hebben gehad aan veiligheid, terwijl een andere cliënt vooral de behoefte had om zijn boosheid over het onrecht te uiten of wraak te nemen (zelfexpressie).

> **Thema's en onderwerpen die geschikt zijn voor imaginaire rescripting**
>
> *Gebrek aan veiligheid*
> - natuurrampen/ongelukken
> - straffende/misbruikende/gewelddadige antagonisten
> - pesten
> - onvoorspelbaarheid van de antagonisten
>
> *Gebrek aan waardering, spontaniteit en spel*
> - veeleisende antagonisten
>
> *Gebrek aan zelfexpressie en autonomie*
> - schuld-inducerende antagonisten
>
> *Gebrek aan emotionele verbondenheid en zorg*
> - verwaarlozende, afwezige antagonisten
>
> *Gebrek aan realistische grenzen*
> - verwaarlozende, verwennende antagonisten

3.3.1 Gebrek aan veiligheid

Natuurrampen/ongelukken

Sommige traumatische gebeurtenissen zijn niet primair veroorzaakt door andere mensen, maar betreffen catastrofes zoals een brand, een ongeluk of een aardbeving. Bij het proces dat uitloopt op die catastrofe zijn dan wel andere mensen betrokken. Zo heeft bijvoorbeeld iemand een ontwerpfout gemaakt in de constructie van het gebouw, waardoor het nu is ingestort, of zijn er ook andere mensen betrokken bij een ongeluk, of heeft de brandweer de brand niet snel genoeg kunnen blussen. De ander heeft de cliënte het trauma dan echter niet rechtstreeks en bewust aangedaan; anderen hebben een bijdrage geleverd, maar zijn niet primair schuldig aan het trauma.

Voor je cliënte betekende het trauma hoe dan ook een confrontatie met afschuwelijke beelden van dood, verminking of verwoesting. Wanneer jij als therapeut geconfronteerd wordt met de beschrijving van die overweldigende gebeurtenissen kan dit al snel een gevoel van machteloosheid bij je oproepen: hoe kun je bij dergelijke grote rampen nu iets doen met rescripting? Een dergelijke machteloosheid wordt verder aangewakkerd wanneer je je cliënte vraagt: 'Wat heb je nu nodig?' en het antwoord luidt: 'Dat dit nooit gebeurd was …' Op dergelijke momenten kun je jezelf vertwijfeld afvragen wat je eigenlijk kunt doen; het is een feitelijke gebeurtenis, die je niet kunt ontkennen. Die valt toch niet te herschrijven? Realiseer je dan dat rescripting niet betekent dat je ervoor zorgt dat de gebeurtenis niet heeft plaatsgevonden, net zomin als het doel van de oefening bij Nicky was om te ontkennen dat vader een straffende man was die agressief kon worden. Observaties in de klinische praktijk hebben geleerd dat enkel het verbeelden dat het trauma niet heeft plaatsgevonden niet effectief is (Dibbets en Arntz 2016). Het doel van de oefening is wél om, geconfronteerd met de beangstigende stimulus, het beeld zo te herschrijven dat er een beter gevoel gekoppeld raakt aan deze oorspronkelijke gebeurtenis. Doel is dat de geactiveerde herinnering aan die gebeurtenis geassocieerd wordt met andere, helende emotionele belevingen. De ramp of het ongeluk is het gegeven in de film, de 'openingsscène'. Hoe die film verder verloopt en met welk gevoel je de bioscoop verlaat, dat is waar IR zich op richt.

Welk scenario je dan kiest voor het andere verloop van de film is opnieuw sterk afhankelijk van de specifieke betekenis van het trauma voor deze cliënte. Er is dus geen eenduidig antwoord te geven op de vraag hoe je dergelijke beelden moet herschrijven. Voor de ene cliënte is de onveiligheid vooral zo voelbaar omdat ze helemaal alleen is tijdens de traumatische gebeurtenis. De rescripting kan in dat geval betekenen dat je als therapeut in het beeld stapt en je aanwezigheid voelbaar maakt, contact maakt. Voor een andere cliënte is het niet de eenzaamheid maar de heftigheid van de zintuiglijke prikkels die het tot een traumatische herinnering maken. In dat geval kun je het beeld herschrijven door meer afstand te scheppen tot de zintuiglijke prikkels als geluid of geur. Om te weten welke vorm van rescripting past bij een specifieke cliënte is opnieuw een goede casusconceptualisatie onontbeerlijk. Daarnaast is het belangrijk dat je tijdens de oefening ook goed doorvraagt naar de beleving van de cliënte, zodat je daar goed op kunt aansluiten: 'Wat zie je nu? Hoe voel je je nu? Wat maakt je het bangst in wat je nu ervaart? Wat betekent het voor jou als je ziet dat … hoort dat …?'

Voorbeeld rescripting onveiligheid

De cliënt is getuige geweest van een gasexplosie in een appartementengebouw. Hij loopt in het beeld door het gebied vlak na de explosie.
Therapeut: Wat zie je nu?
Cliënt: Ik zie overal puin, brokstukken … lichaamsdelen … ik hoor mensen gillen … (klinkt overstuur en verdrietig)
T: Oké, zet het beeld even op pauze, alsof je op een afstandsbediening op de pauzeknop drukt en alles staat stil … zie je dat?
C: … Ja …
T: Hoe voel je je nu?
C: … Afschuwelijk …
T: Afschuwelijk bang? Of verdrietig? Of iets anders?
C: … Alles … verdrietig, machteloos … Ik kan niets doen …
T: Je staat daar nu, ziet het puin, de brokstukken … de lichaamsdelen. En je voelt je machteloos, natuurlijk voel je je afschuwelijk, want het is een afschuwelijke situatie. Wat heb je nu nodig?
C: Ik wil hier weg …
T: Dat is prima, doe maar wat je nodig hebt. Wat doe je nu?
C: Ik begin te lopen, steeds harder, ik ren weg.
T: Hoe voel je je nu terwijl je aan het rennen bent?
C: Afschuwelijk … maar ook fijn om weg te rennen.
T: Wat zie je nu?
C: Ik ren door een straat, alles is nog heel, mensen lopen …
T: Hoe voel je je?
C: Lichter …
T: Wat heb je nog nodig?

3.3 · Onderwerpen en thema's

> C: Ik wil weg uit de stad, ik wil de natuur in …
> T: Prima, laat maar beelden opkomen van natuur … Waar ben je nu?
> C: In een bos, op een open plek …
> T: Kijk maar goed om je heen: wat zie je nu je om je heen kijkt?
> C: Alles is groen, er is niemand … het is er stil.
> T: Hoe voel je je nu?
> C: Rustig, nog een beetje gespannen, maar ontspannen in mijn buik.
> T: Geniet er maar van, van dat ontspannen gevoel in je buik … Houd dat gevoel vast terwijl je nu het beeld wat laat vervagen … laat het maar wegdrijven, en breng jezelf langzaam terug naar de ruimte hier bij mij … Beweeg je handen en je voeten om zo ook je lijf weer te voelen … En als je eraan toe bent, kun je je ogen opendoen … Welkom terug …

De nabespreking is een belangrijke fase van de IR; hierin wordt de ervaring cognitief gekaderd. In deze fase van de oefening benadruk je het feit dat een confrontatie met de oorspronkelijke gebeurtenis gekoppeld kan worden aan een ander, beter gevoel door te luisteren naar hun behoeften en het beeld te herschrijven aan de hand van wat ze nodig hebben. Deze bespreking is van groot belang om de cliënt te motiveren de oefening vaker te doen.

Nabespreking

> T: Hoe voel je je?
> C: … Eeen beetje trillerig … maar oké, geloof ik …
> T: Ik vind het super hoe je het hebt gedaan! Vind je het goed om even terug te kijken en te bespreken wat er nou eigenlijk is gebeurd? En waarom ik het zo goed vind hoe je het hebt gedaan?
> C: Ja, goed, wat vind je dan zo goed?
> T: Nou, als ik terugdenk aan hoe je hier bent gekomen, dan besef ik erg goed dat je eigenlijk altijd probeert om maar niet te denken aan wat er is gebeurd; de enige manier om met dat machteloze gevoel bij die herinneringen om te gaan is er maar zo min mogelijk aan terug te denken. Je bent de hele tijd afleiding aan het zoeken om maar niet stil te hoeven staan bij die herinneringen, de beelden. En nu heb je in deze oefening iets heel anders gedaan; je hebt die beelden toegelaten, je bent wel stil blijven staan bij wat er is gebeurd. Maar dat niet alleen; je hebt ook iets veranderd in die beelden, in die herinnering. Je hebt je ingeleefd en vervolgens geluisterd naar wat je nodig had en daarnaar gehandeld. En door dat te doen voelde je je rustiger, dat klopt toch?
> C: … Ja, het was wel beter toen ik wegrende ja … maar dat heeft toch niets veranderd?
> T: Zeker wel! Als je bedoelt dat de explosie toch heeft plaatsgevonden, dat klopt. Maar wat er wel is veranderd, is dat je die beelden niet weg hebt lopen duwen en je enkel machteloos hebt gevoeld, maar dat je erbij stil hebt kunnen staan en dat je iets hebt gedaan waardoor je je beter bent gaan voelen! Ik ben ontzettend blij, omdat je daarmee aan den lijve hebt ondervonden dat je die herinneringen dus kunt toelaten en toch iets kunt doen waardoor je je beter voelt! Dat is wat ik je heb uitgelegd

> over deze behandeling, maar dat heb je nu zelf kunnen ervaren. En dat is wat ik wil, dat je dat vaker kunt ervaren; dat jij iets kunt dóén in die beelden, waardoor jij je anders, beter, gaat voelen. Het blijft een afschuwelijke gebeurtenis, maar je bent niet machteloos, je kunt iets doen ...
> Laten we de oefening nog een keer doen. Dan gaan we nog een keer terug naar dat beeld, die herinnering. Het kan een heel andere wending krijgen, dat hangt er maar net van af wat jij op dat moment nodig hebt. Maar het gaat opnieuw een oefening worden in het luisteren naar wat jíj nodig hebt en daarnaar handelen. Oké?
> C: ... Oké dan ...

Straffende/misbruikende/gewelddadige antagonisten

In de vorige paragraaf ging het over cliënten die onveiligheid hebben ervaren door situationele omstandigheden, zoals een natuurramp. Onveiligheid kan echter ook het gevolg zijn van vormen van geweld dat iemand door anderen (bewust) is aangedaan. Hierbij kun je denken aan verschillende vormen van fysiek, seksueel of verbaal geweld in het stamgezin of in oorlogssituaties, pesterijen op school et cetera. In deze paragraaf richt de rescripting zich dan ook op het aanspreken, stoppen en/of corrigeren van een ánder in het beeld: de antagonist. Gedurende de imaginatieoefening wordt een cliënt geconfronteerd met een antagonist die dreigt te slaan of te misbruiken, of die de cliënt zich op een andere manier onveilig doen voelen. Veiligheid bieden betekent in dergelijke situaties dat er krachtig en direct wordt opgetreden; veiligheid gaat voor alles, en directe actie is dan ook gewenst. Hoewel je als therapeut direct probeert in te grijpen kan de situatie in het beeld zo snel escaleren dat je interventie te laat dreigt te zijn. Een eenvoudige manier om te zorgen voor meer tijd is je cliënt te vragen het beeld op pauze te zetten en eventueel terug te spoelen naar het punt waarop je als therapeut in het beeld wilt stappen. Je vraagt je cliënt om jou er in het beeld bij te plaatsen, en je stopt de dader en spreekt hem/haar krachtig toe. Het is heel goed mogelijk dat je cliënt zich niet kan voorstellen dat de dader die zo straffend, misbruikend of gewelddadig kon zijn niet meteen inbindt als jij hem/haar aanspreekt. Je moet dus in staat zijn om krachtiger op te treden als dat nodig is, om zo de antagonist niet alleen te evenaren maar ook te kunnen overtreffen, bijvoorbeeld door je stem te verheffen en boos te worden. De stelregel is dat je wint van de antagonist, en gelukkig is dat ook altijd mogelijk. Het belangrijkste instrument dat je daartoe inzet, is je stem. Om die krachtig en overtuigend te laten klinken kun je je het best zo goed mogelijk inleven in het beeld en je voorstellen dat het om jouw kind gaat dat het slachtoffer is van het geweld. Daarnaast kun je gebruikmaken van de eindeloze mogelijkheden die fantasie biedt, door de tijd te vertragen, voor- of achteruit te spoelen, hulptroepen in te schakelen, jezelf groter maken en wat er ook maar meer nodig is om veiligheid te creëren.

> **Wat nou als ...**
> — de antagonist te sterk is?
> Je wordt soms geconfronteerd met antagonisten die overweldigend sterk zijn, waardoor het bieden van veiligheid tijdens de rescripting lastig of soms bijna onmogelijk lijkt. Zo sta je in de imaginatie bijvoorbeeld tegenover een grote, gespierde en gewelddadige man voor wie zelfs de politie bang was. Of je bevindt je tegenover een groep agressieve daders.

Bedenk dat de verbeelding grenzeloze mogelijkheden biedt om dergelijke situaties aan te kunnen. Zo kun je je cliënte vragen om jou groter te maken in het beeld, de antagonisten kleiner, politie in het beeld te plaatsen, of een dikke, transparante wand op te trekken tussen de cliënte en therapeut aan de ene en de antagonisten aan de andere kant.

Naast deze mogelijkheden moet je als therapeut niet onderschatten wat de kracht van je stem is. Er zijn diverse voorbeelden geweest van een frêle, vrouwelijke therapeute die, enkel door de innerlijke kracht die doorklonk in haar stem, toch een correctieve emotionele ervaring van veiligheid wist te bieden hoewel de antagonisten fysiek sterker waren. Cliënten reageren doorgaans vooral op de emotionele boodschap die gecommuniceerd wordt. De fysieke realiteit die gevisualiseerd wordt, kan daarbij een hulpmiddel zijn, zonder dat de correctieve emotionele ervaring volledig afhankelijk is van deze fysieke aspecten.

- de cliënte zich in een oorlogssituatie bevindt?

Sommige trauma's die meegedragen worden vonden plaats in gevechtssituaties of tijdens een verblijf in een concentratiekamp. In dergelijke situaties zijn het geweld en de onveiligheid alomtegenwoordig, en zijn er vaak ook meerdere daders/antagonisten bij betrokken. De massaliteit van het beschreven beeld kan bij jou als therapeut gevoelens van machteloosheid oproepen. In de kern is het werkende mechanisme van IR in deze situaties echter niet anders: de film heeft een afschuwelijke setting, maar het verloop van de film is nog steeds te bewerken met rescripting. Wel kan het in deze situaties belangrijk zijn om selectief te werk te gaan: op welk onderdeel van het beeld of welke antagonist wil je de rescripting richten? Kies daarbij voor die onderdelen die het betekenisvolst zijn voor de klachtontwikkeling van de cliënte.

- de cliënte bang is dat de antagonist terugkomt als de therapeut weg is?

Zoals gezegd is de angst van de cliënte voor represailles van de antagonist nadat jij weg bent een groot compliment voor het werk dat jullie tot dusver hebben gedaan. Het doel van de IR is betekenisvolle ervaringen uit het verleden te visualiseren alsof ze echt gebeuren. Kennelijk is dit zo goed gelukt dat voor je cliënt de grens tussen verbeelding en realiteit vervaagd is. Dit succes van de oefening betekent echter wel dat de veiligheid vergroot dient te worden. Je kunt bijvoorbeeld benadrukken dat dit slechts een oefening is en dat vader niet echt meer iets kan doen. Door de realiteit te benadrukken vergroot je de ervaren veiligheid.

Een alternatief is om te proberen het binnen de oefening op te lossen. Het voordeel zou kunnen zijn dat de rescripting een betekenisvollere ervaring wordt door de verhoogde arousal tijdens de oefening. In dat geval kun je voorstellen dat er meer fysieke afstand komt tussen de cliënte en de antagonist, bijvoorbeeld door de antagonist op te sluiten, of de cliënte mee te nemen naar een plek waar de antagonist niet kan komen.

Onvoorspelbaarheid van de antagonisten

In de voorbeelden tot dusver werden eenduidige vormen van onveiligheid beschreven, zoals mishandeling, misbruik of pesten. Een andere vorm van onveiligheid kan onvoorspelbaarheid van de antagonist zijn, bijvoorbeeld een ouder die vaak aardig deed, maar onverwachts een woede-uitbarsting kon hebben, of een ouder die doorgaans positieve dingen zei, maar in een slechte bui sarcastische, gemene opmerkingen kon maken. Je cliënte kan bij een dergelijke antagonist sneller worstelen met loyaliteitsgevoelens, omdat die ander niet alleen maar nare dingen heeft gedaan, maar ook een heel gezonde, lieve kant had. Je zult dan ook meer uitleg moeten geven over het feit dat je niet de hele ouder/ander afwijst, maar alleen het onveilige gedrag of het straffende deel van die ander. Deze cognitieve uitleg kun je voorafgaand aan de IR doen, als voorbereiding op de interventie. Je kunt deze uitleg echter ook tijdens de interventie geven aan het kind in het beeld. Hoe aardig of lief de ander dan ook kon zijn, tegen het onveilige, kwetsende gedrag van die ander zal nog steeds duidelijk opgetreden moeten worden, waardoor je cliënte de belangrijke boodschap kan ervaren dat haar behoeften ertoe doen.

3.3.2 Gebrek aan waardering, spontaniteit en spel: veeleisende antagonist

Sommige cliënten zijn niet het slachtoffer geweest van onveiligheid of geweld, maar hebben een sterke druk ervaren dat ze beter moesten presteren, dat er geen tijd was voor ontspanning, maar dat er gewerkt moest worden. Deze boodschappen kunnen rechtstreeks zijn gecommuniceerd door ouders die aanspoorden tot betere prestaties en tegelijkertijd iedere vorm van ontspanning verboden. Deze boodschappen kunnen echter ook indirect zijn gecommuniceerd middels de leefstijl van de ouders zelf: ouders die zelf heel hard werkten zijn daarmee, misschien onbedoeld, een rolmodel voor de meedogenloze normen. De intenties van de ouders kunnen in beide gevallen heel positief zijn. Ze willen allemaal dat hun kind slaagt in het leven en zijn van mening dat goede prestaties een noodzakelijke voorwaarde daarvoor zijn. Uiteindelijk zijn het echter de ervaren boodschappen die geïnternaliseerd worden. Het bestrijden van deze veeleisende boodschappen vereist een andere aanpak dan die bij straffende boodschappen. De therapeut zal een meer overredende en discussiërende houding aannemen, waarbij met argumenten bepleit wordt dat ontspanning, spontaniteit en spel noodzakelijke basisbehoeften zijn.

> **Voorbeeld**
> Ben is opgegroeid met liefhebbende maar hardwerkende ouders die nooit tijd hadden voor ontspanning. Ze namen echter wel uitgebreid de tijd om het huiswerk en de schoolprestaties te bespreken. De druk om beter te presteren was daarmee duidelijk voelbaar voor Ben, die een dwangmatige-persoonlijkheidsstoornis heeft ontwikkeld. Tijdens de imaginatieoefening staat vader achter een twaalfjarige Ben die zijn huiswerk zit te maken. Ben heeft al een uur gewerkt en wil eigenlijk even buiten spelen, maar vader pusht hem om door te werken. De therapeut spreekt vader in het beeld toe en erkent enerzijds diens goede intenties, maar geeft sterke argumenten voor meer ontspanning: 'Ik snap wel dat u het beste wilt voor uw kind, maar hoe u nu voor hem probeert te zorgen put Ben uit. Iedere batterij moet af en toe opgeladen worden om te voorkomen dat die leeg raakt. Ik denk dat we allebei willen dat Ben later op zijn leven terugkijkt als een fijn leven, vol liefde, verbondenheid en plezier. Ik wil niet dat hij terugkijkt op een leven waarin het enkel draaide om deadlines, prestaties en hard werken.'

> **Wat nou als …**
> — de cliënte zich schuldig voelt dat je de antagonist aanspreekt?
> Aangezien de veeleisende antagonist goede intenties had, kan het aanspreken van die antagonist schuldgevoelens oproepen bij je cliënte. Zoals in ▶ par. 3.2.5 is gezegd is een dergelijke reactie op de eerste plaats een compliment dat de oefening zo levensecht is geworden dat die dergelijke gevoelens kon activeren bij je cliënte. Er zijn vervolgens verschillende manieren om je cliënte weer wat meer afstand van haar emoties te laten nemen. Zo kun je de realiteit benadrukken door in herinnering te roepen dat dit een oefening is en dat je de antagonist niet in het echt tegenspreekt. Daarnaast kun je binnen de imaginatie ook vragen dat de cliënt de andere kant van de antagonist visualiseert. Misschien was vader niet alleen veeleisend, maar kon hij ook heel lief en grappig zijn. In dat geval kan je cliënt die lieve, grappige vader ook in het beeld plaatsen, naast de veeleisende vader. Door alleen de veeleisende vader aan te spreken maak je duidelijk dat je niet de hele vader corrigeert. Een alternatief is om vader te visualiseren in zijn kwetsbaarheid, gebruikmakend van mogelijke herinneringen aan een meer kwetsbare, emotionele vader, naast de veeleisende vader. Deze variant heeft als extra element dat zichtbaar wordt dat vader zelf ook te lijden heeft onder de veeleisende boodschappen, wat een extra reden is om de veeleisende kant aan te spreken.
> — de cliënte de veeleisende boodschappen zo sterk gelooft dat de rescripting geen impact heeft?
> Sommige cliënten hebben de veeleisende boodschappen zo vaak gehoord dat ze die volledig geloven. Op het moment dat jij als therapeut de antagonist vertelt dat die boodschappen niet kloppen, dan roept dat bij je cliënte weerstand op, want vanuit het perspectief van het kind heeft de antagonist gelijk. Het inleven in het perspectief van het kind heeft nu dus een averechts effect op de beoogde rescripting. Vraag je cliënte dan om het kind te visualiseren en niet zozeer het kind te zíjn. Vraag je cliënte naar het kind te blijven kijken terwijl de antagonist de veeleisende boodschappen herhaalt. Het is doorgaans gemakkelijker voor cliënten om vanuit dit observerende perspectief te ervaren dat de veeleisende boodschappen helemaal niet passen bij de behoeften van het kleine kind.

3.3.3 Gebrek aan zelfexpressie en autonomie: schuld-inducerende antagonist

Sommige cliënten zijn opgegroeid in een gezin waarin zelfexpressie en autonomie op een indirecte, schuld-inducerende manier werden afgestraft. Hechtingsfiguren reageerden niet met fysiek of verbaal geweld, maar met teleurstelling, verdriet, zich terugtrekken of andere vormen van indirecte communicatie. Deze antagonisten kunnen weliswaar als heel straffend ervaren worden, maar hun boodschappen verschillen sterk van die van straffende antagonisten. Zij zeiden niet letterlijk dat cliënte slecht of dom was. Je zult als therapeut deze schuld-inducerende antagonisten dan ook op een andere manier moeten aanspreken. Op de eerste plaats dient de indirecte, soms subtiele, communicatie expliciet benoemd worden. Een ouder zei dan bijvoorbeeld niet letterlijk dat het slecht was wat de cliënte had gedaan of gezegd, maar de stilte die erop volgde, de tranen in de ogen van de ander met de enkele opmerking 'Oké, als je dan niet hier bij mij thuis wilt blijven, dan moet je maar gaan …' spreken boekdelen. Het is alsof dit wordt gedaan met de onderliggende boodschap: 'Ik voel me slecht, en dat is jouw schuld.' Nadat die schuld-inducerende boodschappen geëxpliciteerd zijn, zullen ze duidelijk tegengesproken moeten worden. De kracht waarmee je dat doet, zal echter minder groot zijn dan bij het bestrijden van straffende antagonisten. Wanneer je te boos wordt op de gekwetste, verdrietige of teleurgestelde antagonist is het risico groot dat de aandacht en compassie van je cliënte naar de antagonist uitgaan en de rescripting niet de correctieve emotionele ervaring wordt die je had gepland. Vervolgens kun jij je cliënte aanmoedigen om niet langer te focussen op de antagonist. Ten slotte dient er ook psycho-educatie gegeven te worden aan je cliënte over het verschil tussen gezonde loyaliteit en overmatige verantwoordelijkheid.

> **Bevechten van een schuld-inducerende antagonist – Greg**
>
> Therapeut: Greg, terwijl we zo praten over die situatie met je vrouw wil ik je vragen of je voor de komende tien minuten je ogen wilt sluiten. En kun je nu een beeld vormen van die situatie rondom je vrouw … wat zie je nu?
> Greg: Ehm … ze doet de afwas nu in de afwasmachine, en ze is boos op me, ze gooit de borden in het rek.
> T: En wat zegt ze tegen jou?
> G: Ze zegt … ze zegt dat ik haar niet genoeg help in het huishouden.
> T: Nou, ga na hoe je je nu voelt, hoe voel je je als je zo naar haar kijkt en hoort wat ze tegen je zegt?
> G: Het drijft alle energie uit me, mijn armen voelen helemaal slap, en ik voel me gespannen in mijn nek en schouders.
> T: En welke emoties gaan er nu door je heen?
> G: … Ja … ik weet niet precies wat ik voel, het is gewoon alsof alles leegloopt … alsof ik iets zou moeten doen, maar niet weet wat.
> T: Oké, dus het is een heel sterk gevoel, een fysiek gevoel, maar ook een sterk emotioneel gevoel, alsof je iets anders zou moeten doen, zonder dat je weet wat het is?
> G: Ik moet iets doen, maar weet niet wat.
> T: Houd contact met dat gevoel, maar laat het beeld van je vrouw vervagen, en laten we eens kijken welke beelden er, terwijl je contact houdt met dat gevoel dat je iets anders zou moeten doen, uit jou verleden naar boven komen, die hier op een of andere manier mee samenhangen … wat zie je nu?
> G: Ehm … ik ben zeven jaar oud, ik zit in de woonkamer, en mijn moeder zit op de bank.
> T: Kun je haar beschrijven, zodat ik haar ook kan zien?
> G: Ze zit in het midden van de bank, maar ze zit voorovergebogen en ze is … ze kijkt alleen maar naar me.
> T: Op welke manier kijkt ze naar je?
> G: Ze is gespannen en ze … is verdrietig en van streek.
> T: Wees dat zevenjarige jongetje, hoe voel jij je?
> G: Ik weet niet wat ik moet doen, ik weet niet waarom ze zo naar me kijkt …
> T: Het klinkt als een heel naar gevoel … alsof je wel iets wilt doen, maar niet weet wat?

3.3 · Onderwerpen en thema's

G: Ja ... ze wil dat ik het oplos, op de een of andere manier.
T: Dat klinkt alsof dit opnieuw een situatie is waaruit blijkt hoe zorgzaam en lief je bent. Maar het is ook een situatie waarin je vastzit, niet wetend wat je moet doen, terwijl je wel de druk voelt dat je iets moet doen. En dat voelt niet goed. Het maakt dat ik voel dat ik daar bij wil zijn, bij jou, om je te helpen. Is dat oké, kun je mij in het beeld plaatsen?
G: Ze is erg kwetsbaar nu, ik denk niet dat het ... want als het fout gaat, dan raakt ze alleen maar meer van streek.
T: En hoe zou jij je dan voelen als ze nog meer van streek raakt?
G: Nou, dan zou dat mijn schuld zijn, toch? Want ik heb jou erbij gelaten.
T: O, oké, dus je voelt je schuldig dat jij iets zou hebben gedaan waardoor zij nog meer van streek raakte?
G: Ja.
T: Natuurlijk wil ik je niet nog slechter laten voelen, Greg, want ik weet dat je het al zwaar genoeg hebt. Maar ik zit ook te denken: 'Hé, je bent gewoon een zevenjarig kind. Natuurlijk wil je dat je moeder zich niet slecht voelt. Maar jij voelt je ook slecht, jij bent ook gespannen en weet niet wat je moet doen. En dat is ook niet goed. Het is niet goed dat een kind alleen gelaten wordt in een situatie als deze. Een zevenjarige moet verzorgd worden, geholpen.' Dus daarom wil ik er graag nog steeds bij komen. En ik zal mijn best doen om je moeder niet nog meer van streek te maken, maar ik zal mijn best doen om jou te helpen. Ik denk dat jij al te vaak aan je lot overgelaten bent. Ik wil niet een van de mensen zijn die jou aan je lot overlaten. Dus, is het oké als ik daar bij kom voor een tijdje?
G: Oké ...
T: Oké, dan ben ik er nu ook, een beetje schuin voor je misschien ...
G: Je staat voor de tafel aan mijn rechterkant.
T: Hoe is het voor jou dat ik er nu ben?
G: ... Het is ... vreemd, want je bent naar mij toegedraaid, je staat dichter bij mijn moeder ...
T: Ik zou eigenlijk graag dichter bij jou staan, ik wil jou steunen. Maar als het beter voor jou voelt als ik meer bij je moeder in de buurt sta, dan is dat ook goed.
G: Ja.
T: Ik ga even tegen je moeder praten. En ik wil graag dat jij even meeluistert en kijkt hoe dat voor jou voelt, oké?
G: Oké ...
T: Dan draai ik me een beetje zodat ik je moeder aankijk, en ik zeg: 'Het is duidelijk dat u overstuur bent, en als ik alleen al naar u kijk dan zie ik uw lijden. Ik zie het aan uw houding, aan de manier waarop u naar Greg kijkt. Het is overduidelijk. En dat is wat ik wil zeggen: het is té overweldigend. En Greg ziet dat allemaal, en hij voelt zich verdrietig als hij ziet hoe zwaar u het hebt. Hij is een heel gevoelig kind, en hij pikt die signalen op. Dus ik wil dat u al die pijn meer voor uzelf houdt en daar zelf mee dealt in plaats naar Greg te kijken alsof hij een oplossing moet vinden voor uw problemen. Hij is nog maar een kind, zoiets doe je niet bij een kind.' Hoe reageert ze hierop?
G: ... Ze vindt het heel moeilijk om je aan te kijken.
T: Oké, maar ik vraag haar om dat toch te doen. 'Ik heb het nodig dat u nu naar mij kijkt, dat u uw ogen niet langer op Greg richt en dat u nu naar mij kijkt. Dit is iets voor

volwassenen. Wij zijn allebei volwassen, en we weten dat er manieren zijn om dit soort problemen op te lossen en dat je dat niet van een kind mag vragen.' (Tegen Greg:) 'Je bent nog maar zeven jaar …! Kijk maar naar mij.' (Tegen moeder:) 'Ik ga wel hulp organiseren. Ik verwijs u naar een van mijn collega's of regel een andere vorm van hulp, maar ik ga Greg niet alleen laten.' (Tegen Greg:) 'Hoe voel jij je?'
G: … Goed nu. Het was eerst moeilijk toen je tegen haar sprak, maar dat is nu beter, want je zei dat je haar ging helpen …
T: Ik zal inderdaad wel een vorm van hulp organiseren voor haar. Anderen zullen haar helpen. Ik wil dat jij nu niet langer naar je moeder, maar naar mij kijkt. Want iedere keer dat je naar haar kijkt, wanneer je over haar spreekt, dan opent je hart zich voor haar. En dat toont alleen maar wat een warme, gevoelige jongen je bent, maar wanneer de poort van je hart openstaat, dan voel je ook al haar pijn. En ik wil dat je gaat leren om die poort af en toe ook te sluiten. Het leven is al ingewikkeld genoeg, en het is belangrijk dat jij gezond blijft, dat jij leert van het leven te genieten en met het leven leert om te gaan. Dus kijk maar naar mij. Ik ben er voor jou. Ik zal je helpen. Het is niet jouw verantwoordelijkheid om voor je moeder te zorgen. Hoe voel je je als ik dat zeg?
G: Goed … goed …
T: Ja? Daar ben ik blij om. Maar ik merk ook aan je dat het wel veel en heftig is. Het lijkt me nu tijd dat we iets luchtigers gaan doen, iets speels. Ik wil dat jij en ik hier weggaan en ergens naartoe gaan waar het leuker is. Waar wil je naartoe gaan?
G: (lacht) … Ik wil dat we met de hond naar het park gaan.
T: Dat klinkt als een goed idee, laten we dat doen. Dus we zijn daar nu in het park. Wat doen we nu?
G: (moet lachen) Je laat de hond los, en dan probeer je de hond weer te pakken, en de hond houdt ervan om achternagezeten te worden. Dus die rent steeds langs je en dan weer weg. En ze rent gewoon rond.
T: (lacht ook) Ik vind het leuk, ik ren erachteraan en spring soms om haar te pakken te krijgen.
G: Ja … ja (lacht).
T: Ik vind het leuk om je te zien lachen, Greg. En hoe voel je je nu?
G: Goed.
T: En wat voor gevoel is dat?
G: Het is vrij, en open en leuk …
T: Dat klinkt heel goed, dat je bevrijd bent van alle druk en stress en verantwoordelijkheden. Dus kijk maar naar de hond, zie mij maar vallen, rennen, om haar te pakken te krijgen, en geniet van dat goede gevoel …

> **Wat nou als …**
> — de cliënte zich maar schuldig blijft voelen en zorgen blijft maken over de antagonist?
> Zoals gezegd zijn de geïnternaliseerde boodschappen uit het verleden vaak zo geloofwaardig dat cliënten moeite hebben met het accepteren van het andere perspectief dat door de therapeut wordt verwoord. Hierbij speelt mee dat de cliënte gewend is gevoelig te zijn voor signalen dat de antagonist teleurgesteld

is of zich ongelukkig voelt. Zolang de cliënt zijn/haar aandacht blijft richten op de antagonist blijft de kans groot dat gevoelens van tekortschieten getriggerd worden. Vraag je cliënt dan ook zijn/haar aandacht op jou te richten, zijn/haar ogen weg te trekken van de antagonist en in plaats daarvan naar jou te kijken en te luisteren: 'Ik wil dat je nu niet langer naar je moeder maar naar mij kijkt, naar mij luistert. Je bent een gevoelig kind, en iedere keer dat je naar haar kijkt, dan zie je weer haar lijden en haar pijn. Je zult moeten leren je ogen af en toe te sluiten voor haar pijn. Dat is niet egoïstisch, ook al voelt dat misschien zo. Je hebt juist te veel geleerd naar háár behoeften te luisteren, en daardoor ben je wat minder goed geworden in het luisteren naar wat jíj nodig hebt. Ik wil dat we nu gaan luisteren naar jouw behoeften.'
Vervolgens kun je aanbieden om hulp/steun voor de antagonist te organiseren, zoals een collega-therapeut, sociaal werker of vriend. Op die manier kun je de verantwoordelijkheid voor de zorg bij je cliënt wegnemen.

3.3.4 Gebrek aan emotionele verbondenheid en zorg: afwezige antagonist

Tijdens de oefening kan je cliënte een beeld beschrijven waarin zij als klein kind alleen op haar kamer zit en zich eenzaam en verdrietig voelt. Er is niemand aanwezig, geen ouders of andere naasten. Je cliënte groeide zo op in een sfeer van emotionele verwaarlozing en eenzaamheid. Ook al zijn er niet letterlijk straffende woorden gezegd, toch kan je cliënte de afwezigheid van zorgfiguren geïnternaliseerd hebben als een straffende boodschap: 'Jouw behoeften doen er niet toe, en je bent niet belangrijk.' Wanneer je als therapeut dit beeld binnenstapt, kun je om te beginnen verbondenheid en zorg bieden aan het kind dat je daar aantreft. Naast compassie voor het eenzame kind dat daar alleen zit, kun je in dit beeld ook de verwaarlozende antagonisten aanspreken. In werkelijkheid waren de ouders dan misschien niet aanwezig, in de imaginatie kun je vragen of je cliënt de ouders er ook in het beeld bij kan plaatsen, waarna jij ze aanspreekt op hun afwezigheid.

> **Voorbeeld**
> Peter beschrijft een beeld waarin hij als negenjarig jongetje alleen op zijn kamer zit. Zijn ouders zijn weg, hij weet niet waar ze zijn en wanneer ze terug zullen komen. De therapeut stapt in het beeld en troost het verdrietige en eenzame kind. Vervolgens vraagt hij om vader en moeder in de kamer erbij te plaatsen: 'Kun je nu je ouders erbij plaatsen, ik wil hen nu ook even in de kamer bij ons.' Misschien dat Peter wat moeite heeft met deze stap: 'Ze zijn weg ... Ze komen nooit naar mijn kamer, ik weet niet of ze komen ... ze hebben wel belangrijker dingen te doen ...' Als therapeut leg je uit dat dit nu juist is waar je ze over wilt spreken. Je vraagt of hij zijn ouders kan visualiseren in het beeld en spreekt hen aan op hun afwezigheid: 'Wat zijn jullie voor ouders dat jullie je zoontje zo alleen achterlaten, zonder hem te laten weten waar jullie verblijven?! Dat kan echt niet! Ik zeg dit vooral omdat ik wil dat Peter hoort dat dit niet normaal is, dat er niks mis met hem is, maar dat jullie dit niet goed doen.'

3.3.5 Gebrek aan realistische grenzen: verwennende/verwaarlozende antagonist

Een van de basisbehoeften van ieder kind is het leren van realistische grenzen, leren dat je in het leven niet alles krijgt wat je wilt en dat niet alles lukt op de manier zoals jij dat wilt. Het is de taak van de ouders om een kind dit te leren en te verdragen dat het kind boos en verdrietig is als het iets niet mag wat hij op dat moment wil. Door grenzen te stellen help je als ouder het kind tolerantie op te bouwen voor de frustraties die het onherroepelijk zal ervaren in het leven. Wanneer er geen grenzen worden gesteld en een kind alles krijgt wat het wil, verwend wordt, dan is dat een vorm van verwaarlozing: dit kind zal een volwassen leven tegemoetgaan waarin het niet voorbereid is op de frustraties en de tegenslagen die er onherroepelijk zullen zijn. Het is niet eenvoudig om grenzen te stellen bij iemand die dat niet gewend is. IR is juist daarom een interventie die helpt; je kunt je cliënt leren dat er grenzen zijn, zonder dat je hem dat rechtstreeks, oog in oog, hoeft te vertellen. Door tijdens de rescripting de verantwoordelijke ouders aan te spreken op deze tekortkoming van hun opvoeding geef je de cliënt op een indirecte, maar betekenisvolle manier alsnog de belangrijke boodschap dat hij niet alles kan krijgen wat hij wil.

> **Voorbeeld**
> Hans groeide op als jongste in een gezin met twee kinderen. Zijn ouders waren veel afwezig; vader reisde veel voor zijn werk, en moeder was druk met haar opleiding en werk. Het tekort aan emotionele aandacht en verbondenheid werd altijd gecompenseerd door steeds buitenissiger cadeaus, ieder jaar meer en duurder. Tijdens de imaginatieoefening beschrijft Hans het beeld dat hij alleen, gefrustreerd op zijn kamer zit, nadat zijn vader had gezegd dat hij geen luchtbuks zou krijgen. Hans is op dat moment elf jaar. Dan komt vader de kamer binnen en zegt dat hij toch een luchtbuks voor Hans zal kopen. De therapeut vraagt of hij op dat moment in het beeld mag komen en spreekt de vader aan: 'Ik snap wel dat u het vervelend vindt dat Hans boos en verdrietig op zijn kamer zit, maar het is niet goed dat u hem nu alsnog zijn zin geeft. Hij zal toch moeten leren dat er grenzen zijn en dat wat hij wil niet altijd is wat hij nodig heeft. Hij heeft het nodig dat hij leert dat een "nee" niet meteen het einde van de wereld betekent. Dat kan hij alleen maar leren als u het nu verdraagt dat hij boos is. Natuurlijk is hij boos, hij is een kind, en het is nooit leuk om iets niet te mogen wat je wilt, maar dat gaat ook wel weer voorbij. Het is niet goed dat hij een luchtbuks krijgt terwijl hij nog maar elf jaar oud is.'

3.4 Samenvatting

Dit hoofdstuk ging over het herschrijven van betekenisvolle beelden die tijdens de imaginatieoefening gevisualiseerd worden: rescripting. Leidraad bij dit herschrijven is dat de gevisualiseerde verandering aansluit bij de emotionele basisbehoeften van de cliënt en dat die verandering zo levendig mogelijk gevisualiseerd wordt. Om de rescripting te laten werken helpt het dan ook dat je je als therapeut inleeft, zodat je het beeld zelf zo levensecht mogelijk voor je ziet, en dat je je dan afvraagt: 'Wat zou ik nu doen als

3.4 · Samenvatting

het kind/de persoon in dit beeld mijn (pleeg)kind was?' Deze vraag helpt om natuurlijke emotionele en gedragsmatige responsen te genereren, die goed aansluiten bij de behoeften van de cliënte. Ook belangrijk voor de rescripting is het besef dat de fantasie geen grenzen kent en dat je je als therapeut vrij mag voelen om in de visualisatie voor- of achteruit te spoelen en het beeld stil te zetten en tijdens de rescripting hulpmiddelen of hulptroepen in te zetten. In bijlage 3 'Richtlijn imaginaire rescripting – de therapeut herschrijft' vind je een samenvatting van de stappen die in dit hoofdstuk beschreven zijn en die je kan helpen wanneer je de IR zelf wilt toepassen bij een cliënte. In het volgende hoofdstuk wordt beschreven hoe je cliënten kunt coachen om de imaginaire beelden zelfstandig te bewerken.

Imaginaire rescripting aan het eind van de therapie – de cliënt herschrijft

4.1 Inleiding – 72

4.2 Wanneer ga je over tot deze fase van de behandeling waarin de cliënte zelf herschrijft? – 72

4.3 Visualiseren van de gezonde volwassene – 73
4.3.1 Stap 1 Leg uit waarom cliënte gezonde volwassene moet leren visualiseren – 73
4.3.2 Stap 2 Geef een persoonlijk voorbeeld van jouw gezonde volwassene – 74
4.3.3 Stap 3 Focus op specifieke aspecten van deze herinnering – 76
4.3.4 Stap 4 Vraag cliënte haar gezonde volwassene te visualiseren – 76
4.3.5 Stap 5 Nabespreking en huiswerk – 78

4.4 Imaginaire rescripting aan het eind van de therapie: de cliënte herschrijft – 79
4.4.1 Stap 1 Introductie – 79
4.4.2 Stap 2 Visualiseren van gezonde volwassene in plaats van veilige plek – 79
4.4.3 Stap 3 Visualiseren van traumatische gebeurtenis vanuit perspectief kind/slachtoffer – 80
4.4.4 Stap 4 Rescripting van dit traumatische beeld vanuit perspectief gezonde volwassene – 81
4.4.5 Stap 5 Herhaling van deze rescripting, maar nu vanuit perspectief kind/slachtoffer – 84
4.4.6 Stap 6 Nabespreking – 86

4.5 Samenvatting – 87

© Bohn Stafleu van Loghum is een imprint van Springer Media B.V., onderdeel van Springer Nature 2020
R. van der Wijngaart, *Imaginaire rescripting*, https://doi.org/10.1007/978-90-368-2451-4_4

4.1 Inleiding

Tot dusver ben je als therapeut in het imaginaire beeld gestapt en heb jij de rescripting gedaan. In dit hoofdstuk wordt beschreven hoe cliënten kunnen leren om zelf de betekenisvolle beelden te herschrijven. De cliënten leren daarmee om als nu gezonde volwassene de beelden van de betekenisvolle herinneringen die geassocieerd zijn met angst, verdriet, boosheid et cetera te herschrijven. De rescripting wordt daarmee in deze fase technisch gezien lastiger, want de cliënt moet zichzelf niet alleen visualiseren als slachtoffer in de (traumatische) herinnering, maar ook als gezonde volwassene. Er zijn in deze fase van de imaginaire rescripting (IR) dus twee cliëntperspectieven, en je cliënten moeten leren schakelen tussen deze twee perspectieven.

Het huidige hoofdstuk bestaat uit twee delen. In het eerste deel wordt besproken hoe je cliënte kan leren haar gezonde volwassene te visualiseren. In het tweede deel wordt beschreven hoe de cliënte kan leren de beelden tijdens de IR zelf te herschrijven vanuit een gezond, volwassen perspectief.

Aan het eind van het hoofdstuk heb je als therapeut een goede indruk van de werkwijze en beschik je over een theoretische basis die je, ondersteund door supervisie en/of intervisie, in staat stelt cliënten te begeleiden bij het zelf herschrijven van beelden.

4.2 Wanneer ga je over tot deze fase van de behandeling waarin de cliënte zelf herschrijft?

Voordat we ingaan op het 'hoe' moeten we eerst stilstaan bij de vraag wannéér we overgaan tot deze nieuwe fase waarin de cliënte zelf herschrijft. Die beslissing zal sterk bepaald worden door de pathologie die behandeld wordt en het therapieplan dat daarvoor gekozen is. Als IR gebruikt wordt als opzichzelfstaande behandeling voor PTSS, dan heb je in het therapieplan al een keuze gemaakt voor het totale aantal sessies, bijvoorbeeld twaalf wekelijkse afspraken van negentig minuten. Het doel is dan dat je cliënte aan het eind van die twaalf sessies in staat is om de traumatische herinneringen zelfstandig te herschrijven en de helende werking hiervan heeft ervaren, waardoor haar klachten verminderd zijn. In dat geval is het noodzakelijk tijdig over te stappen naar de fase waarin je de cliënte de rescripting zelf laat doen, bijvoorbeeld na de zesde sessie.

Er zal een ander therapieplan met bijbehorend tijdpad zijn opgesteld wanneer de behandeling zich richt op ernstige persoonlijkheidsproblematiek. In dat geval heb je waarschijnlijk besloten tot een langdurig traject van bijvoorbeeld twee jaar. Ook in dat geval zal de behandeling zo gestructureerd en gefaseerd dienen te worden dat je cliënte aan het eind van die twee jaar in staat is om zelfstandig beelden te herschrijven. In een dergelijk langdurig behandeltraject is het echter moeilijker om de structuur en de fasering te bewaken en kun je dan ook het best vooraf vaste evaluatiemomenten inbouwen, bijvoorbeeld na een half jaar en een jaar. De daadwerkelijke overgang naar de nieuwe fase, waarin de cliënte zelf het voortouw neemt in de rescripting, blijft dan echter vaak een geleidelijk proces van uitproberen. Zo heb je bijvoorbeeld al enkele maanden goed kunnen werken met de techniek en merk je dat je cliënte de rescripting steeds beter leert kennen en er steeds duidelijker van profiteert. Je kunt dan proberen of de cliënte in staat is als gezonde volwassene in het beeld erbij te komen en te herhalen wat jij zojuist tegen de antagonist hebt gezegd. In de praktijk is dit voor veel cliënten een leerproces met een wisselend verloop; soms lukt het een tijdje steeds beter, waarna ze toch weer jouw actieve ondersteuning nodig hebben omdat ze een zware periode doormaken. We bespreken in dit boek deze fasen als onderscheidende, opeenvolgende stappen in het therapieproces, maar in de praktijk zal het vaak een geleidelijk proces zijn, waarin je steeds meer een coachende rol aan de zijlijn aanneemt. Supervisie, intervisie en duidelijke, vooraf bepaalde, evaluatiemomenten zijn van groot belang om de koers van het therapieplan te bewaken.

4.3 Visualiseren van de gezonde volwassene

Om zelf betekenisvolle beelden te kunnen herschrijven, dienen cliënten zichzelf als een gezonde volwassene in het beeld te kunnen plaatsen, iemand die krachtig genoeg is om soms traumatische beelden te herschrijven. In een klachtgerichte behandeling van voor de rest gezonde cliënten is voor dit visualiseren van een gezonde volwassene niet zoveel uitleg en aandacht nodig en kunnen cliënten zichzelf doorgaans zonder al te veel moeite als gezonde volwassene in het beeld erbij plaatsen. In de behandeling van persoonlijkheidsstoornissen is dat vaak anders: het leven van deze cliënten is getekend door een belastende voorgeschiedenis, negatieve zelfevaluaties, emotionele pijn en pogingen om die pijn zo min mogelijk te voelen. Er is weinig tot geen gelegenheid geweest om een gezond zelfbeeld te ontwikkelen, en in plaats daarvan is alle energie gaan zitten in het overleven van moeilijke omstandigheden. Deze overlevingsmechanismen waren in die omstandigheden functioneel, maar zorgen in hun huidige leven voor aanhoudende problemen. Om te leren zichzelf te visualiseren als gezonde volwassene hebben cliënten dan uitleg, oefening en aandacht nodig. Met het onderstaande stappenplan kun je deze fase van de behandeling vormgeven.

> **Stappenplan voor het leren visualiseren van de gezonde volwassene**
> Stap 1 Leg uit waarom cliënte gezonde volwassene moet leren visualiseren
> Stap 2 Geef een persoonlijk voorbeeld van jouw gezonde volwassene
> Stap 3 Focus op specifieke aspecten van deze herinnering
> Stap 4 Vraag cliënte haar gezonde volwassene te visualiseren
> Stap 5 Nabespreking en huiswerk

4.3.1 Stap 1 Leg uit waarom cliënte gezonde volwassene moet leren visualiseren

Deze nieuwe fase heeft enige uitleg en het geven van een kader nodig, waardoor je cliënte weet wat de doelstellingen en de werkwijze in deze fase van de therapie zijn. Je kunt beginnen met uit te leggen dat het doel van de therapie is om de gezonde kant van de cliënte te versterken, zodat zij niet langer hoeft terug te vallen op oude overlevingsmechanismen. Tot dusver zijn er in de behandeling al nieuwe, gezonde ervaringen opgedaan door de beelden uit het verleden te herschrijven. Je wilt nu dat de cliënte zelf leert herschrijven. Daarvoor is het noodzakelijk dat je cliënte een beeld kan oproepen van haar gezonde volwassene. Door de gezonde volwassene te visualiseren heeft de cliënte de kracht en zelfverzekerdheid om de emotioneel beladen beelden uit het verleden te veranderen.

> **Stap 1 Leg uit waarom cliënte gezonde volwassene moet leren visualiseren – Nicky**
>
> Therapeut: Oké, we hebben al een heleboel werk verricht in de therapie. En wat je misschien wel hebt opgemerkt is dat ik het heel vaak heb gehad over jouw gezonde kant. We hebben als doel van deze therapie gesteld dat we jouw gezonde kant sterker maken. Misschien kunnen we het er vandaag eens over hebben wat daar precies mee bedoeld wordt, met die gezonde kant van jou. Is dat oké?
> Nicky: Ja.
> T: Ik wil namelijk dat gezonde deel van jou sterker maken. Het is er al wel, het feit dat je naar therapie gekomen bent, en dat je ook in therapie gebléven bent, ondanks de moeite die je dat soms kostte, laat zien dat jij die gezonde kant hebt.
> Wanneer je geconfronteerd wordt met moeilijke situaties heb je die gezonde volwassene nodig. Dat deel van jezelf kun je activeren door terug te denken aan situaties uit het verleden waarin je die gezonde volwassene was. Door jezelf te zien als gezonde volwassene in lastige situaties breng je jezelf in contact met die kant van jezelf, en word je steeds meer een gezonde volwassene.

> **Wat nou als …**
> — de cliënte zegt nog niet toe te zijn aan deze nieuwe fase?
> Sommige cliënten voelen zich zo onzeker dat ze geneigd zijn te denken dat ze deze nieuwe fase van therapie niet aankunnen. Op de eerste plaats is het belangrijk te weten hoe we deze weerstand kunnen begrijpen: voelt de cliënte zich daadwerkelijk nog te kwetsbaar en onzeker om die volgende fase in te gaan, of is er sprake van vermijding om zelfstandig dingen te doen, die past binnen de pathologie van de cliënte? In beide gevallen is het echter niet vanzelfsprekend om het behandelplan aan te passen wanneer je cliënte aarzelingen heeft met betrekking tot de nieuwe fase. Een deel van de effectiviteit van de methode zit in het doelgericht werken. Probeer zeker de emoties van je cliënte verdraaglijk te houden, maar probeer die emoties niet te vermijden.

4.3.2 Stap 2 Geef een persoonlijk voorbeeld van jouw gezonde volwassene

Een manier om je cliënte te leren haar gezonde volwassene te visualiseren is door te vertellen hoe jij dat zelf doet. Door deze persoonlijke benadering geef je een belangrijke boodschap af dat een gezonde volwassene als jij ook worstelt en uitgedaagd wordt in het leven. In deze fase van de therapie oefent je cliënte onder jouw begeleiding met het gezond hanteren van die heftige gevoelens. De doelstellingen van de therapie worden reëler door te vertellen over je eigen worstelingen.

> **Stap 2 Geef een persoonlijk voorbeeld van jouw gezonde volwassene – Nicky**
>
> T: Als ik bijvoorbeeld tegen een lastige situatie aankijk, en ik moet me daarop voorbereiden, dan sluit ik soms letterlijk mijn ogen om even terug te denken aan een situatie waarin ik die gezonde volwassene was. En dat helpt me dan om dat gevoel

4.3 · Visualiseren van de gezonde volwassene

te krijgen, me sterker te voelen, om die gezonde volwassene daadwerkelijk te zijn en daarmee de moeilijkheden beter onder ogen te kunnen zien. Als ik dat nu zou moeten doen, dan zou ik waarschijnlijk terugdenken aan een situatie die zich een paar weken geleden voordeed. Je weet dat ik kinderen heb. Mijn dochter is nu twaalf en zit op de middelbare school. Ze moest een project afmaken, wat ze lastig vond, dus ze heeft dat project wat lopen uitstellen. En de situatie waar ik nu aan moet denken is de dag dat ze daadwerkelijk het project moest inleveren terwijl het nog niet af was. Ze was ontzettend gestrest, nerveus en boos op zichzelf en op school. Maar ze was ook verdrietig, want ze voelde zich op dat moment heel kwetsbaar. Kun je je een beetje voorstellen hoe dat moet hebben gevoeld voor een twaalfjarige?

N: … Ja …

T: Dus ik zag haar, op het moment dat ze in tranen uitbarstte … en natuurlijk voelde ik op dat moment heel veel liefde en de drang om haar te helpen; mijn vaderhart opende zich en wilde haar omarmen. En dat deed ik ook, want ze had die steun nodig. Maar ik dacht niet alléén aan haar troosten. Een deel van mij besefte dat de realiteit is dat dit háár leven is, dat dit háár worsteling is, waar zíj haar weg in moet vinden. Ik kan haar helpen die weg te vinden, maar ik kan hem niet voor haar gaan. Dat zou ik hebben gedaan toen ze een klein meisje was. Ze is nu echter ouder, en ze moet zelf leren hoe ze met dit soort situaties moet omgaan. Denken maar ook praten over dat gegeven, maakt dat ik me meer in balans voel. Ik merk dat een deel van mij haar wil troosten, maar door te praten over het feit dat zij moet leren haar eigen weg te vinden, voel ik me kalmer, sterker op een bepaalde manier. Ik sta voor haar open, maar ik besef ook dat je niet alles kunt doen voor iemand …

N: Ja …

T: En het is een goed gevoel, ik voel me kalm en sterk. En ik realiseer me dat dit mijn gezonde kant is. Door te denken aan die situatie kijk ik ook naar een vader die ik graag vaker wil zijn; ik kijk daarin naar mijn gezonde volwassene. Je kunt zo'n herinnering zien als een toegangspoort; denken aan die situatie is als het ware de poort openzetten naar die gezonde volwassene.

> **Wat nou als …**
> — jij liever geen persoonlijke informatie deelt met je cliënte?
> Op de eerste plaats moet je alleen delen wat jij wílt delen; niemand kan of moet je vragen dingen te doen die jij niet wilt. Ga dus na wat jouw behoeften en eigen grenzen zijn. Dat gezegd hebbende is het ook belangrijk om je te realiseren dat we ons soms reflexmatig afsluiten bij cliënten die zich enigszins arrogant of agressief gedragen. Dat is een natuurlijke reflex, maar die hebben al vele mensen voor jou gehad bij deze cliënten. Zij moeten misschien juist leren dat kwetsbaarheid niet hetzelfde is als zwak of weerloos zijn. Door te laten zien dat jij ook je worstelingen en kwetsbaarheden hebt, maar dat je toch nog steeds een gezonde, sterke volwassene bent, bied je deze cliënten een correctieve emotionele ervaring, waardoor zij zelf leren meer kwetsbaarheden en gevoelens te tonen.

4.3.3 Stap 3 Focus op specifieke aspecten van deze herinnering

Een visueel beeld hebben van het gezonde, volwassen deel van de cliënte is voor haar een belangrijke stap om zelf IR te leren doen. Tijdens de rescripting zullen je cliënten echter blootgesteld worden aan emotionele herinneringen die er gemakkelijk toe kunnen leiden dat ze oude pijn voelen en terugglijden in de overlevingsmechanismen die ze daarvoor gebruiken. Enkel een visueel beeld zal dan mogelijk niet voldoende zijn om hun kracht vast te houden. Tijdens de visualisatie van de gezonde volwassene vraag je dan ook naar alle verschillende aspecten van deze gemoedstoestand. Vraag bijvoorbeeld waar ze het positieve gevoel in hun lichaam ervaren, of ze een houding kunnen aannemen die past bij dat gevoel, of ze een 'motto' in gedachten kunnen nemen dat deze positieve beleving illustreert. Het expliciete bewustzijn van de emotionele, cognitieve, fysiologische en houdingsaspecten kan de gezonde volwassene versterken, wat bij emotioneel beladen herinneringen helpt om contact te maken en te behouden met de gezonde, volwassen kant.

> **Stap 3 Focus op specifieke aspecten van deze herinnering – Nicky**
>
> *De therapeut heeft zojuist verteld over een herinnering waarin hij zelf een gezonde volwassene was.*
> T: Als ik nu stilsta bij wat ik ervaar als ik die gezonde volwassene ben, dan merk ik dat ik dat kalme gevoel in heel mijn lijf voel, maar vooral in mijn buik … En ik merk dat ik wat rechterop ga zitten, met mijn schouders recht. Dat is anders wanneer ik in mijn oude 'zorg-rol' verval, dan leun ik wat meer naar voren; ik weet niet of ik dat ook echt doe, maar zo voelt het ín mezelf. En als ik rechtop zit, voel ik me meer in balans, meer in contact met mijn dochter én de realiteit. En het woord 'realiteit' helpt ook, alleen dat woord al maakt dat ik meer in balans raak, meer die gezonde volwassene ben. 'De realiteit is …' ja, ik voel dat dat helpt …

❯ Wat nou als …
– je cliënte geen specifieke belevingsaspecten kan benoemen?
Sommige cliënten hebben niet geleerd zich bewust te zijn van hun gevoelens en zijn doorgaans zo hard bezig om niet te voelen dat ze daardoor niet goed in staat zijn woorden te geven aan belevingen. Zij vinden open vragen 'Wat voel je?', 'Waar voel je dat in je lichaam?' dan ook moeilijk te beantwoorden. Je kunt je cliënte helpen zich meer bewust te worden van de verschillende aspecten van de gezonde volwassene door gedrag, houding en emoties te spiegelen: 'Ik zie dat je wat rechterop gaat zitten nu we het hebben over deze situatie, merk je dat ook?', 'Het valt me op dat je licht glimlacht als je vertelt over je keuze terug te gaan naar je oude woonplaats, je voelt je op dit moment duidelijk minder verdrietig dan daarnet, merk je dat ook?'

4.3.4 Stap 4 Vraag cliënte haar gezonde volwassene te visualiseren

Vraag je cliënte vervolgens om een beeld op te roepen van haar eigen gezonde volwassene. Je vraagt daarbij uitdrukkelijk niet naar beelden waarin de cliënte zich alleen maar sterk of goed voelt, want dan bestaat het risico dat er herinneringen worden

4.3 · Visualiseren van de gezonde volwassene

gevisualiseerd van overcompensatie of vermijding. Een gezonde, volwassen gemoedstoestand betekent dat je nog wel in contact staat met al je onzekerheden, twijfels en irritaties, en dat je deze niet vermijdt of overcompenseert. Gezond betekent dat die gevoelens je niet overheersen, maar dat je in staat bent deze gevoelens op een goede manier te hanteren. In de instructie voor je cliënte vraag je dan ook naar de herinneringen waarin je cliënte het moeilijk had, maar waar ze toch met een zekere trots op terugkijkt, omdat ze de situatie en alles wat ze erbij ervaren heeft, goed heeft weten te hanteren. Je vraagt de cliënte vervolgens zich bewust te worden van alle aspecten van die gezonde volwassene.

Stap 4 Vraag cliënte haar gezonde volwassene te visualiseren – Nicky

De therapeut heeft zojuist verteld over een herinnering aan zijn eigen gezonde volwassene en alle kenmerken van die gemoedstoestand.
T: Nou wil ik dat jij ook een beeld hebt van jouw gezonde volwassene. Dus vandaag wil ik daaraan werken, is dat oké?
N: Ja ...
T: Ik wil graag dat je je ogen even sluit ... haal maar even diep adem ... oké, dus laat maar een herinnering opkomen aan jouw gezonde volwassene. Dat zijn vaak herinneringen van een situatie die lastig was, maar die je toch goed hebt gehanteerd ... Waar je met een zekere trots op terug kunt kijken ... Welke herinnering komt er bij jou op?
N: ... Ehm ... ik denk, toen ik mijn baan kreeg vorig jaar ...
T: Dat klinkt als een goede herinnering. Wat zie je nu?
N: Ik moest op sollicitatiegesprek komen, alleen ik en de man die over die baan ging. En ik ging dus naar zijn kantoor.
T: Dus je zit nu in zijn kantoor, en wat zie je nu?
N: Ik zit aan de andere kant van een groot bureau, en hij stelt me allerlei vragen ...
T: Wees maar in dat kantoor, met al die vragen, hoe voel je je?
N: ... Euh, ik voel me echt heel nerveus, angstig, alsof ik zo snel mogelijk weg wil,
T: En waar voel je die angst?
N: Ik kan nauwelijks ademen, voel me misselijk, wil het niet verkeerd doen.
T: Realiseer je dat dit je kwetsbare kant is, dit is kleine Nicky die zich weer angstig voelt. Maar nu wil ik dat je je aandacht richt op hoe je hiermee omgaat, hoe je deze angst hanteert.
N: Ik denk echt van 'Nee, ik ga dit doen! Ik weet dat ik dit kan!'
T: En hoe voel je je nu?
N: Sterker, denk ik ...?
T: Focus maar op dat sterke gevoel, waar zit dat in je lijf?
N: (wijst haar buik aan) Hier denk ik ...
T: Wees maar die sterke Nicky ... en misschien kun je een houding zoeken die daarbij past. Ga maar zitten zoals het past bij dit sterke gevoel.
(Nicky gaat rechterop zitten)
T: En wat gebeurt er nu?
N: Ik zie dat hij glimlacht, en ik voel nu echt: 'Ik kan dit!'
T: En hoe voelt dat?
N: Goed, sterk ...

T: En welke woorden passen bij dat gevoel?
N: 'Ik kan dit.'
T: Zeg die woorden nog eens?
N: 'Ik kan dit!!'
T: Misschien kun je nu een beetje afstand nemen tot die zelfverzekerde Nicky, zodat je naar haar kunt kijken. Hoe ziet ze eruit?
N: Ze kijkt blij, met een blik van 'Ik kan dit'. Ze weet wat ze doet. Ontspannen, blij.
T: Maak maar een mentale foto van haar; dit is jouw gezonde volwassene, jouw kapitein op het schip. Kijk maar naar haar, zo ziet ze eruit ... Houd dat gevoel vast, en word je maar wat meer bewust van de kamer, hier bij mij ... En beweeg je handen en je voeten maar even zodat je weer contact maakt met je lijf ... En wanneer het goed voelt, dan open je je ogen ...

> **Wat nou als ...**
> — je cliënte zegt geen herinnering te hebben aan een gezonde volwassene?
> Het komt maar zelden voor dat cliënten geen herinnering hebben aan een gezonde volwassene, maar bij ernstige persoonlijkheidsproblematiek soms wel. Het is ook voor jou als therapeut soms moeilijk voorstelbaar dat een ernstig getraumatiseerde cliënte gezonde ervaringen heeft opgedaan in diens levensgeschiedenis. De ervaring leert echter dat vrijwel iedere cliënte toch dergelijke ervaringen heeft opgedaan. Ze hebben daar alleen moeilijk toegang toe vanwege sterk geïnternaliseerde negatieve zelfevaluaties. Zelfs ernstig getraumatiseerde borderlinepatiënten bleken in het verleden gezonde keuzen te hebben gemaakt: een destructieve relatie verbreken, een studie weer oppakken of in therapie te gaan. Dit zijn enkele voorbeelden van ervaringen waarin een gezond volwassen deel van de cliënte aanwezig was en de leiding nam.

4.3.5 Stap 5 Nabespreking en huiswerk

Nu je cliënte een beeld heeft van haar gezonde volwassene is het huiswerk voor de komende periode om dat beeld regelmatig te visualiseren. Door dit regelmatig te oefenen in situaties waarin er nog niet zoveel emotionele arousal is, leert je cliënte steeds beter te schakelen naar dit gezonde deel van haar. Deze oefening is bij sommige cliënten hard nodig om hen te leren contact te maken met hun gezonde volwassene als er beelden opkomen van traumatische gebeurtenissen uit het verleden. Het is vergelijkbaar met leren zwemmen in ondiep, rustig water voordat je de zee inspringt. Het doel mag dan wel zijn om in zee te zwemmen, maar daar is wel enige voorbereidende oefening voor nodig.

Stap 5 Nabespreking en huiswerk – Nicky

T: Welkom terug, Nicky. Hoe voel je je nu?
N: Ehm ... goed, ontspannen.
T: Is dat nog een deel van de Grote, Volwassen Nicky die je voelt?
N: Ja, ik denk het.

> T: Dat klinkt heel erg goed, joh! Wat ik zo mooi vind, is dat Grote Nicky weet wat ze waard is. Dat is precies wat Kleine Nicky heeft moeten missen: waardering, vertrouwen. Ik wil je vragen om de komende week te oefenen met het oproepen van het beeld van Grote Nicky. Zullen we dat beeld van Grote Nicky, met al haar kenmerken, eens beschrijven, zodat je dat beeld op die manier vaker terug kunt halen? Of misschien moeten we die omschrijving inspreken op je mobieltje, zodat je er komende week nog eens naar kunt luisteren. Of misschien vind je het prettig om een symbool, een voorwerp te kiezen dat je kan helpen om dat beeld in gedachten terug te halen. Belangrijk is in ieder geval dat je regelmatig oefent met jezelf in die modus krijgen, met leren over te schakelen naar Grote Nicky als jíj dat wilt.

4.4 Imaginaire rescripting aan het eind van de therapie: de cliënte herschrijft

Nu je cliënte een beeld heeft van haar gezonde volwassene kun je haar coachen in het zelf herschrijven van betekenisvolle beelden. Het verdient daarbij aanbeveling om het volgende stappenplan te volgen. In de volgende paragrafen zullen deze stappen verder worden toegelicht.

> **Stappenplan imaginaire rescripting – cliënte herschrijft**
>
> Stap 1 Introductie
> Stap 2 Visualiseren van gezonde volwassene in plaats van veilige plek
> Stap 3 Visualiseren van traumatische gebeurtenis vanuit perspectief kind/slachtoffer
> Stap 4 Rescripting van dit traumatische beeld vanuit perspectief gezonde volwassene
> Stap 5 Herhaling van deze rescripting, maar nu vanuit perspectief kind/slachtoffer
> Stap 6 Nabespreking

4.4.1 Stap 1 Introductie

Het herschrijven van beelden door de cliënte zelf betekent een nieuwe fase in de behandeling, die begonnen is met rescripting door de therapeut. Het is daarom raadzaam om heel expliciet te zijn in de uitleg dat je cliënte nu zelf in het beeld gaat stappen en het verloop van de gebeurtenissen gaat veranderen: 'Het doel van de therapie is dat jij, vanuit je gezonde volwassene, contact kunt blijven houden met je basisbehoeften, kunt luisteren naar wat je nodig hebt. Om daarnaartoe te werken wil ik samen met je oefenen dat jij herinneringen of beelden uit je verleden bewerkt.'

4.4.2 Stap 2 Visualiseren van gezonde volwassene in plaats van veilige plek

Tot dusver is de IR steeds begonnen met het visualiseren van een veilige plek. Dit wordt deels gedaan om daarmee het visualiseren 'op te warmen', maar deels ook als extra emotie-regulerend middel; als je cliënte te gespannen raakt tijdens de oefening kun je altijd terugkeren naar de veilige plek om daarmee de spanning wat te verminderen. In de nu volgende fase van de behandeling zal je cliënte moeten leren om in emotionele beelden zijn of haar gezonde volwassene te activeren voor de rescripting. Door de oefening nu te beginnen met het visualiseren van die gezonde volwassene zet je deze al 'in de grondverf'; geheugenbestanden rondom de gezonde volwassene zijn reeds geactiveerd, waardoor het later in de oefening minder moeilijk zal zijn deze opnieuw te activeren.

> **Stap 2 Visualiseren van gezonde volwassene in plaats van veilige plek – Nicky**
>
> T: Oké, sluit nu maar je ogen … ik wil dat je het beeld oproept van dat krachtige, gezonde deel van jezelf … die kant van jou waar we een paar sessies geleden over gesproken hebben; jij in het sollicitatiegesprek? Wat zie je nu?
> N: Ehm … Ik zie er echt heel gelukkig uit. Ik zie eruit alsof ik weet wat ik doe.
> T: Oké, probeer nu die gezonde volwassene te zíjn … Wat gebeurt er om je heen?
> N: Ehm … de man van het bedrijf zegt: 'Je hebt de baan. Het zal goed zijn om met je samen te werken.' En ik voel me echt heel sterk en zelfverzekerd, een gevoel van: 'Ik kan dit!'
> T: En kun je dat ook voelen in je lijf?
> N: Ja.
> T: En waar voel je dat dan in je lijf?
> N: Het is echt … (zwaait met haar handen voor haar borst) … overal eigenlijk.
> T: Realiseer je dat dit je gezonde volwassene is, oké? Krachtig, zelfverzekerd, 'Ik kan dit!' En nu wil ik dat je dit beeld laat vervagen …

4.4.3 Stap 3 Visualiseren van traumatische gebeurtenis vanuit perspectief kind/slachtoffer

De IR in deze fase begint eigenlijk op dezelfde manier zoals tot nog toe: je vraagt je cliënte een beeld op te laten komen van een betekenisvolle situatie in het verleden en zich in te leven alsof zij daar weer is. Je helpt je cliënte door helder te zijn in je instructies: 'Wéés nu maar weer dat meisje van twaalf. En kijk maar als dat meisje van twaalf om je heen, wat zie je nu allemaal?' Je laat je cliënte zich inleven in het perspectief van het kind, of, wanneer de betekenisvolle ervaring later in het leven heeft plaatsgevonden, in haar beleving tijdens die gebeurtenis. Vanuit dat perspectief exploreer je de ervaring en vraagt naar zintuiglijke informatie: 'Wat gebeurt er?', 'Wat zie/ruik/hoor je?' Net als bij eerdere sessies van IR laat je het beeld stilzetten op het moment dat er ingegrepen moet worden. In het begin heb je hier als therapeut nog een leidende rol in, maar na verloop van tijd dient je cliënte zelf steeds beter te leren wanneer het wenselijk is om het beeld stil te zetten.

> **Stap 3 Visualiseren van betekenisvolle gebeurtenis vanuit perspectief kind/slachtoffer – Nicky**
>
> *Zojuist heeft Nicky het beeld van haar gezonde volwassene geactiveerd. Nu wordt een betekenisvolle herinnering uit haar verleden gevisualiseerd die zij vanuit haar gezonde volwassene kan herschrijven.*

> T: Kun je nu dat beeld oproepen van die situatie waarin je alleen op je kamer zit, heel bang voor je vader, voor wat hij kan doen, voor de straf nadat je net limonade hebt gemorst in de auto, oké …?
> (Nicky knikt)
> T: Bouw het beeld maar op, wat zie je?
> N: Dat ik op mijn bed zit, heel klein, kijkend naar mijn slaapkamerdeur, wachtend tot die opengaat …
> T: En hoe voel je je?
> N: Heel bang, misselijk en verdrietig.
> T: En wat gaat er door je heen?
> N: Dat ik weer wat verkeerds heb gedaan. Dat papa dadelijk binnenkomt en dan in woede uitbarst …
> T: Oké, spoel het beeld maar een beetje door, tot het punt dat de deur opengaat, en je vader is daar … Wat zie je nu?
> N: Hij staat daar maar, hij is heel boos, en rood, en schreeuwt.
> T: En wat zegt hij?
> N: 'Ik kan het niet geloven dat je weer zoiets stoms hebt gedaan! Jij doet ook altijd alles verkeerd! Het is ook altijd jouw schuld!'
> T: Oké, en de toon van zijn stem?
> N: Heel streng en vol walging … boos op mij …
> T: Oké, ik wil dat je het beeld nu even op pauze zet.

Bij eerdere sessies met IR ben je als therapeut in het beeld gestapt. In deze fase wordt de volgende stap echter dat je cliënte haar gezonde volwassene visualiseert in dit beeld, om vanuit die gezonde volwassene het beeld of het verloop van de gebeurtenis te herschrijven.

4.4.4 Stap 4 Rescripting van dit traumatische beeld vanuit perspectief gezonde volwassene

Je vraagt je cliënte nu haar gezonde volwassene in het beeld te visualiseren. Zeker de eerste keren is het nodig om je cliënte te helpen alle kenmerken van de gezonde volwassene in herinnering te roepen die je cliënte aan het begin van de oefening heeft beschreven. Je cliënte moet van perspectief wisselen; van het perspectief van kind moet ze nu overgaan tot het perspectief van de gezonde volwassene. Je helpt je cliënte op verschillende manieren om deze switch te maken. Op de eerste plaats ben je helder in je instructie: 'Nu wil ik dat je die gezonde volwassene bént … Wéés nu maar die grote (naam cliënte) … Dus je staat hier, en je ziet dat dat kleine meisje daar zit en bang is, met een vader die haar heel boos aankijkt. Wat vind jij daarvan?' Je begeleidt deze perspectiefwisseling ook door een verandering in je stem: tot dusver heb je haar aangesproken tijdens de voorstelling van de situatie in het perspectief van het kind en de beleving daarvan heb je geïntensifieerd door je daadwerkelijk te richten tot een kind, met de toon van spreken die daarbij hoort. Nu wil je echter dat je cliënte een gezonde volwassene is, en daar hoort een andere manier van aanspreken bij: volwassener, steviger.

Vervolgens coach je haar bij de rescripting van de gebeurtenis. In deze fase wordt het steeds belangrijker dat je cliënte zelf leert te voelen wat ze wil en daarnaar te handelen. Jouw rol als therapeut verandert in deze fase van voordoen tot coachen. In plaats te zeggen wat ze moet doen, vraag je meer naar haar gevoelens en behoeften, en moedig je haar aan die behoeften te vervullen. Je zult dus steeds meer open vragen stellen, zoals: 'Wat vind je daarvan? Wat wil je zeggen/doen?' Coachen betekent ook aanmoedigen en het laten herhalen van die stukken van de rescripting die betekenisvol voor je cliënte lijken te zijn. Door haar behoeften hardop uit te spreken en dat ook nog te herhalen, wordt je cliënte steeds meer 'eigenaar' van wat ze zegt.

Je streeft twee doelen na met het coachen van de gezonde volwassene. Op de eerste plaats versterk je het gevoel van zelfvertrouwen en competentie van de cliënte door haar als gezonde volwassene de antagonist te laten bestrijden. Anderzijds vraag je de gezonde volwassene zich in te leven en het kind te troosten, waarmee je de cliënte leert met meer mildheid naar zichzelf te kijken. Bij cliënten die moeite hebben om die compassie te voelen of die zich nog niet competent of sterk genoeg voelen om een antagonist te bestrijden, kan het raadzaam zijn om eerst een tijdje te oefenen met compassie voor zichzelf, zonder antagonist in beeld. Op het moment dat de antagonist weggestuurd is en het kind is getroost, stop je het beeld en ga je over naar de volgende stap van de oefening.

> **Stap 4 Rescripting van dit traumatische beeld vanuit perspectief gezonde volwassene – Nicky**
>
> *Zojuist is het beeld gevisualiseerd waarin vader boos de kamer binnenkomt van kleine Nicky, die daar bang wacht op de straf die ze van hem verwacht.*
> T: Ik wil dat je het beeld nu op pauze zet. En haal nu je gezonde volwassene erbij, de Nicky waar we net over spraken. Dus daar zit Kleine Nicky, daar staat je vader, en daar ben jij, oké? Kun je jezelf er zo bij plaatsen?
> N: Ja.
> T: Waar zie je jezelf dan nu?
> N: Ik sta recht tegenover hem.
> T: Dus je staat tegenover hem, tussen Kleine Nicky en je vader?
> N: Ja, ze kan hem nog wel zien.
> T: Oké, dan wil ik dat je die Grote Nicky bént. Wat vind je van wat hier allemaal gebeurt?
> N: Dat is gewoon heel slecht! Je mag niet zo schreeuwen tegen een kind!
> T: Heb je het gevoel dat je het zo wel aankunt, of wil je jezelf graag nog wat groter maken?
> N: Ja, een beetje groter ...
> T: Stel je maar voor dat je boven hem uittorent ... heb je nog iets anders nodig?
> N: Nee, alleen dat ik groter ben.
> T: Dus je staat daar, en je kijkt op hem neer, bij de deur, wat wil je tegen hem zeggen?
> N: 'Je moet daarmee stoppen! Je mag niet zo tegen haar schreeuwen, ze is gewoon een klein meisje, en je maakt haar heel bang en heel verdrietig, en dat is heel slecht van je, en dat mag je niet doen!'
> T: (zacht) 'Ik sta niet toe dat ...'
> N: Ik sta niet toe dat je zo tegen haar doet!
> T: (zacht) Goed.

N: Nooit meer!
T: Goed, goed zo! Hoe voel je je?
N: Ehm, goed … 'Je moet nu gaan! Je moet weg van hier en nooit meer terugkomen!'
T: Goed!
N: 'Laat haar met rust! Laat haar met rust!!'
T: En hoe reageert hij?
N: Hij is weg!
T: Ja? Geweldig. Dus hij is weg uit het beeld.
N: Ja. (beiden grinniken)
T: En hoe voel jij je nu?
N: Goed!
T: En waar voel je dat in je lijf?
N: (cliënte wijst met krachtige beweging op haar borst)
T: Geweldig, joh. En wat gebeurt er nu met Kleine Nicky?
N: (grinnikt) Ze staat op haar bed …
T: Ja? En hoe voel je je over haar?
N: Ik wil haar gewoon een dikke knuffel geven …
T: Wil je dat doen?
N: Ja …
T: Oké, geef je haar die dikke knuffel nu?
N: Ja, en ze staat daar maar te springen.
T: Ja, staat ze op haar bed te springen? En wat zeg je nu tegen haar?
N: 'Je bent een superlief meisje, en je doet gewoon je best, en hij kan je nooit meer iets aandoen. Hij kan nooit meer zo tegen je schreeuwen.'
T: Goed! En hoe reageert zij?
N: Ze staat daar maar te knuffelen en te lachen, giechelen …
T: Ze geniet ervan dat er iemand voor haar is, die haar beschermt?
N: Ja …

> Wat nou als …
  — cliënte de rescripting nog niet zelfstandig kan?
    Hoewel je inmiddels meermalen hebt voorgedaan hoe je een beeld kunt herschrijven en er al veel geoefend is met het visualiseren van hun eigen gezonde volwassene, blijken sommige cliënten in de praktijk slecht in staat de rescripting zelf vorm te geven. Ze kunnen bijvoorbeeld geen antwoord geven op jouw vragen als 'Wat heb je nu nodig?' of 'Wat wil je zeggen?' Kennelijk zijn ze tijdens de visualisatie te veel overspoeld door emoties en daarmee teruggevallen in oude overlevingsmechanismen. Dit betekent nog niet dat je cliënte nog niet toe is aan deze nieuwe fase van de therapie. Je zult als therapeut in deze situatie wel actiever moeten zijn bij het coachen van de gezonde volwassene. Je kunt suggesties doen voor wat je cliënte zou kunnen zeggen of jezelf in het beeld erbij plaatsen zonder de rescripting meteen over te nemen. Als dit probleem zich vaker voordoet, kun je de oefeningen in het vervolg ook voorbereiden door vooraf een gezond script te formuleren dat je cliënte tijdens de oefening kan toepassen, met daarin de beschrijving van de behoeften van je cliënte en wat ze tegen de antagonist wil zeggen.

– cliënte geweld wil toepassen bij rescripting?
Soms word je als therapeut geconfronteerd met een cliënte die het beeld op een gewelddadige manier wil herschrijven. Er zijn aanwijzingen dat het gezond is om te fantaseren over wraak, omdat wraakfantasieën dan minder beangstigend worden en het uiten van de wraak in fantasie zelfs kan leiden tot een betere woederegulatie en een vermindering van de boosheid (Arntz et al. 2007). Bovendien lijken er op korte termijn geen nadelige effecten te zijn van het visualiseren van wraakfantasieën in een IR (Seebauer et al. 2013).
Hoe je hier het best mee om kunt gaan, hangt erg af van de relevante basisbehoeften van deze specifieke cliënte. De IR heeft als doel correctieve emotionele ervaringen te genereren. Voor een cliënte die nooit de kans heeft gehad om haar behoeften en gevoelens te uiten, is het visualiseren van een gewelddadige rescripting mogelijk de correctieve emotionele ervaring die zij nodig had: eindelijk heeft ze de kans om, op een veilige manier, uiting te geven aan alle opgekropte boosheid over het onrecht dat haar is aangedaan. Voor een cliënte die vaker agressief is en geweld gebruikt als probleemoplossende strategie, is deze gewelddadige rescripting echter geen correctieve emotionele ervaring maar eerder een voortzetting van dat gedragspatroon. Voor deze laatste cliënte is het meer van belang dat zij leert haar de woede te uiten op een gezonde, begrensde wijze, omdat deze cliënte behoefte heeft aan realistische grenzen. Als ze zegt de behoefte te voelen geweld te gebruiken, zou je kunnen reageren met: 'Ik vind het goed dat je voelt hoe boos je dit maakt en dat je iets wilt laten zien van je boosheid. Ik wil echter niet dat je die boosheid op een manier uit waardoor je niet gehoord wordt en er alleen maar grotere problemen aan overhoudt. Geweld is al te lang aanwezig geweest in jouw leven; ik wil dat dat nu verandert. Laat die boosheid dus zien, maar doe het met woorden: vertel over je boosheid zodat je ook echt gehoord wordt.'

4.4.5 Stap 5 Herhaling van deze rescripting, maar nu vanuit perspectief kind/slachtoffer

Je cliënte heeft nu het beeld kunnen herschrijven vanuit het perspectief van een gezonde volwassene. Vanuit dat perspectief heeft ze recht kunnen doen, haar boosheid uit kunnen spreken, de antagonist weg kunnen sturen of welke interventie dan ook die nodig was voor het valideren van haar basisbehoeften. Nu vraag je je cliënte het beeld terug te spoelen tot het punt dat de gezonde volwassene in het beeld stapt en de rescripting nogmaals te visualiseren, maar nu vanuit het perspectief van het kind/slachtoffer. Er zijn twee redenen voor deze herhaling van de rescripting vanuit het kind-perspectief. Op de eerste plaats is de herhaling van de rescripting goed voor het internaliseren van gezonde ervaringen: je cliënte heeft voor de tweede keer een gezonde ervaring, die daardoor nog beter herinnerd zal worden. Daarnaast zal de herhaalde rescripting vanuit een ander perspectief raken aan andere basisbehoeften; het rescripten vanuit het perspectief van de gezonde volwassene zal een gevoel van kracht en zelfvertrouwen versterken, 'Ik kan iets doen!' De rescripting ervaren vanuit het perspectief van het kind/slachtoffer raakt aan behoeften om gezien te worden, ertoe te doen: 'Iemand komt voor me op. Er wordt voor me gezorgd!'

Technisch gezien is deze extra stap uitdagend en zeker in het begin wat lastig voor een therapeut. Voor cliënten betekent deze extra stap echter vaak dat ze een nog diepere, helende ervaring opdoen.

Je kunt je cliënte bij het wisselen van perspectief helpen door op de eerste plaats weer helder te zijn in je instructie: 'Nu wil ik dat je terugspoelt tot het punt dat je als gezonde volwassene in het beeld erbij komt. Maar nu wil ik dat je weer dat meisje van twaalf bent … dus je zit daar, met je boze vader tegenover je, maar nu is er ook de grote (naam cliënte) … zie je haar? Hoe is het voor jou dat zij er nu bij is?' Voor veel therapeuten voelt het onwennig en ongemakkelijk om 'gebiedende' instructies te geven, maar voor cliënten bieden die juist helderheid en structuur bij de emotionele ervaringen die ze ondergaan.

Een tweede manier om je cliënte te ondersteunen bij deze perspectiefwisseling is door wederom je stem en de toon van spreken aan te passen; als je wilt dat je cliënte zich inleeft in het kind-perspectief, dan helpt het als je haar als kind aanspreekt en niet meer als een gezonde volwassene.

Vervolgens vraag je om vanuit het perspectief van kind te vertellen hoe de rescripting verloopt.

> **Stap 5 Herhaling van deze rescripting, maar nu vanuit perspectief kind/slachtoffer – Nicky**
>
> *Nicky heeft zojuist als gezonde volwassene haar vader aangesproken en weggestuurd. Ze heeft daarna het kleine meisje vastgepakt en getroost.*
> T: En nu wil ik dat je het beeld terugspoelt … en ik wil dat je nu weer Kleine Nicky bent, op het punt dat Grote Nicky binnenkomt. Dus nu ben jij Kleine Nicky en je ziet die Grote Volwassene binnenkomen … (zachte stem) Hoe voel je je?
> N: (zacht) Ik hoop dat ze iets kan doen …
> T: (zacht) Ja? En wat gaat er door je heen?
> N: (zacht) Ik hoop dat ze papa kan stoppen …
> T: En wat gebeurt er nu?
> N: Ehm, ze staat tegen hem te schreeuwen, met haar vinger in zijn gezicht prikkend, want ze is groter dan hij!
> T: Wat zegt ze?
> N: Ze zegt: 'Je laat haar met rust! Je gaat hier weg, en je gaat nooit meer zo tegen haar schreeuwen want dat verdient ze niet. Ze is gewoon een lief klein meisje!'
> T: Goed zo, en hoe voelt dat voor jou om dat te horen?
> N: Het voelt echt heel fijn dat iemand zo voor me opkomt …
> T: En wat gebeurt er nu?
> N: Ze wijst hem gewoon de deur, en hij gaat weg …
> T: Heel goed … en hoe voel je je?
> N: (vrolijk) Giechelig … gelukkig … alsof ik op en neer wil springen …
> T: Wat vrolijker?
> N: Ja.
> T: Een gevoel van; iemand is er voor me?
> N: (lachend) 'Ik heb gewonnen!'
> T: En wat heb je nu nodig?
> N: Ik wil dat ze me een dikke knuffel geeft.
> T: Kun je dat tegen haar zeggen?
> N: 'Kun je me alsjeblieft een dikke knuffel geven, ik wil echt heel graag een knuffel.'

T: En hoe reageert zij?
N: Ze geeft me een echt dikke knuffel …
T: Oké, dus ze geeft je nu een dikke knuffel? En hoe voelt dat?
N: Geweldig …
T: En wat zegt ze tegen je?
N: Ze zegt: 'Je bent een heel lief meisje, en je doet gewoon je best, en er mag niet zo met je omgegaan worden.'
T: Goed zo …
N: 'En ik geef je knuffels als je knuffels nodig hebt!'
T: En hoe voelt dat?
N: Heel erg fijn, warm en zacht …
T: Een warm zacht gevoel?
N: Ja …

4.4.6 Stap 6 Nabespreking

De cliënte is vanuit een gezond, volwassen perspectief opgekomen voor haar behoeften en heeft vanuit het perspectief van het kind ervaren hoe het is als iemand voor je opkomt. Het is niet strikt noodzakelijk om eerst nog terug te keren naar de veilige plek voordat de oefening afgerond kan worden. Immers, in de oefening is je cliënte al rustiger geworden en zijn haar behoeften al gevalideerd. Vaak zal de tijd een belangrijke factor zijn om de oefening af te ronden zonder de veilige plek. Mocht die tijd er echter nog wel zijn, dan kan het rituele terugkeren naar de veilige plek een rustige manier zijn om de oefening af te sluiten.

Wanneer je cliënte de ogen geopend heeft, kan de nabespreking het best beginnen met even rustig laten bijkomen en dan vragen hoe je cliënte zich voelt. De nabespreking is een belangrijke fase, waarin de gegenereerde emotionele ervaringen nu cognitief begrepen en ingekaderd dienen te worden. Je wilt in deze fase dan ook dat de cliënte vanuit haar gezonde volwassen deel terugblikt op de oefening. Vraag cliënte op de eerste plaats dus om contact te maken met haar gezonde, volwassen deel, en begin dan de nabespreking. Er wordt in deze nabespreking stilgestaan bij vragen als 'Wat heb je geleerd?', maar ook worden de gezonde, helende ervaringen in detail nabesproken: 'Hoe voelde het om zo op te komen voor jezelf?', 'Waar voelde je dat? Kun je dat nog steeds een beetje voelen?' Door de expliciete en uitgebreide aandacht worden deze gezonde ervaringen beter geïnternaliseerd en in de toekomst beter herinnerd. Probeer ook samen met de cliënte te bespreken hoe ze deze ervaringen vast kan houden, en denk daarbij aan alle mogelijkheden die tot je beschikking staan: audio-flashcards, geschreven flashcards, het thuis herhalen van bepaalde onderdelen van de oefening, het afluisteren van (bepaalde delen van) de opname van de sessie et cetera.

4.5 Samenvatting

In dit hoofdstuk werd beschreven hoe je de cliënte kunt leren om zelf imaginaire rescripting te doen. Een eerste stap daartoe is dat je cliënte leert haar gezonde volwassene te visualiseren. Gezonde herinneringen uit het verleden kunnen daarbij dienen als toegangspoort. Deze herinneringen kunnen cliënten bewust maken van de verschillende aspecten van een dergelijke gezonde gemoedstoestand. In bijlage 4 'Richtlijn imaginatie van gezonde volwassene' vind je een samenvatting van de stappen die je zet in deze fase van de oefening. Wanneer je cliënte hiertoe in staat is, kun je haar coachen in de rescripting van betekenisvolle beelden. De hele oefening wordt voorafgegaan door het visualiseren van de gezonde volwassene in plaats van de veilige plek. De IR kent in dit stadium drie verschillende fasen: een fase waarin de cliënte het oorspronkelijke beeld visualiseert vanuit het perspectief van het kind/slachtoffer, een tweede fase waarin de cliënte het beeld herschrijft vanuit het perspectief van de gezonde volwassene, en een derde fase waarin de cliënte deze rescripting nogmaals ondergaat vanuit het perspectief van het kind/slachtoffer. Een samenvatting van deze stappen is terug te vinden in bijlage 5 'Richtlijn imaginaire rescripting – cliënte herschrijft'. In het volgende hoofdstuk wordt beschreven hoe de IR ook gericht kan worden op toekomstige triggersituaties.

Toekomstgerichte imaginaire rescripting om patronen te doorbreken

5.1 Inleiding – 90

5.2 Toekomstgerichte imaginaire rescripting: voorbereiding – 90
5.2.1 Zelfcompassie – 91
5.2.2 Cognitieve herstructurering – 93
5.2.3 Gedragsverandering – 95

5.3 Toekomstgerichte imaginaire rescripting om patronen te doorbreken: de praktijk – 97
5.3.1 Stap 1 Voorbespreking – 97
5.3.2 Stap 2 Visualiseren Gezonde Volwassene – 100
5.3.3 Stap 3 Visualiseren gevreesd rampscenario – 101
5.3.4 Stap 4 Contact maken met gezond, volwassen deel – 102
5.3.5 Stap 5 Coachen in zelfcompassie, cognitieve herstructurering, gedragsverandering – 103
5.3.6 Stap 6 Nabespreking en huiswerk – 106

5.4 Samenvatting – 107

© Bohn Stafleu van Loghum is een imprint van Springer Media B.V., onderdeel van Springer Nature 2020
R. van der Wijngaart, *Imaginaire rescripting*, https://doi.org/10.1007/978-90-368-2451-4_5

5.1 Inleiding

In dit hoofdstuk wordt beschreven hoe imaginaire rescripting (IR) kan worden gebruikt om toekomstgerichte beelden te genereren en te bewerken. Toekomstgerichte beelden lijken een rol te spelen bij diverse klachten en stoornissen. Zo vonden Morina en collega's (2011) dat patiënten met een angststoornis en patiënten met een depressieve stoornis meer intrusieve toekomstgerichte beelden met een negatieve inhoud hadden dan gezonde controle-proefpersonen. Ook blijkt dat depressieve patiënten in tijden van crisis suïcide-gerelateerde imaginaire beelden hebben (Holmes et al. 2007). Toekomstige gebeurtenissen lijken in een imaginatie te worden 'voor-beleefd', zoals herinneringen kunnen worden herbeleefd (Schacter et al. 2007, 2008). Tijdens deze toekomstgerichte imaginaties lijken dezelfde hersengebieden actief te zijn als tijdens het visualiseren van gebeurtenissen uit het verleden (Byrne et al. 2007; Schacter et al. 2007). Toekomstgerichte imaginaire beelden lijken bovendien mensen te kunnen motiveren. Zo bleken proefpersonen die vanuit een derdepersoonsperspectief visualiseerden dat ze zouden gaan stemmen bij de naderende verkiezingen dat ook vaker daadwerkelijk te doen, vergeleken met proefpersonen die de imaginatie deden vanuit het eerstepersoonsperspectief (Libby et al. 2007). Het bewerken van toekomstgerichte beelden met IR zou dus kunnen leiden tot betekenisvolle ervaringen, net zoals dat gebeurt bij het bewerken van herinneringen uit het verleden. Toekomstgerichte IR zou daarmee een effectieve manier kunnen zijn om cliënten zich te laten voorbereiden op toekomstige gebeurtenissen en hen alvast te laten oefenen met een gezonde manier van reageren.

5.2 Toekomstgerichte imaginaire rescripting: voorbereiding

Tot dusver is IR vooral gebruikt om achteraf, naar aanleiding van klachtsituaties in het (recente) verleden, de daarmee samenhangende autobiografische herinneringen of beelden te bewerken. IR is daarbij gebruikt om correctieve emotionele ervaringen te genereren. In een klachtgerichte IR, bijvoorbeeld bij specifieke, intrusieve beelden bij een PTSS, is dat de kern van een effectieve behandeling (zie bijvoorbeeld Arntz et al. 2013; Øktedalen et al. 2014; Raabe et al. 2015). Bij dergelijke klachtbehandelingen is de verwachting dat deze correctieve emotionele ervaringen ertoe leiden dat cliënten in toekomstige triggersituaties minder last hebben van die beelden.

In het geval van persoonlijkheidsstoornissen ligt dat anders. Bij persoonlijkheidsstoornissen is per definitie sprake van persistente emotie-ontregeling en moeilijk veranderbare gedragspatronen. Het patroon is dat een veelheid aan situaties telkens weer onderliggende autobiografische herinneringen en beelden activeert, met alle emotionele en gedragsmatige klachten van dien. Het bewerken van autobiografische herinneringen is dan vaak niet voldoende om deze persistente patronen te doorbreken. IR kan dan gebruikt worden om cliënten voor te bereiden op toekomstige triggersituaties. Ze kunnen zo vooraf ervaren hoe ze op een gezonde manier hun emoties en probleemsituaties kunnen hanteren.

Allereerst doet zich dan de vraag voor wat die gezonde manier is om uitdagende probleemsituaties te hanteren. Wat is het nieuwe, gezonde alternatief voor de disfunctionele gedragspatronen en jarenlange ontregeling van emoties? In zekere zin is dat de vraag naar kenmerkende elementen van een gezonde volwassene. Met name in de literatuur over schematherapie voor persoonlijkheidsstoornissen is de laatste jaren steeds meer aandacht voor de vraag hoe het gezonde, volwassen deel van cliënten versterkt kan worden. Er is een scala aan cognitieve, emotiegerichte en gedragsmatige methoden, technieken en oefeningen beschreven die dit proces zouden kunnen ondersteunen (Claassen en Broersen 2019; Claassen en Pol 2015; Roediger et al. 2018).

Nu je cliënte moet leren zelf de beelden op een gezonde manier te herschrijven is het van belang de genoemde cognitieve, emotiegerichte en gedragsmatige methoden en technieken te kunnen overdragen aan je cliënte. Deze reeks methoden en technieken kan gecomprimeerd worden tot drie kernelementen, drie stappen van het gezond, volwassen hanteren van probleemsituaties:
1. zelfcompassie;
2. cognitieve herstructurering;
3. gedragsverandering.

Geef je cliënte expliciet uitleg over deze drie stappen van een gezonde probleemhantering. Deze uitleg is een onderdeel van het versterken van een gezond volwassen deel van de cliënte. Hieronder worden deze drie stappen verder uitgewerkt. Ook wordt uitgelegd waarom bovenstaande volgorde belangrijk is en zelfcompassie noodzakelijkerwijs de eerste stap is voordat gestreefd kan worden naar gedragsverandering.

5.2.1 Zelfcompassie

Veel cliënten met een persoonlijkheidsstoornis dragen een geïnternaliseerd, zelfkritisch deel met zich mee waarmee ze op een straffende, veeleisende of schuld-inducerende manier naar zichzelf kijken. Zo kan een cliënt met een dwangmatige-persoonlijkheidsstoornis vinden dat hij nog beter zijn best had moeten doen, wordt een borderlinepatiënt geteisterd door zelfhaat en voelen cliënten met een vermijdende-persoonlijkheidsstoornis zich schuldig over hun gedachten of gedrag. De achtergrond van deze geïnternaliseerde, kritische zelfevaluaties is vaak een jeugd waarin de cliënt is bekritiseerd, gepest, misbruikt en/of een gebrek aan emotionele steun heeft ervaren. Doordat ze nooit, of veel te weinig, de milde compassie van anderen hebben ervaren, hebben ze ook niet geleerd om met mildheid en compassie naar zichzelf te kijken. Dit terwijl men veronderstelt dat compassie die systemen in het brein activeert die iemand kalmeren (zie Gilbert 2009). Er zijn verschillende manieren om compassie op te bouwen. Hieronder worden enkele manieren uitgelicht die je kunt gebruiken bij IR.

> **Zelfcompassie**
> - Visualiseren van het kwetsbare, emotionele deel van je cliënte.
> - Benoemen van emoties: 'Ik zie dat je verdrietig, bang, boos bent.'
> - Expliciet begrip tonen voor situationele omstandigheden: 'Natuurlijk voel je je zo, want dit is ook een lastige situatie, omdat …'
> - Expliciet begrip tonen voor de autobiografische achtergrond van emoties: 'Natuurlijk voel je je zo verdrietig, angstig, boos, want door wat jij hebt meegemaakt is dit al helemaal moeilijk.'
> - De tijd nemen voor dit expliciet tonen van begrip.
> - De toon van de stem aanpassen: warm, rustig, begripvol.

Het kalmerende effect van zelfcompassie is een noodzakelijke voorwaarde om op een gezonde, realistische manier na te kunnen denken over gedragsalternatieven en probleemoplossende strategieën. Bij een toekomstgerichte IR moet je cliënte dan ook eerst met compassie naar zichzelf en haar emotionele reacties leren kijken. Als je cliënte niet rustig is, heeft zij waarschijnlijk de (menselijke) neiging om bij onaangename gevoelens direct oplossingen te zoeken en 'in actie te komen'. Gedragsmatige reacties die voortkomen uit sterke, negatieve emoties zijn vaak oude overlevingsstrategieën. Oude overlevingsstrategieën zijn op korte termijn wel functioneel, maar sluiten vaak op de langere termijn juist niet aan bij de behoeften van je cliënte. Daarom dient zelfcompassie de eerste stap te zijn bij het leren probleemsituaties in de toekomst op een gezonde manier te hanteren.

Veel cliënten vinden het gemakkelijker om compassie te hebben met een ander dan met zichzelf. Voor die cliënten is het gemakkelijker om eerst te oefenen met compassie vanuit het derdepersoonsperspectief, waarbij ze vanaf een afstandje naar zichzelf kijken in een situatie waarin ze zich angstig, verdrietig of alleen voelen. Vervolgens kan de emotionele impact worden vergroot door te oefenen met zelfcompassie vanuit het eerstepersoonsperspectief.

1 Zelfcompassie – Nicky

Naar aanleiding van een imaginatie over een ruzie met haar vriend heeft Nicky nu het beeld voor ogen van zichzelf als klein meisje, dat bang en verdrietig is nadat haar vader boos en denigrerend tegen haar is geweest.

Therapeut: Kun je ook begrijpen waarom ze zo bang en verdrietig is?
Nicky: Ja.
T: Ja? Waarom?
N: … Nou … op de eerste plaats, het is geen fijne situatie, ruzie hebben is niet fijn.
T: Precies, de situatie zelf is gewoon niet fijn. Logisch dat je dan bang en verdrietig bent. Dat gevoel van angst en verdriet, herken je dat ook?
N: Zo heb ik me altijd gevoeld.
T: Precies, dat is dezelfde pijn die je al heel je leven hebt ervaren. En nu dus weer. Kun je dat tegen haar zeggen, dat je begrijpt waarom ze zich zo voelt?
N: … Het is oké om verdrietig te zijn en bang, dat is heel normaal. Het is ook geen fijne situatie, en zeker met alles wat jij hebt meegemaakt is het heel normaal dat je nu bang en verdrietig bent.
T: Wat heeft ze dan nodig als ze zo bang is, wat hebben we allemaal nodig als we bang en verdrietig zijn.
N: … Steun denk ik, dat iemand haar snapt, warmte …
T: En hoe kun je haar warmte bieden, behalve door wat je zojuist zei?
N: Uh … Weet dat je niet alleen bent en dat ik er voor je ben.
T: Dat klinkt heel goed. Kun je dat binnenlaten en voelen wat je voelt als je die woorden hoort: het is heel normaal dat je je zo voelt, maar je bent niet alleen'?
N: Dan voel ik me kalmer.
T: Het heeft een kalmerend effect?
N: Ja.

> **Wat nou als ...**
> — de cliënte niet in staat is om met compassie naar zichzelf te kijken?
> Op de eerste plaats kun je cliënten in dergelijke gevallen actief coachen in het leren met compassie naar zichzelf te kijken, zoals je in eerdere sessies als therapeut ook compassie en begrip hebt geboden. Daarnaast kun je onderzoeken welke onderliggende ervaringen de zelfcompassie blokkeren en die vervolgens bewerken, middels een cognitieve herstructurering voorafgaand aan de oefening, of met behulp van IR.

5.2.2 Cognitieve herstructurering

Na de eerste, kalmerende stap van zelfcompassie is het nu belangrijk dat negatieve overtuigingen worden gecorrigeerd. Een sterk geïnternaliseerd negatief zelfbeeld kan maken dat je cliënte geneigd is terug te vallen in negatieve, kritische zelfevaluaties. In de voorafgaande fasen, waarin herinneringen zijn herschreven, vond deze cognitieve herstructurering impliciet plaats in het bevechten van antagonisten. In de toekomstgerichte imaginaire rescripting wordt je cliënte voorbereid op situaties die negatieve zelfevaluaties kunnen activeren. Ter voorbereiding op deze toekomstgerichte imaginaire rescripting, waarbij er niet direct antagonisten zichtbaar hoeven te zijn in de imaginatie, is een expliciete cognitieve herstructurering van de aannames over zichzelf, de ander, de wereld en de daarmee samenhangende gedragspatronen wenselijk. Je cliënte moet leren om dergelijke negatieve zelfevaluaties in de toekomst zelfstandig te corrigeren met specifieke argumenten. Die argumenten zijn verzameld in de voorafgaande fase van de behandeling. In eerdere sessies heeft cliënte door IR een aantal correctieve emotionele ervaringen gehad. Na afloop van iedere oefening is de betekenis van deze ervaringen besproken en zijn realistische conclusies getrokken, die vaak verschillen van de oorspronkelijke betekenis van de imaginaire beelden of gebeurtenissen. Je cliënte moet nu leren om deze realistische conclusies toe te passen in toekomstige probleemsituaties.

Voorafgaand aan de imaginatieoefening kunnen deze realistische conclusies nog worden samengevat. Tijdens de oefening coach je de cliënte bij de bewustwording, het zich herinneren van die realistische conclusies met vragen als: 'Wat is een andere verklaring voor het gedrag van je vader?', 'Waarom klopt het ook alweer niet dat jij dom zou zijn?'

---

2 Cognitieve herstructurering – Nicky

Nicky denkt vaak dat ze niets goeds kan doen en dat ze dom is. Tijdens de imaginatieoefeningen is duidelijk geworden dat dit zelfbeeld samenhangt met de negatieve, straffende boodschappen van haar vader. Bij de rescripting van die ervaringen heeft ze gezonde, realistischer boodschappen te horen gekregen van jou als therapeut en van zichzelf als gezonde volwassene. Deze gezonde boodschappen waren onder andere dat er niets mis met haar is en dat ze zeker niet dom is. De nabespreking van iedere oefening was erop gericht om Nicky zich bewust te laten worden van deze realistischer kijk op zichzelf. Nu de behandeling zich meer richt op de toekomst zal Nicky moeten leren om deze realistische overtuigingen over zichzelf, anderen en de wereld toe te passen in deze toekomstige

> *probleemsituaties. In de loop van de sessies zijn er steeds meer argumenten verzameld die de negatieve boodschappen van vader tegenspreken. Voorafgaand aan de IR in de huidige sessie zijn die argumenten nog kort herhaald.*
> T: Dus eigenlijk is het heel begrijpelijk dat ze zich zo bang en verdrietig voelt, omdat ze weer het idee heeft dat ze niet goed genoeg is, zoals ze al zo vaak heeft gehoord.
> N: … Ja …
> T: Wat vind je nu van die gedachte, dat ze niet goed genoeg is, dat ze dom is? En dan spreek ik je nu aan als die gezonde, volwassen Nicky.
> N: … Nou …dat klopt niet, ik kan best wel wat …
> T: Kun je dat eens concreet uitleggen aan Kleine Nicky?
> N: Nou: 'Je hebt gewoon je school afgemaakt, en dat ging helemaal niet slecht of zo, ik bedoel, je had gewoon normale cijfers.'
> T: Precies, heel goed. En wat nog meer, waarom klopt het nog meer niet dat ze dom zou zijn?
> N: Nou, mensen hebben een aantal keren gezegd dat je slim bent.
> T: Dus heeft haar vader dan gelijk als hij zegt dat ze dom is?
> N: Nee, helemaal niet. Hij had dat nooit mogen zeggen, dat is echt slecht om te zeggen tegen een kind. Als je dat als ouder tegen een kind zegt, dan is er echt iets mis met je als ouder.

De toepassing van cognitieve herstructurering bij IR is een belangrijke stap in het versterken van het gezonde, volwassen deel van je cliënte. Deze gecombineerde benadering (IR met cognitieve herstructurering) is uitvoerig beschreven in verschillende protocollen, handboeken en artikelen (zie bijvoorbeeld Grey et al. 2002; Hackmann et al. 1998). Je kunt bijvoorbeeld cliënten vragen een positief logboek bij te houden van alle ervaringen die het positievere, realistischere zelfbeeld ondersteunen. Deze ervaringen kunnen vervolgens herhaald worden in imaginaties om de emotionele impact ervan te vergroten (Fennell 2016). Er zijn aanwijzingen dat de effectiviteit van IR niet per se toeneemt door aparte cognitieve herstructurering voorafgaand aan de oefening (Voncken et al. 2019). Toch is de ervaring dat de geloofwaardigheid van die realistische argumenten versterkt wordt door tijdens IR hardop uit te spreken wat de concrete redenen zijn waarom de oude negatieve zelfevaluatie niet juist is. Daarom wordt wel aangeraden om dit te doen tijdens rescripting.

> **Wat nou als …**
> — je cliënte niet in staat is om op een andere manier naar zichzelf of de probleemsituaties te kijken?
> Hoewel je tijdens eerdere IR een aantal argumenten hebt aangereikt waaruit blijkt dat oude aannames niet realistisch zijn, kan het zijn dat je cliënte nog niet goed in staat is deze argumenten zelf toe te passen. In dat geval kan het noodzakelijk blijken om samen met je cliënte de geloofwaardigheid van haar opvattingen expliciet cognitief te onderzoeken. Technieken uit de cognitieve therapie, zoals rolomkering, kansberekening, de taartpunttechniek of de rechtbankmethode, kunnen helpen om tot geloofwaardige, realistischer conclusies te komen. Deze conclusies kunnen vervolgens tijdens toekomstgerichte IR worden toegepast. Voor een uitgebreide beschrijving van deze

cognitieve technieken wordt verwezen naar handboeken als *Cognitieve therapie: theorie en praktijk* (Bögels en Van Oppen 2011) of naar audiovisuele producties 'Cognitieve therapie, methoden en technieken' (Van der Wijngaart 2016).

5.2.3 Gedragsverandering

De derde stap voor het versterken van een gezonde, volwassen probleemhantering is het aanleren van nieuw, gezonder gedrag. Verschillende onderzoeken hebben aangetoond dat imaginair verbeelden van een gedragsverandering leidt tot een daadwerkelijke gedragsverandering, bijvoorbeeld in eetpatronen (Knäuper et al. 2011), sporten (Chan en Cameron 2012), slapen (Loft en Cameron 2013) en gokken (Whiting en Dixon 2013). Toekomstig gedrag wordt eerder veranderd door het verbeelden van die gedragsverandering dan door een cognitieve, verbale benadering (Renner et al. 2017). Het visualiseren van toekomstige gebeurtenissen of gedragingen en hun invloed op emoties stelt cliënten in staat ze van tevoren te ervaren (Moulton en Kosslyn 2009; Schacter et al. 2008; Suddendorf en Corballis 2007; Kavanagh et al. 2005). Bij zo'n imaginatie van een toekomstige situatie kunnen hypothetische scenario's voor de toekomst worden gevisualiseerd met de reacties die daarbij kunnen optreden.

Voorafgaand aan IR kun je samen met je cliënte bespreken welk ander, nieuw gedrag effectiever zou kunnen zijn in de probleemsituaties. Het formuleren van specifieke scripts helpt je cliënte om dit nieuwe gedrag te visualiseren. Zo is het visualiseren van specifieke stappen in het streven naar de gestelde doelen effectiever dan enkel na te denken over de redenen waarom die doelstellingen gewenst zijn (Hackmann et al. 2011). In de imaginatie dient niet alleen stap voor stap de gedragsverandering gevisualiseerd te worden, maar ook de beloning of voordelen van die gedragsverandering (Blackwell et al. 2018). Het aanleren van nieuwe vaardigheden wordt verder versterkt wanneer deze scripts vaak worden herhaald (Cummings en Ramsey 2008; Renner et al. 2017; Hackmann et al. 2011).

Het nadeel van scripts is echter dat ze niet flexibel genoeg zijn voor de grillige realiteit waarin situaties net anders verlopen dan verwacht. Daarom verdient een gefaseerde aanpak de voorkeur; eerst werken met vooraf besproken scripts om vervolgens te oefenen met een spontanere, onvoorbereide hantering van toekomstige probleemsituaties.

3 Gedragsmodificatie – Nicky

Nicky wil leren op een andere manier om te gaan met situaties waarin ze zich in de steek gelaten voelt door haar vriend. Met name wanneer hij uitgaat met vrienden zonder haar wordt ze bang en boos, en ontstaan gemakkelijk ruzies.
N: We zijn in de woonkamer, en hij trekt plots zijn jas aan om te vertrekken en zegt dat hij met zijn vrienden uitgaat. Hij wil alleen uitgaan met zijn vrienden, alweer …
T: En hoe voel jij je nu?
N: … Bang, dat betekent dat ik de hele avond alleen zal zijn, dat hij me alleen achterlaat …
T: Maakt dat je verdrietig of boos?

N: Meer boos.
T: Waar voel je dat in je lijf?
N: In mijn keel, ik wil schreeuwen.
T: En dat is het oude patroon, dat die boosheid het overneemt, herken je dat?
N: Ja.
T: Wees je daarvan bewust, en probeer nu terug te schakelen naar gezonde Grote Nicky. Doe maar wat nodig is, neem haar houding aan.
N: (gaat rechtop zitten) 'Ik ben oké, en ik kan dit aan!'
T: Heel mooi ... En wat wil je als de gezonde Grote Nicky nu zeggen tegen Mark?
N: ... Ik vind het niet leuk dat je uitgaat en dat je dat wilt doen zonder mij. Ik denk dat wij ook samen uit moeten gaan.
T: Hoe voel je je nu?
N: Goed, een beetje nerveus.
T: Je doet het heel goed, dat je erkent wat je voelt maar er ook over vertelt. Kun je het nog eens zeggen?
N: (iets luider) Ik vind het niet leuk dat je iedere keer uit wilt gaan zonder mij, en alleen met je vrienden uit wilt.
T: 'Dat maakt dat ik me alleen voel.'
N: Ik voel me dan alleen.
T: 'En boos' ...
N: En boos, en ik denk dan dat je geen tijd met mij wilt doorbrengen. Je bent mijn vriendje, en ik wil ook samen uitgaan.
T: 'Ik heb het nodig dat we samen tijd doorbrengen', kun je dat zeggen?
N: Ik heb het ook nodig dat we samen tijd doorbrengen.
T: En kijk nu naar Mark, hoe reageert hij hierop?
N: Ik weet het echt niet, dat kan van alles zijn.
T: Oké, dus nu wordt het een beetje mistig, we weten niet wat hij zal zeggen. Maar houd contact met het gevoel dat je nu hebt. Waar voel je dat in je lijf?
N: Dat het hier (wijst op borst) meer open is.
T: Houd maar contact met dat gevoel, en laat het beeld nu wegdrijven ... Breng jezelf nu weer terug naar de ruimte hier, bij mij ... en open je ogen ... Hoe voel je je nu?
N: Ja, eigenlijk wel goed!

Samenvattend betekent een gedragsverandering door middel van IR het visualiseren van realistische doelen, het toepassen van concrete strategieën om tot die doelen te komen en vervolgens het herhaaldelijk visualiseren van nieuwe vaardigheden (Hackmann et al. 2011).

Hieronder zal worden toegelicht hoe de toekomstgerichte IR in de praktijk wordt toegepast.

> **Wat nou als ...**
> — je cliënte niet in is staat om nieuw, gezonder gedrag te visualiseren?
>   Het is niet zo dat cliënten de fasen van IR stap voor stap dienen te doorlopen zoals in deze hoofdstukken is beschreven. De realiteit is dat dit proces veel chaotischer zal verlopen. Wanneer je bijvoorbeeld hebt ingeschat dat je cliënte in staat is om eerder besproken, nieuw gedrag te visualiseren, kan vervolgens

blijken dat je cliënte daar tijdens de oefening niet meer toe in staat is. In dat geval zul je actiever moeten coachen of in sommige gevallen weer als therapeut het beeld instappen om het op een gezonde manier te herschrijven. Het gaat om een leerproces waarbij het vaak een kwestie is van vallen en opstaan.

5.3 Toekomstgerichte imaginaire rescripting om patronen te doorbreken: de praktijk

In toekomstgerichte IR worden verschillende elementen uit de eerdere fasen van de behandeling geïntegreerd. Zo wordt het gezonde, volwassen deel van de cliënte gevisualiseerd, worden negatieve beelden of scenario's gevisualiseerd naar aanleiding van specifieke situaties en wordt het verloop van deze scenario's door de cliënte zelf veranderd vanuit haar gezonde, volwassen deel. Een belangrijk verschil met de eerdere fasen is dat de situaties die worden gevisualiseerd nog niet hebben plaatsgevonden, maar zich waarschijnlijk zullen voordoen in de (nabije) toekomst. Toekomstgerichte IR is een manier om de cliënte zich er mentaal op te laten voorbereiden om die momenten op een gezonde, realistische manier te hanteren.

Ook bij toekomstgerichte toepassing van IR kan een stappenplan helpen.

> **Stappenplan rescripting patronen in de toekomst**
>
> Stap 1 Voorbespreking
> Stap 2 Visualiseren Gezonde Volwassene
> Stap 3 Visualiseren gevreesd rampscenario
> Stap 4 Contact maken met gezond, volwassen deel
> Stap 5 Coachen in zelfcompassie, cognitieve herstructurering, gedragsverandering
> Stap 6 Nabespreking en huiswerk
> *NB Deze stappen kunnen, verspreid over meerdere sessies, ook afzonderlijk geoefend worden. Aangezien iedere stap zoveel tijd kan kosten dat het niet lukt om alle stappen in één sessie te doen, kunnen de stappen ook verspreid worden over meerdere sessies.*

Door de vele stappen, de perspectiefwisselingen en het toepassen van complexe, nieuwe vaardigheden, dreigt de oefening al snel verwarrend te worden voor zowel therapeut als cliënte. Het moet daarom duidelijk zijn dat bovengenoemde stappen ook afzonderlijk en verspreid over verschillende sessies geoefend kunnen worden. Zo kan het voor sommige cliënten al heel lastig zijn om contact te maken met hun gezonde, volwassen deel wanneer ze zich verbeelden in een probleemsituatie te zijn. Voor die cliënten is het nuttig om deze stap een aantal keren, in meerdere sessies, te oefenen. Hieronder wordt iedere stap verder toegelicht.

5.3.1 Stap 1 Voorbespreking

In deze voorbereidende, eerste stap leg je aan je cliënte uit waarom de IR gericht moet worden op toekomstige probleemsituaties, bespreek je samen welke probleemsituaties zich waarschijnlijk voordoen in de toekomst, en bespreek je ten slotte op welke manier je cliënte het best met die probleemsituatie kan omgaan.

Rationale toekomstgerichte imaginaire rescripting

Een rationale hoeft in principe niet ingewikkeld of uitgebreid te zijn. Leg je cliënte uit dat de behandeling nu een nieuwe fase ingaat en dat het belangrijk is dat ze zich voorbereidt op toekomstige probleemsituaties. Bij toekomstgerichte IR maak je gebruik van de kracht van de verbeelding om probleemsituaties op een gezonde, nieuwe manier te hanteren. Als een korte uitleg niet volstaat, kun je verwijzen naar onderzoek waaruit blijkt dat dezelfde hersengebieden actief zijn als je een herinnering uit het verleden ophaalt en wanneer je je een situatie in de toekomst verbeeldt. Je kunt ook uitleggen dat in de sport al heel lang gebruikgemaakt wordt van toekomstgerichte imaginaties om prestaties in de toekomst te verbeteren (Cumming en Ramsey 2008).

Stap 1 Voorbespreking: Rationale toekomstgerichte imaginaire rescripting – Greg

Therapeut: Je bent nu zover dat je als gezonde volwassene in een beeld uit je verleden kunt stappen en je vader aanspreken, en dat doe je krachtig. Heel goed.
Greg: (cliënt glimlacht)
T: We komen nu in een fase van de therapie waarin we de aandacht steeds meer richten op de toekomst. Na al het werk waarin we pijn uit het verleden hebben geprobeerd te helen, gaan we ons nu richten op hoe je dingen anders gaat doen in de toekomst. Want als je je gedrag niet verandert, kunnen die oude patronen het na verloop van tijd weer overnemen. Ik wil dus dat je voorbereid bent op moeilijke triggersituaties in de toekomst.
G: Oké.

Bepalen toekomstige probleemsituatie

Vervolgens bespreek je samen met je cliënte in welke toekomstige situaties de klachten en patronen waarschijnlijk geactiveerd zullen worden. Op grond van de casusconceptualisatie en de behandeling tot dusver heb je inmiddels een goed beeld gekregen van die klachtsituaties. Het is aan te raden je cliënte het voortouw te laten nemen bij het bepalen van die klachtsituaties aangezien de typische klachtsituaties uit het verleden in dit stadium van de therapie voor haar mogelijk niet meer relevant zijn. Verder is het in deze fase belangrijk om de regie over de behandeling steeds meer over te dragen aan je cliënte ter voorbereiding op de tijd na de therapie.

Welke toekomstige triggersituatie het geschiktst is om je cliënte op voor te bereiden wordt bepaald door een aantal factoren:
- Hoe waarschijnlijk is het dat deze situatie zich zal voordoen?
- Is de situatie betekenisvol voor de klachten?
- Hoe concreet is de situatie?

Er is geen goede of foute keuze, maar om de oefening zo veel mogelijk impact te laten hebben, streef je naar een balans tussen deze factoren. Een voorbeeld van een betekenisvolle gebeurtenis in de toekomst is de verlating door een echtgenoot. Als dat gebeurt zal het zeer waarschijnlijk het negatieve zelfbeeld van je cliënte versterken en zal ze zich somberder voelen. Als de kans op een verlating echter heel klein is, zal toekomstgerichte IR weinig praktische waarde hebben. Dan is het beter om te oefenen met frequenter voorkomende situaties, zoals een ruzie met haar echtgenoot of het krijgen van kritiek. Dergelijke situaties zullen eerder voorkomen, betekenisvol voor haar zijn en concretiseerbaar zijn. In de casus van Greg wordt ervoor gekozen zich voor te bereiden op kerst bij zijn moeder. Kerst is dan wel een eenmalige gebeurtenis per jaar, maar omdat deze situatie zich in dit geval binnenkort voordoet, is die concreet en van grote betekenis voor Greg.

> **Stap 1 Voorbespreking: Bepalen toekomstige probleemsituatie – Greg**
>
> *Zojuist is Greg uitgelegd waarom het nuttig kan zijn om zich imaginair voor te bereiden op toekomstige triggersituaties.*
> T: Wat is een situatie die jij moeilijk zult vinden, denk je?
> G: Nou, Kerstmis komt er bijna aan, en mijn moeder zal erop rekenen dat we daar de beide dagen zullen blijven. Maar mijn vrouw en ik hebben er al over gesproken dat wij dat niet willen.
> T: Wat jullie willen is …
> G: Wat wij willen is dat we gewoon wat tijd hebben om als gezin kerst te vieren.
> T: Dus je verwacht dat het bespreken hoe jullie kerst willen invullen lastig zal worden.
> G: Ja, want zij verwacht dat wij beide dagen daar doorbrengen, het liefst zou ze willen dat we kerstavond al komen, maar dat gaat niet gebeuren.
> T: Oké, ik kan me voorstellen dat dat een lastige situatie is, ik denk dat meer mensen zich dat voor kunnen stellen; het is moeilijk om rekening te houden met de behoeften van anderen en tegelijkertijd in contact te blijven met je eigen behoeften. En dat is precies waar we aan moeten werken, dat jij meer in contact blijft met je eigen behoeften, leert je ogen wat meer te sluiten voor wat je moeder wil. Maar dat is moeilijk, dus laten we daar samen aan werken vandaag.

Voorbespreking gedragsverandering

Bespreek samen met je cliënten hoe ze anders om willen gaan met dergelijke probleemsituaties. Greg voelt zich vanuit zijn achtergrond snel verantwoordelijk voor het welzijn van zijn moeder. Uit schuldgevoel is hij geneigd zijn eigen behoeften opzij te zetten en te zorgen voor de behoeften en wensen van zijn moeder. Nu wil hij leren om het rationele besef dat zijn eigen behoeften niet minder belangrijk zijn dan die van zijn moeder vast te houden in probleemsituaties, zoals nu met kerst. Ook moet hij leren om niet automatisch te doen wat een ander wil, maar zijn gedrag te baseren op zijn eigen behoeften.

> **Stap 1 Voorbespreking: Gedragsverandering – Greg**
>
> *Zojuist is besproken dat het binnenkort kerst is, en de moeder van Greg zal willen dat hij de volle twee dagen zal komen, terwijl Greg en zijn vrouw slechts een paar uur op bezoek willen komen.*
> T: Wat vrees je dat er gebeurt als ze erop aandringt dat jullie de hele dag komen?
> G: … Nou, dat ik dan toegeef en niet zeg dat we dat niet willen.
> T: En waarom is dat ook alweer, dat je doet wat de ander wil in plaats van wat je zelf wilt?

G: Ik weet niet, ik voel me dan gewoon schuldig; ze is maar alleen, ze ziet ons niet zo vaak, en dan denk ik: ach, wat maakt dat nou uit, die paar dagen.
T: Precies, dus je voelt je dan zo schuldig dat je dan uiteindelijk maar doet wat zij wil.
G: Ja …
T: En dat is precies het oude patroon waar we tot dusver aan gewerkt hebben. Inmiddels weten we ook waar dat schuldgevoel vandaan komt. Hoe komt dat ook alweer dat je je dan meteen schuldig voelt?
G: … Je bedoelt die situaties van vroeger, dat ze vroeger al maakte dat ik me dan verantwoordelijk voelde?
T: Ja, precies. En waarom klopt dat niet, waarom zijn jouw gevoelens en behoeften even belangrijk, zo niet belangrijker dan die van een ander?
G: … Omdat het ertoe doet wat ik vind, dat ik ertoe doe … En dat weet ik ook wel, maar ik vind het gewoon zielig voor haar als ze dan zo alleen zit.
T: Daarom moeten we deze oefening ook doen, Greg. Ik wil dat je nu probeert om alle inzichten die je inmiddels hebt ook daadwerkelijk toe te passen. En dat je dan ook weet wat een andere manier is om daarmee om te gaan dan enkel toegeven aan de ander om maar van dat rottige schuldgevoel af te komen. Wat zou een andere manier zijn om te reageren op je moeder?
G: … Dat ik dat niet wil?
T: Klinkt goed, klinkt eigenlijk wel logisch, want je wilt niet beide dagen blijven, maar een paar uur. Misschien kun je dan ook iets zeggen dat je snapt dat ze dat liever anders had gewild, maar dat het nu eenmaal is zoals het is?
G: …
T: Ik snap dat je het best moeilijk vindt om je voor te stellen dat je zo zou reageren, maar daarom doen we deze oefeningen, zodat jij je steeds beter kunt voorstellen dat je dat zegt en dat je dat dan ook letterlijk tegen haar kunt zeggen.
G: Oké …
T: Ondertussen wil ik wel dat je aardig blijft tegen jezelf. Denk eraan, gezond en volwassen betekent op de eerste plaats dat je aardig moet blijven tegen jezelf. Het is heel begrijpelijk dat dit moeilijke situaties voor je zijn, maar probeer te bedenken dat jouw behoeften ertoe doen; jij doet ertoe, en dat betekent dat je dus mag doen wat jij nodig hebt.
G: … Ja, oké, ja …
T: Laten we dit maar eens oefenen, zodat je kunt voelen, ervaren hoe dat is. Nu praten we er alleen maar over, maar in de imaginatieoefening kun je een beetje ervaren hoe dat zou zijn.
G: Oké.

5.3.2 Stap 2 Visualiseren Gezonde Volwassene

Rescripting van patronen in de toekomst dient te gebeuren vanuit het gezonde, volwassen deel van cliënten. De oefening begint dan ook met het visualiseren van de Gezonde Volwassene. Probeer je cliënte dit positieve zelfbeeld zo levendig mogelijk te laten visualiseren, met aandacht voor verschillende zintuiglijke aspecten, zoals houding, fysieke sensaties et cetera. Net als in de vorige fase van de behandeling zet je met deze stap van de imaginatie het gezonde, volwassen deel 'in de grondverf', zodat de cliënte straks beter kan omgaan met sterke emotionele en gedragsmatige reacties in klachtsituaties. Zeker bij de eerste oefeningen met toekomstgerichte IR helpt het om de drie stappen van gezonde probleemhantering in herinnering te brengen: compassie, cognitieve herstructurering, gedragsverandering.

> **Stap 2 Visualiseren Gezonde Volwassene – Greg**
>
> *Zojuist is besproken op welke manier Greg zou willen omgaan met de situatie waarin hij weigert de hele kerst bij zijn moeder door te brengen zoals zij dat wil.*
> T: In dat soort situaties hebben we echt de gezonde volwassene nodig, de sterke Greg, die in staat is om in contact te blijven met zijn eigen gevoelens, maar tegelijkertijd ook kan omgaan met moeilijke, uitdagende situaties. Een manier om je voor te bereiden op dergelijke situaties is om nu je ogen even te sluiten. Sluit je ogen maar … En ik wil je vragen of je contact kunt maken met dit gezonde, volwassen deel van jezelf … De Greg die sterk is, maar niet op een stoere, afgesloten manier, de sterke, gezonde volwassene … Ik denk dan aan die Greg die sterk is, maar zich ook vrij voelt, zich openstelt, in contact … Wees maar die gezonde, grote Greg, ga maar zitten zoals die gezonde Greg zit. Neem maar een houding aan die bij hem past … Hoe voel je je nu je die gezonde volwassene bent?
> G: Ik voel me in balans, sterk, ontspannen, en ik voel dat ik me vrij kan bewegen …
> T: Dat klinkt heel goed, het klinkt als het gezonde, volwassen deel van je.

5.3.3 Stap 3 Visualiseren gevreesd rampscenario

De volgende stap is dat je de cliënte vraagt om beelden op te laten komen van het toekomstige klachtscenario en daarin de oude patronen van gevoelens en gedragingen te herkennen. Vraag je cliënte om deze beelden zo levendig mogelijk te beschrijven, en neem daar dus de tijd voor. Nodig je cliënte uit om zich in te leven vanuit het eerstepersoonsperspectief, alsof de situatie nú plaatsvindt. Vraag zo nodig om vrij te fantaseren hoe zo'n situatie er concreet uitziet. Vraag daarbij naar zintuiglijke ervaringen: 'Wat zie je nu?', 'Hoe kun je zien dat (de antagonist) kwaad is?', 'Wat zegt (de antagonist) nu?', 'Hoe klinkt zijn stem als (de antagonist) dat zegt?'.

Doel van de toekomstgerichte imaginatie is op de eerste plaats het oefenen van bewustwording. Bewustwording van de automatische emotionele en gedragsmatige reacties en hun oorsprong is de eerste, noodzakelijke stap voor gezonde emotieregulatie en verandering van gedragspatronen. Tijdens de imaginatie van een toekomstige triggersituatie vraag je de cliënte dan ook alert te zijn op automatische emotionele en gedragsmatige reacties. Door het beeld in de imaginatie te vertragen of soms op pauze te zetten creëer je mogelijkheden voor die bewustwording.

Emotionele bewustwording stimuleer je door regelmatig vragen te stellen als: 'Wat voel je nu?', 'Waar voel je die (emotie) in je lijf?' Bewustwording van gedragspatronen stimuleer je met vragen als: 'Wat zou je nu willen doen?', 'Wat is je neiging om nu te doen?' In de diagnostische fase van de behandeling is er inzicht gegroeid in de oorspronkelijke autobiografische herinneringen aan de gebeurtenissen die hebben geleid tot deze geconditioneerde emotionele en gedragsmatige reacties. Dat inzicht is verder vergroot tijdens de behandeling, waarin iedere keer weer dezelfde verbanden werden gelegd tussen de klachten en de oorspronkelijke herinnering.

Met toekomstgerichte imaginatie leer je cliënte het verband tussen klachten en oorspronkelijke herinnering zo snel mogelijk te leggen wanneer die klachten zich voordoen. Je rol als therapeut daarbij is om je cliënte te helpen dit verband te zien: 'Herken je dit gevoel? Waar herken je het van? Dus je voelt nu het kind dat je ooit was, het kind dat zich ook angstig en bedreigd voelde?'

Stap 3 Visualiseren gevreesd rampscenario – Greg

Greg heeft zich voorbereid op de toekomstige probleemsituatie, zijn gezonde volwassene geactiveerd en begint nu met de feitelijke oefening.
T: Ik wil je nu vragen om je op die situatie rond kerst te richten. Vorm je maar een beeld van die situatie waarin je met je moeder praat over hoe jullie kerst willen invullen.
G: Ik ben in de keuken, bij het aanrecht, aan de telefoon met mijn moeder.
T: Zie je jezelf of sta je daar nu, alsof je er nu ook echt bent?
G: Ik heb de telefoon in mijn hand.
T: Goed, nou, laat deze film zich maar verder afspelen. Praat maar tegen je moeder, en laat mij maar meeluisteren. Wat zeg je nu tegen je moeder?
G: Mama, we hebben erover nagedacht hoe we dit jaar kerst willen invullen, en we hebben besloten dat we niet beide dagen bij jou blijven. We komen ongeveer om tien uur en blijven dan tot ongeveer twee uur 's middags.
T: Luister nu naar haar reactie, wat zegt ze?
G: Uh, ze maakt dat teleurgestelde geluid …
T: Wat voor geluid is dat?
G: Een geluid als 'O …'. En dan is er een lange stilte, en dan zegt ze: 'Ik dacht dat jullie de beide dagen zouden blijven, jullie blijven altijd beide dagen.'
T: Hoe klinkt haar stem?
G: … Ze klinkt gekwetst, alsof ik kerst voor haar verpest heb.
T: Ga nu na hoe jij je voelt, luisterend naar je moeder die dat teleurgestelde geluid maakt, alsof jij haar kerst hebt verpest. Hoe voel je je daarbij?
G: Ik had wel verwacht dat ze zo zou reageren. Het is bijna alsof ik een bal heb gevangen die ik nu terug moet gooien.
T: Hoe voelt dat precies als je naar de klank van haar stem luistert?
G: Ik voel de spanning optrekken, van mijn nek helemaal tot aan mijn kaak.
T: Welke emoties voel je daarbij?
G: … Het eerste gevoel is dat ik gewoon toe moet geven en zeggen 'O, dan blijven we wel de hele dag.' Maar dat wil ik niet, dus ik zet dan door …

5.3.4 Stap 4 Contact maken met gezond, volwassen deel

Je cliënte dient nu weer contact te maken met het gezonde, volwassen deel, dat voorafgaand aan de oefening is gevisualiseerd. Het verschuiven van de focus is een belangrijk onderdeel van de oefening; je cliënte leert in deze oefening contact te maken (of te houden) met een gezond, volwassen zelfbeeld, ook al worden oude emotionele en gedragspatronen geactiveerd. Als dat laatste gebeurt, kan je cliënte het moeilijk vinden om contact te maken met het gezonde, volwassen deel. Daarom is het goed om deze stap van de oefening eerst een aantal keren te oefenen. Zo kun je cliënten, wanneer die contact hebben gemaakt met het gezonde, volwassen deel, vragen om zich weer bewust te worden van de oude emotionele responsen die geactiveerd waren door de imaginatie om vervolgens contact te maken met het gezonde, volwassen deel. Alle bekende zintuiglijke aspecten, cognitieve aspecten en de houding van de gezonde volwassene kunnen nu helpen om de overgang te maken van geactiveerde oude pijn naar het gezonde, volwassen deel. Vraag je cliënte bijvoorbeeld een houding aan te nemen die past bij die gezonde, volwassen gemoedstoestand. Zo kan je cliënte wat ineenkrimpen als oude emotionele pijn ervaren wordt om vervolgens rechterop te gaan zitten als er contact is gemaakt met het gezonde, volwassen deel.

> **Stap 4 Contact maken met gezond, volwassen deel – Greg**
>
> *Zojuist heeft Greg gevisualiseerd hoe de interactie met zijn moeder zou kunnen verlopen en hoe hij dan dreigt zich schuldig te gaan voelen en geneigd is om toe te geven aan haar wensen in plaats van op te komen voor zijn eigen behoeften.*
> T: Maar ik wil niet dat Kleine Greg hierdoor alleen maar overweldigd raakt. Ik wil dat de sterke Greg hiermee omgaat. Dus neem maar een moment om weer contact te maken met Grote Greg; neem maar de houding aan die daarbij past, in staat om vrij te bewegen, sterk, in contact.
> G: (zucht en gaat rechtop zitten)
> T: Wees die Grote Greg ... Hoe voel je je nu?
> G: Rustiger ... meer ontspannen ... ik krijg meer lucht ...
> T: Geniet daar maar van, wees je bewust van dit gevoel, deze beleving ... in het besef dat dit je gezonde, volwassen kant is ... Voel je die spanning van net nog?
> G: Ja ... in mijn kaak ...
> T: Richt je aandacht daar nu op, voel die spanning, alsof je je moeders kerst verpest hebt ...
> G: (fronst) ... Ja ... alsof ik het goed moet maken ... Ze is verdrietig, en dat is mijn schuld ...
> T: Wees je ervan bewust dat je weer dat oude gevoel ervaart, maar dat je dat nu ook los kunt laten ... Ik wil dat je je aandacht weer richt op jou als Grote Greg. Ga maar weer wat rechtop zitten ... haal maar eens die adem ... probeer dat beeld van Grote Greg voor ogen te nemen ...
> G: (gaat rechtop zitten, zucht diep, draait zijn hoofd als om zijn nek wat te ontspannen)
> T: Hoe voel je je nu?
> G: ... Uhm ... beter ... ik krijg weer meer lucht ...

5.3.5 Stap 5 Coachen in zelfcompassie, cognitieve herstructurering, gedragsverandering

In deze fase worden de drie stappen van de Gezonde Volwassene geoefend: zelfcompassie, cognitieve herstructurering van klacht-gerelateerde overtuigingen en het doorbreken van gedragspatronen door het visualiseren van gedragsalternatieven.

Zelfcompassie

Je cliënte dient allereerst te leren om met mildheid en begrip naar zichzelf te kijken, ook op momenten dat ze geneigd is zichzelf kritisch te evalueren en terug te vallen in oude gedragspatronen. Deze mildheid verzacht en vertraagt emotionele reacties, waardoor oude patronen beter doorbroken kunnen worden.

Stap 5 Coachen in zelfcompassie – Greg

Greg heeft contact gemaakt met zijn gezonde volwassene en begint met het toepassen van de vaardigheden van een gezonde volwassene: compassie, cognitieve herstructurering, gedragsverandering.

T: Maar voordat je doorzet, wil ik dat je eerst even een moment neemt om je te realiseren dat dit een heel normale reactie is. Waarom is het heel begrijpelijk dat je je nu zo voelt?
G: … Ik vind dit gewoon lastig als ze zo doet.
T: Hoe doet?
G: Als ze zo gekwetst doet.
T: Precies, je voelt die gevoelige, emotionele kant van je, Kleine Greg, die reageert op een situatie die iedereen gespannen zou maken. Het is niet leuk om te horen dat je haar kerst verpest. Dit gevoel dat je nu ervaart, komt van dat kleine jongetje dat zich zo vaak gespannen en schuldig heeft gevoeld. Kun je dat begrip eens letterlijk uitspreken, tegen die Kleine Greg die je nu voelt?
G: … Hm … 'Het is oké, ze voelt zich gekwetst, en nou voelt het alsof dat jouw schuld is.'
T: 'Natuurlijk voel je je dan rot, want het is gewoon heel moeilijk als je moeder zich zo gekwetst voelt …' Kun je zoiets zeggen?
G: Hmhm … 'Natuurlijk voel je je nu zo rot, want dat zou iedereen voelen.'
T: En zeker met wat ze je in het verleden allemaal al heeft verweten …
G: Ja … 'Ze heeft je altijd het gevoel gegeven dat je niet goed genoeg was, dat het nooit goed genoeg was wat je deed.'
T: Volgens mij kunnen we heel goed snappen dat hij zich dan nu ook weer zo tekort voelt schieten, toch? Lijkt me een heel normale reactie.
G: Ja … ja, ik denk het wel …
T: Kun je dat zeggen tegen hem?
G: 'Het is heel normaal dat je je nu dan ook zo rot voelt.'
T: 'Er is niets mis met je emotionele systeem …'
G: 'Het zijn heel normale reacties, er is niets mis met je …'
T: Hoe voel je je bij deze woorden?
G: Ja, rustiger, meer ontspannen.

Cognitieve herstructurering

Nu moeten alle rationele argumenten uit eerdere sessies die het negatieve zelfbeeld tegenspreken in herinnering worden gebracht. In deze fase is je rol als therapeut vooral begeleidend en coachend. Mocht je echter merken dat je cliënte niet goed in staat is om zich tijdens de IR deze rationele argumenten te herinneren, dan kun je wat actiever worden in het ondersteunen van de cognitieve herstructurering.

Stap 5 Coachen in cognitieve herstructurering – Greg

Nu Greg zichzelf wat heeft gekalmeerd met behulp van zelfcompassie is er ruimte voor het activeren van de realistische argumenten die de oude overtuigingen tegenspreken
T: Waarom klopt het ook alweer niet dat jij tekortschiet? Dat jij iets verkeerd zou hebben gedaan?
G: … Het is niet raar om ook wat tijd voor mijn eigen gezin over te willen houden met kerst … en het is niet dat ik nooit bij haar langskom.
T: En is het eigenlijk ooit goed genoeg voor haar, wat je ook doet?
G: … Nee, nee, het lijkt niet uit te maken wat ik doe, ze is toch nooit tevreden …
T: Wat vind je ook alweer van iemand die zijn eigen behoeften uitspreekt?
G: … Ik ben daar juist jaloers op …
T: Kun je deze overwegingen nu eens rechtstreeks uitspreken tegen Kleine Greg?

Gedragsverandering

Het vooraf besproken script kan nu gevisualiseerd worden, of je coacht je cliënte in het ter plekke bedenken van gedragsalternatieven. Focus op details: wat zeg je precies, op welke toon, met welke houding? Hoe levendiger en gedetailleerder het beeld, hoe meer impact het heeft en geloofwaardiger dit toekomstig gedrag wordt voor je cliënte. Een eenvoudige manier om deze internalisering te ondersteunen is door het laten herhalen van het gevisualiseerde gedrag.

Stap 5 Coachen in gedragsverandering – Greg

Zojuist is herhaald waarom het helemaal niet verkeerd is van Greg om zijn eigen plannen te hebben voor kerst. Nu is het moment aangebroken om te visualiseren hoe hij daadwerkelijk anders met deze situatie om wil gaan.
T: Heel goed, wees Grote Greg, en hoe wil je nu op je moeder reageren?
G: 'Het spijt me dat je het zo voelt. Maar dat is jouw probleem, en jij zult daar mee om moeten leren gaan.'
T: Wauw, heel goed, kun je het nog eens zeggen?
G: (Wat sterker) 'Het spijt me dat je het zo voelt, maar dat is jouw probleem, en jij zult daar mee om moeten leren gaan!'
T: 'Dit is mijn leven … en ik moet daar zelf voor zorgen.' Kun je zoiets zeggen?
G: Mm …'Dit is mijn leven, en ik moet voor mezelf zorgen, en voor mijn gezin. En ja, jij bent onderdeel van mijn familie, maar mijn familie begint met mijn gezin.'
T: Hoe voel je je nu?
G: Goed, het voelt goed om mijn punt te maken.
T: Het klinkt heel erg goed. Waar voel je dat vooral in je lijf?
G: (wijst op het midden van zijn borst) Helemaal hier, in het midden.
T: Wauw, geniet maar van dat goede gevoel. Je doet het echt heel erg goed. En blijf in verbinding met dat gevoel, en nu wil ik dat je het gesprek beëindigt als Grote Greg. Dus wat wil je nu, als Grote Greg, zeggen tegen je moeder?
G: …'Ik zal je over een week wel weer bellen, en hopelijk voel je je dan wat beter als je de kans hebt gehad om te wennen aan het idee.'

Je kunt de oefening variëren door het scenario wat aan te passen. Zo kun je de oefening bijvoorbeeld moeilijker maken als je merkt dat je cliënte best goed in staat is om de probleemsituatie op een gezonde, volwassen manier te hanteren. Door de oefening wat moeilijker te maken bereid je je cliënte voor op een realiteit waarin zich soms onverwachte, uitdagende gebeurtenissen voordoen waar je ter plekke mee om moet zien te gaan.

Stap 5 Coachen Gezonde Volwassene door moeilijker variant – Greg

Greg bleek goed in staat om vanuit zijn gezonde volwassene om te gaan met deze probleemsituatie. In een poging om zijn gezonde volwassene verder te versterken suggereert de therapeut nog enkele moeilijke momenten die zich voor zouden kunnen doen.
T: En dan zucht je moeder, en ze blijft een paar seconden stil … Hoe reageer je?
G: … Ik zeg: 'Het komt wel goed, mama, je redt het wel.'
T: En dan zegt ze: 'Nou, als dit is wat je wilt …'
G: Ja, 'Als dit is wat moet gebeuren, dan moet het maar', en ik zeg: 'Ja mama, dit is wat er gaat gebeuren.'
T: Goed, heel goed. En nu hang je de telefoon op.

5.3.6 Stap 6 Nabespreking en huiswerk

Na afloop van de imaginatie wordt niet alleen de oefening nabesproken, maar worden ook afspraken gemaakt om deze oefening thuis te herhalen. Herhaling van de oefening is nodig om zich de gedragsverandering eigen te maken en de kans te vergroten dat je cliënte ook in de relatie in staat is tot deze gedragsverandering.

Stap 6 Nabespreking en huiswerk – Greg

T: Hoe voel je je nu?
G: Een beetje zenuwachtig, nerveus, maar ook wel goed, goed dat ik het heb gedaan.
T: Je hebt het heel erg goed gedaan, en ik snap heel goed waarom het niet alleen maar een lekker gevoel is, maar dat je je ook nerveus voelt. Het is er allebei: het emotionele, kwetsbare gevoel én de sterke, gezonde kant van je. En dat is de realiteit ook, dat beide kanten er zijn. Ik wil dat je nu het beeld loslaat en dat je terugkomt naar de kamer bij mij … En misschien kun je even je handen en voeten bewegen zodat je weer contact maakt met je lijf. En wanneer het goed voelt voor je kun je je ogen opendoen … Wauw, dat was echt heel erg goed, Greg! Ik ben echt onder de indruk.
G: (glimlacht)
T: Ik wist dat je het kon; je hebt zo hard gewerkt de afgelopen sessies. Maar goed, dit zijn echt lastige, uitdagende situaties. Het is zo lastig om naar je moeder te luisteren als ze zich gekwetst voelt, zeker voor jou, met alles wat je hebt meegemaakt in je jeugd … heel erg goed. Ik ben dus onder de indruk. Ik besef ook dat dit slechts een deel van het werk is; in echte situaties zal het misschien net wat anders verlopen.

> Dus het is goed dat je je daarop voorbereidt, door dit een paar keer te oefenen. Je kunt nu trots zijn op jezelf, maar de komende sessies zou ik hier verder aan willen werken. Hoe klinkt dat?
> G: Prima, goed.
> T: Laten we eens kijken wanneer je hiermee gaat oefenen. Zijn er vaste momenten op de dag dat je hier de tijd voor zou kunnen nemen?
> G: ... Ik denk het wel ... in de avond, na het eten moet wel lukken.
> T: Prima. Dan denk ik dat het de eerste keren handig kan zijn de opname die je hebt gemaakt van dit gesprek te gebruiken om de oefening te doen. Maar als je nou merkt dat het je wel goed afgaat, dan is het denk ik ook goed als je het zonder de opname probeert.
> G: Oké.

> **Wat nou als ...**
> — jij, of je cliënte, al deze stappen ingewikkeld vindt en het spoor bijster raakt? Hierboven staan alle stappen beschreven om een toekomstgerichte IR zo uit te voeren dat je cliënte zich imaginair kan voorbereiden op triggersituaties waarin oude patronen het dreigen over te nemen. Het zijn echter veel verschillende stappen, met perspectiefwisselingen en verschillende acties die moeten worden gevisualiseerd. Daardoor kan het wat verwarrend worden voor je cliënte, en wellicht ook voor jouwzelf. Bedenk dat bovenstaande stappen een leidraad zijn en geen dwingend protocol. Je mag je dus vrij voelen om de stappen te vereenvoudigen door bijvoorbeeld enkel het gewenste gedrag in een toekomstige triggersituatie te visualiseren en niet eerst je cliënte te vragen zich bewust te worden van oude patronen. Het visualiseren van een gezonde probleemhantering alleen maakt de oefening eenvoudiger en is nog steeds een goede voorbereiding op de toekomst. Een andere optie is om de hele toekomstgerichte IR op te splitsen in afzonderlijke stappen, met iedere keer een korte bespreking tussendoor. In dat geval kun je er ook voor kiezen om de hele oefening uit te smeren over meerdere sessies.

5.4 Samenvatting

In dit hoofdstuk is beschreven hoe IR je cliënte kan helpen zich goed voor te bereiden op toekomstige triggersituaties waarin zij het risico loopt in oude patronen te vervallen. Toekomstgerichte IR lijkt een goede voorbereiding op triggersituaties, aangezien het voor het brein geen verschil lijkt te maken of iemand zich een situatie uit het verleden of een toekomstige situatie verbeeldt; dezelfde hersengebieden lijken te worden geactiveerd. De eerste voorbereiding op deze toekomstgerichte IR is het leren visualiseren van een positiever, competenter zelfbeeld: het gezonde, volwassen deel van je cliënte. Je cliënte oefent eerst in neutrale omstandigheden met het visualiseren van een gezond, volwassen deel van zichzelf. Wanneer ze daartoe in staat is, kan ze zich voorbereiden op uitdagende triggersituaties die zich in de toekomst kunnen voordoen. Tijdens toekomstgerichte IR visualiseert je cliënte dat ze vanuit haar gezonde volwassene toekomstige probleemsituaties op een gezondere manier hanteert. In dit hoofdstuk is beschreven hoe deze gezonde probleemhantering terug te brengen is tot drie stappen. De eerste stap is het mild en begripvol erkennen dat niet alleen de situatie op zichzelf al lastig is, maar dat ook leerervaringen in het verleden het moeilijk maken deze probleemsituaties op een adequate manier te hanteren. Deze zelfcompassie is een noodzakelijke voorwaarde om rustig en realistisch na te kunnen denken waarom oude opvattingen in de betreffende situatie niet adequaat zijn. Deze tweede stap, het cognitief herstructureren van oude, disfunctionele aannames, leidt ten slotte naar de derde stap, die van gedragsverandering. In die gedragsverandering wordt nieuw, gezonder gedrag uitgeprobeerd. Een samenvatting van de stappen van een toekomstgerichte IR kun je vinden in bijlage 6 'Richtlijn toekomstgerichte imaginaire rescripting'.

In het volgende hoofdstuk wordt beschreven hoe je alle vaardigheden tot nog toe ook kunt toepassen op specialistische klachtgebieden als verslavingsproblematiek en de nachtmerriestoornis of bij het bewerken van flashforwards bij een depressie, obsessief-compulsieve stoornis of sociale-angststoornis. Ook zullen andere vormen van imaginatie beschreven worden, zoals positieve imaginatie.

Specialistische toepassingsgebieden en vormen van imaginaire rescripting

6.1 Inleiding – 110

6.2 Specialistische toepassingsgebieden – 110
6.2.1 Imaginaire rescripting bij verslavingsproblematiek – 110
6.2.2 Imaginaire rescripting bij nachtmerries – 113
6.2.3 Imaginaire rescripting bij flashforwards – 116

6.3 Specialistische vormen van imaginaire rescripting: positieve imaginatie – 121
6.3.1 Inleiding – 121
6.3.2 Verschillende vormen van positieve imaginatie – 122

6.4 Samenvatting – 124

© Bohn Stafleu van Loghum is een imprint van Springer Media B.V., onderdeel van Springer Nature 2020
R. van der Wijngaart, *Imaginaire rescripting*, https://doi.org/10.1007/978-90-368-2451-4_6

6.1 Inleiding

In dit hoofdstuk leer je hoe je de methode van imaginaire rescripting (IR) kunt toepassen bij verschillende klachten, zoals verslavingsproblematiek, de nachtmerriestoornis en de flashforwards bij een depressie, de dwangstoornis. IR bij deze stoornissen zal in veel opzichten niet verschillen van wat je eerder in dit boek hebt kunnen lezen: op dezelfde manier worden betekenisvolle beelden gevisualiseerd en help je het verloop van deze beelden te veranderen. Je leert in dit hoofdstuk echter de klachten of stoornissen zo te conceptualiseren dat helder wordt waarom je ook bij deze klachten IR kunt gebruiken. Tot slot worden in dit hoofdstuk ook andere vormen van imaginatieoefeningen beschreven, zoals positieve imaginatie en cognitive bias modification.

6.2 Specialistische toepassingsgebieden

6.2.1 Imaginaire rescripting bij verslavingsproblematiek

Tot dusver zijn vooral imaginaire beelden beschreven die door cliënten als negatief en aversief worden ervaren. Bij sommige stoornissen komen echter beelden voor met een inhoud die minder aversief is, of die zelfs positief ervaren wordt. Bij verslavingsproblematiek worden bijvoorbeeld beelden gerapporteerd van het gebruik van middelen die een verlangen naar dat middel kunnen oproepen (zie May et al. 2004). Het verbeelden van gedrag vergroot de kans op het uitvoeren van dat gedrag (Libby et al. 2007). Levendige, positief ervaren beelden over het gebruik van het middel kunnen zo leiden tot het daadwerkelijk gebruik van het middel. Door de sterke kortetermijneffecten van het gebruik van het middel krijgt de cliënt dan meer positief ervaren beelden over het gebruik van het middel. Daarmee is de vicieuze cirkel rond. Het doorbreken van dit patroon met behulp van IR bevat twee kernelementen. Op de eerste plaats kunnen de onderliggende, betekenisvolle ervaringen uit het verleden bewerkt worden die hebben bijgedragen tot de verslavingsproblematiek. Daarnaast kunnen toekomstgerichte imaginaties (zie ▶ H. 5) bijdragen tot het doorbreken van de gedragspatronen van het gebruik van het middel. Hieronder worden deze twee kernelementen van de behandeling verder uitgewerkt.

Bewerken van de onderliggende redenen van de verslavingsproblematiek

De achtergrond van de verslaving kan van cliënte tot cliënte sterk verschillen, maar een gemeenschappelijk kenmerk is wel dat het gebruik van het middel een functie heeft (gehad) voor de cliënte. Voor de ene cliënt was het eerste gebruik van het middel een manier om aan eenzaamheid of onveiligheid te ontsnappen, voor de andere cliënt een manier om zich verbonden te voelen met anderen, en voor weer een andere cliënt een bevrediging van impulsen vanuit een gebrek aan frustratietolerantie. In de diagnostische imaginatie worden de betekenisvolle ervaringen geïdentificeerd die hebben bijgedragen tot het gebruik van het middel.

IR is vervolgens gericht op het valideren van de onderliggende gefrustreerde basisbehoeften, zodat het gebruik van het middel met die functie overbodig wordt. Deze gezonde ervaringen kunnen bijdragen aan het doorbreken van de verslaving.

Het verdient de voorkeur dat de cliënte nuchter in de sessies aanwezig is en de verslaving al is afgebouwd. De behandeling van de verslavingsproblematiek volgt daarmee twee sporen, met enerzijds afbouw van de verslaving en anderzijds het opstarten van IR.

Identificeren van autobiografische herinneringen die samenhangen met de verslaving

Therapeut: Hoe heb je je gevoeld in de afgelopen week?
Cliënt: Het ging wel ... nou, het was wel zwaar in het weekend, en toen ging het bijna mis, maar ik heb het, ja, ik heb het wel oké gehouden ...
T: Dus het weekend was zwaar, op welke manier?
C: ... Hm ... ik had niets te doen, en toen belde ik een vriend, maar die kon niet, en toen ... nou ja, ik zat daar maar en zat maar de hele tijd te denken dat ik wat wilde drinken.
T: Oké, dus je had niet iets te doen en voelde je daar ongelukkig bij, en toen kwam de gedachte aan drank bij je op, klopt dat?
C: ... Ja ...
T: Je vertelt het heel duidelijk, en terwijl je dat beschrijft lijkt het wel alsof je die situatie weer voor je ziet, alsof met de woorden ook beelden opkomen, herken je dat?
C: (knikt instemmend)
T: Dan wil ik je vragen om je ogen te sluiten en die beelden op te laten komen, en beschrijf dan wat je ziet ... Dus sluit je ogen ... en denk weer terug aan het weekend en aan die situatie dat je eigenlijk wat wilde afspreken met die vriend, maar dat dat niet doorging ... wat zie je nu?
C: ... Ik weet niet ... het is meer dat ik weer hoor hoe hij dat zei, dat hij met zijn broer had afgesproken ... hij klinkt ... ik weet niet ...
T: Dat is oké, laat het maar ontstaan ... wat zie je nu? Je zit met hem aan de telefoon?
C: ... Ja ... ik zit op de bank ...
T: En hij praat over de afspraak met zijn broer ...
C: ... Ja ...en hij is blij, dat merk ik ...
T: En hoe voel jij je nu?
C: ... Gewoon ... klote ... alsof ik het zelf maar moet uitzoeken ... zoiets ...
T: Het klinkt ook wat alleen, maar ik weet niet of ik dat goed hoor?
C: ... Ja ...
T: Waar voel je dat in je lijf terwijl je nu op de bank zit, je telefoon aan je oor en je hoort Harry zo blij praten over zijn eigen afspraak?
C: ... Druk ...hier (wijst op zijn borst) ...
T: Concentreer je daarop en het gevoel het zelf maar uit te moeten zoeken, dat nare gevoel dat je nu voelt drukken ... en laat dit beeld maar vervagen, maar met dat gevoel van alleen. Welke beelden uit je verleden komen nu bij je op ...?
C: ...
T: Het gevoel er alleen voor te staan, het zelf te moeten oplossen, en de ander is met andere dingen bezig, heeft geen oog of steun voor jou ... dat gevoel in je borst ... waar herken je dat gevoel van?

> C: … Ik weet niet, ik snap het niet … ik zie mijn vader … maar hij is gewoon aan het werk …
> T: Beschrijf maar wat je ziet …
> C: … Hij zit aan tafel en is bezig met iets … en ik wil dat hij komt, dat hij me helpt … ik ben met iets bezig … iets van school …
> T: En zie je jezelf nu?
> C: … Ja … ik sta daar … wachtend …
> T: Hoe oud is dat jongetje wat je nu ziet?
> C: … Twaalf … zoiets …
> T: Probeer nu maar in de huid van dat jongetje van twaalf te kruipen, wees maar die twaalfjarige … en je staat nu te wachten, kijkend naar je vader … hoe kijkt je vader?
> C: … Afwezig … hij is gewoon heel druk …
> T: En hoe voel jij je nu, terwijl je zo naar hem kijkt?
> C: … Dat het toch geen zin heeft, wat ik ook wil … hij heeft toch geen tijd …
> T: Geen tijd voor jou?
> C: … Nee … alsof het niet belangrijk genoeg is …
> T: En wat gebeurt er nu?
> C: … Ik ga tv-kijken …
> T: Wat ga je kijken?
> C: Maakt niet uit … gewoon iets, gewoon tv-kijken …

In de nabespreking van dit beeld wordt duidelijk dat er een tekort aan emotionele zorg en verbondenheid is geweest in het verleden van cliënt, waardoor hij zich als kind vaak onbelangrijk, eenzaam en verdrietig heeft gevoeld. In de recente situatie, waarin hij tevergeefs een afspraak wilde maken in het weekend, lijken dit oude gevoel van niet belangrijk genoeg zijn en de daaraan gekoppelde gevoelens van verdriet en eenzaamheid geactiveerd te zijn. Net als in het verleden is er een sterke neiging deze emotionele pijn te verzachten door afleiding; vroeger was dat de tv, en later is drank het middel daarvoor geworden.

Bij de rescripting worden dan ook de verbondenheid, aandacht en zorg geboden als helende ervaringen voor het ervaren gemis in het verleden.

Rescripting van de betekenisvolle autobiografische herinneringen

Nadat het beeld uit het verleden gevisualiseerd is, heeft de therapeut zojuist gevraagd of cliënt de therapeut in het beeld kan plaatsen.
T: Hoe is het voor jou dat ik er ben?
C: … Gek … maar oké …
T: Fijn, ik snap dat het een beetje onwennig voelt, maar ik ben er om jou te helpen. En ik ben blij dat ik nu naast je sta, dicht bij je om je te helpen … Fijn dat het ook wel oké voor jou voelt. Ik wil nu iets tegen je vader zeggen, en jij hoeft alleen maar te luisteren en te voelen hoe dat is, oké?
C: … Oké …
T: (met hoofd wat weggedraaid, alsof pratend tegen vader) 'Uw zoon staat hier nu al een tijdje te wachten tot u hem even helpt, maar het lijkt wel alsof allerlei andere

> dingen belangrijker zijn dan hem te helpen. Dat is niet goed, dat maakt hem verdrietig en geeft hem het gevoel dat hij niet belangrijk is.' Hoe reageert hij?
> C: Hij haalt zijn schouders op, zo van: 'Ja, en?'
> T: Oké ... (tegen vader). 'Nee, dat is niet iets waar u gewoon maar uw schouders over kunt ophalen! Dit gaat over uw zoon, en die doet ertoe! Ik vind dat echt niet kunnen; als iemand mij zou zeggen dat mijn kind zich onbelangrijk voelt door wat ik doe, zou ik me kapot schrikken, ik zou hem willen vasthouden en verzekeren dat hij het belangrijkste op de hele wereld is. En dit is uw reactie, een beetje uw schouders ophalen? Dat kan echt niet!' (Tegen cliënte) Hoe reageert hij?
> C: Hij kijkt wat geïrriteerd ... hij is het niet gewend dat anderen hem aanspreken, en hij wordt er boos van ...
> T: Blijf maar naar mij kijken, let nu maar even niet op je vader, ik zorg wel dat het veilig blijft. En hoe voel jíj je bij wat ik zeg?
> C: ... Dat het fijn is dat iemand voor me opkomt ...
> T: Heel goed, wat fijn dat je dat voelt, waar voel je dat in je lijf?
> C: ... Hier ... (wijst op buik) ...
> T: Leg je hand maar op je buik dan, houd contact met dat gevoel, laat het beeld van je vader vervagen, en luister naar mijn stem ... Je bent belangrijk, en wat jij voelt doet er toe ... Natuurlijk wil je dat er wat tijd en aandacht is voor je, dat is niet gek, dat is geen belasting! Er is niets mis met je, kun je dat horen?
> C: (knikt)
> T: Hoe voel je je nu?
> C: ... Ja, beter ... minder gespannen ...

De sterke, positief ervaren kortetermijneffecten van het gebruik van het middel maken dit echter een hardnekkige klacht die niet vaak verholpen zal worden door enkel het bewerken van oorspronkelijke etiologische ervaringen. Naast IR van ervaringen uit het verleden is het bij deze pathologie dan ook van belang veel te oefenen met toekomstgerichte IR, waarmee je cliënte leert om te gaan met de opgeroepen frustraties en verlangens bij onthouding van het middel of blootstelling aan middel-gerelateerde situaties. In deze oefeningen zal je cliënte moeten leren mild te blijven voor zichzelf als de drang naar het middel geactiveerd wordt, de argumenten voor ogen te houden waarom de wens tot gebruik niet de werkelijke behoefte is, en vervolgens ook concreet te visualiseren hoe zij op een andere manier kan omgaan met die activerende situaties.

6.2.2 Imaginaire rescripting bij nachtmerries

In ▶ H. 1 bleek dat er twee verschillende benaderingen zijn om IR toe te passen op nachtmerries. De *imagery rehearsal therapy*, ontwikkeld en onderzocht door Krakow en collega's (2001, 2006, 2010) is de eerste keuze voor een niet-medicamenteuze behandeling van de nachtmerriestoornis volgens de richtlijnen binnen de ggz. Deze therapie bestaat uit twee componenten: cognitieve herstructurering van gedachten over (het hebben van) nachtmerries en het herschrijven van de verhaallijn van de nachtmerrie. Dit nieuwe, herschreven scenario wordt vervolgens dagelijks in gedachten herhaald. Een tweede benadering is beschreven door Kunze en anderen (Kunze et al. 2016, 2017) en betreft meer de IR zoals tot dusver in dit boek beschreven is. Zij deden als eerste een gerandomiseerde, gecontroleerde studie naar het effect van IR in vergelijking met imaginaire exposure en toonden aan dat IR een effectieve, opzichzelfstaande behandeling kan zijn van de nachtmerriestoornis. Hieronder wordt IR bij deze stoornis beschreven volgens het protocol dat in deze studie is gehanteerd (Kunze et al. 2016, 2017).

Gedurende de intake wordt de 'core'-nachtmerrie geïdentificeerd, vrij vertaald de 'kern-nachtmerrie'. Deze kernnachtmerrie wordt bewerkt met behulp van IR. De kernnachtmerrie wordt omschreven als de meest voorkomende nachtmerrie die tevens het meest emotioneel beladen is én een voorbeeld is van een terugkerend thema in de nachtmerries waar de cliënte last van heeft (bijvoorbeeld achtervolgd worden, gedood worden of iets dergelijks). Vanwege het korte karakter van de behandeling wordt de aandacht met name gericht op deze kernnachtmerrie.

Beschrijving van de nachtmerrie

T: Ik wil je nu vragen of je de nachtmerrie kunt beschrijven die het meest voorkomt en die ook de meeste spanning veroorzaakt. De nachtmerrie waarvan je het liefst wilt dat die minder vaak voorkomt. Kun je die nachtmerrie beschrijven zoals jij hem beleeft, alsof je een film beschrijft, zodat ik die goed voor me zie.
C: Ik ben erg klein, twee of drie jaar, in een wiegje thuis. En ik lig daar alleen, en dan komen mijn vader, moeder en mijn vriend binnen, en ze staan daar maar en kijken heel boos, teleurgesteld. En ik vraag hun om dat niet te doen, maar dan lopen ze gewoon weg uit de kamer, en ik moet huilen, echt heel erg huilen, maar niemand komt terug … en dan ben ik groot, en ik kan uit het wiegje stappen en ga naar de deur, en als ik de deur opendoe en de gang in loop, dan is het hele huis donker, en er is niemand. En dan ga ik de straat op, maar de hele straat is ook donker, de straatlantaarns zijn uit, en alles is donker, heel stil; geen auto's, geen geluiden, en ik loop maar door en door … en er is niemand, nergens …

De effectiviteit van de behandeling van deze stoornis kan voor een deel afgelezen worden aan een vermindering van de frequentie van de nachtmerries. Vergeet dus niet bij iedere sessie te vragen hoe vaak deze kernnachtmerrie in de afgelopen week is voorgekomen en hoe stressvol deze was, en noteer deze frequentie en dit stressniveau.

Vervolgens geef je uitleg over de gedachte achter IR, de rationale voor de behandeling. Probeer de uitleg van IR zo helder en eenvoudig mogelijk te houden, en ga na of je cliënte na je uitleg nog vragen of twijfels heeft.

Uitleg rationale

T: Vandaag wil ik samen met jou werken aan deze nachtmerrie met behulp van de verbeeldingsoefening waar ik je over heb verteld. Ik zal je zo vragen om je ogen te sluiten en beelden op te laten komen van die nachtmerrie waar je net over vertelde. Het helpt daarbij als je je ogen sluit en de nachtmerrie beschrijft alsof je die nú beleeft. Het kan dus helpen om het te beschrijven in de tegenwoordige tijd, dus 'Ik lig in de wieg'. Het helpt ook om aandacht te hebben voor details. Daardoor kunnen

> de beelden weliswaar meer spanning oproepen, maar het is belangrijk dat je alle gevoelens toelaat die je hebt als je deze nachtmerrie hebt. In het begin kan de oefening daardoor wel moeilijker voor je zijn, maar we gaan vandaag het einde van die nachtmerrie veranderen, waardoor jij je beter zult voelen … Je kunt daarbij alles doen wat je maar wilt; je kunt je fantasie gebruiken, je kunt het realistischer doen, wat ook maar goed voelt voor je. Ik zal af en toe vragen hoe jij je voelt en wat je nog meer nodig hebt. Heb je nog vragen over wat we gaan doen?
> C: Nee, ik denk het niet.
> T: Oké, hoe gespannen voel je je nu bij deze nachtmerrie? Als je eraan denkt dat je dadelijk die nachtmerrie weer voor de geest moet halen?

De IR van de nachtmerries verloopt in twee fasen. In de eerste fase vraag je de cliënte om de nachtmerries in de verbeelding op te roepen. Deze fase is bedoeld om de nachtmerrie te activeren.

Activatie van de nachtmerrie

> T: Wat zie je nu?
> C: Ik lig in de wieg, in de hoek van mijn kamer. Ik ben nog heel klein, twee of drie jaar …
> T: Wat zie je als je nu om je heen kijkt?
> C: Er liggen geen speeltjes in de wieg. Ik kan omhoogkijken, en het is heel donker.
> T: En nu je daar ligt, wat ruik je nu?
> C: Ik ruik niet echt iets, misschien het laken …
> T: Richt je aandacht maar op die geur, maar ook op wat je nu hoort.
> C: Het is echt stil, ik kan niet echt iets horen, het is stil alsof je in een bubbel zit … ik hoor niet echt iets …
> T: Beschrijf nu maar wat er gebeurt …
> C: Papa en mama en mijn vriend komen allemaal de kamer in, en ze kijken allemaal beschaamd, en boos en teleurgesteld. Ze kijken echt naar me van 'Ze heeft alles verkeerd gedaan'. Ze kijken echt heel boos … ja … dat het allemaal mijn schuld is …
> T: En hoe voel jij je als je ziet hoe ze naar je kijken?
> C: Ik voel me heel verdrietig … en alsof ze helemaal niet van me houden …
> T: Kun je dat verdriet ook in je lijf voelen?
> C: … Ja …
> T: Waar voel je dat?
> C: (Wijst op haar borst) … Ik voel het hier …

In de tweede fase verandert je cliënte het verloop van de nachtmerrie op een door haar zelfgekozen manier.

> **Rescripting van de nachtmerrie**
>
> T: Wat zou je nu anders willen hebben?
> C: Ik wil dat ze naar me glimlachen en dat ze naar me kijken, zo van, het is oké, we houden van je … gewoon lief zijn …
> T: Zie dat maar voor je ogen, alsof dat nu gebeurt … kun je me vertellen wat je ziet?
> C: Mama komt naar de wieg, en de andere twee die volgen haar, en ze buigen zich naar me over, en mama buigt en pakt me op.
> T: En glimlacht ze?
> C: Ja, ze geeft me een kus …
> T: En hoe voel jij je?
> C: Heel blij en veilig en warm, geliefd …
> T: Is er een plek in je lijf waar je dat gevoel kunt voelen?
> C: In mijn borst.
> T: Maak er maar contact mee, en geniet er maar van … laat het maar door je heen stromen.

Na de oefening volgt een nabespreking waarbij opnieuw gevraagd wordt naar de spanning die cliënte ervaart bij de gedachte aan de nachtmerrie. Deze metingen geven een indicatie van de effectiviteit van de oefeningen. Vervolgens wordt in de resterende tijd nogmaals een, of zelfs meerdere keren, IR gedaan rondom de kernnachtmerrie, waarbij iedere keer opnieuw gevraagd wordt wat je cliënte anders zou willen, wat ze nodig heeft. Dat kan betekenen dat er in één sessie drie of vier keer wordt geoefend met telkens een ander herschreven verloop van de nachtmerrie.

6.2.3 Imaginaire rescripting bij flashforwards

In de literatuur over imaginaire beelden bij psychopathologie wordt met name ingegaan op intrusieve beelden uit het verleden, zoals de herbelevingen bij PTSS (bijvoorbeeld Ehlers et al. 2004; Grey en Holmes 2008; Krans et al. 2009) en intrusieve herinneringen bij een depressie (bijvoorbeeld Newby en Moulds 2011a; Patel et al. 2007). In toenemende mate is er echter ook belangstelling voor de verbeelding of simulatie van toekomstige gebeurtenissen (zie bijvoorbeeld Schacter et al. 2008). Toekomstgerichte imaginaties kunnen ook intrusieve, onaangename beelden zijn. Deze worden ook wel 'flashforwards' genoemd, in tegenstelling tot de zich opdringende herinneringen over gebeurtenissen uit het verleden, de flashbacks. Een flashforward wordt gedefinieerd als 'de ervaring van zich opdringende, ongewenste en onaangename imaginaire beelden over gebeurtenissen in de toekomst' (Deeprose en Holmes 2010).

Flashforwards naar onaangename beelden van mogelijke toekomstige situaties komen voor bij angststoornissen (Engelhard et al. 2010a; Morina et al. 2011) en andere stoornissen, zoals schizofrenie (Malcolm et al. 2015). In ◘ tab. 6.1 worden voorbeelden gegeven van verschillende flashforwards bij verschillende stoornissen. Flashforwards bij depressie kunnen beelden zijn waarin patiënten zichzelf suïcide zien plegen (Holmes et al. 2007). Deze zich opdringende beelden kunnen daarbij gepaard gaan met de angst

Tabel 6.1	Voorbeelden flashforwards voor verschillende stoornissen
stoornis	voorbeelden flashforward
obsessief-compulsieve stoornis	iemand zien neersteken (Speckens et al. 2007)
depressie	zichzelf suïcide zien plegen (Holmes et al. 2007)
sociale-angststoornis	zien dat gezicht rood als een tomaat wordt in een sociale situatie (Hackmann et al. 2000; Stopa en Bryant 2004)

en wanhoop met betrekking tot een uitzichtloos bestaan van ondraaglijk lijden. Voor sommige depressieve patiënten hebben deze beelden echter een geruststellende betekenis, waarbij de dood ervaren wordt als een uitweg uit hun lijden, of zijn de beelden een weergave van hun sterke gevoelens van waardeloosheid. In dergelijke gevallen zijn de flashforwards niet geheel zonder risico: aangezien imaginaire beelden invloed lijken te hebben op toekomstig gedrag (Libby et al. 2007) zou een flashforward over het plegen van suïcide de kans op daadwerkelijk suïcidaal gedrag kunnen verhogen. Depressieve patiënten die een suïcidepoging hebben ondernomen, geven aan voorafgaand aan die poging flashforwards over suïcide te hebben gehad (Holmes et al. 2007).

Holmes en collega's (2007) beschreven de mogelijkheid om, met behulp van IR, de uitkomst van de flashforward, of de levendigheid van het beeld, te veranderen. Flashforwards kunnen dan herschreven worden, net zoals herbelevingen en betekenisvolle herinneringen uit het verleden bewerkt kunnen worden. Als flashforwards een in stand houdende rol spelen in verschillende stoornissen, dan zou IR van die flashforwards een alternatieve interventie in de behandeling van die stoornissen kunnen zijn. Voor zover mij bekend is het onderzoek naar flashforwards en de bewerking van die beelden zeer beperkt. Onderstaande beschrijving van IR voor flashforwards dient dan ook enkel gezien te worden als aanvullende, alternatieve optie als onvoldoende resultaat is geboekt met bestaande, bewezen effectieve interventies.

De keuze hoe een flashforward herschreven wordt, zal afhangen van de betekenis van de flashforward. Een depressieve cliënte die zich angstig en wanhopig voelt bij het beeld waarin ze zichzelf een overdosis pillen ziet innemen, kan bijvoorbeeld visualiseren dat zij de pillen wegspoelt door het toilet. Ook kan rescripting van de wanhoop in het beeld plaatsvinden doordat iemand in het beeld erbij stapt en troost en begrip biedt. In tab. 6.2 wordt een aantal manieren beschreven waarop flashforwards herschreven kunnen worden.

Rescripting van de flashforward zal er echter anders uitzien wanneer depressieve cliënten die flashforwards over suïcide voor een deel ervaren als uitweg uit hun ellende. Het veranderen van de uitkomst van de flashforward zou daarmee als onbedoeld effect kunnen hebben dat je cliënte het gevoel heeft 'met lege handen te staan'. Doel van IR is in deze gevallen het genereren van beelden die minder schadelijk zijn, maar wel tegemoetkomen aan de onderliggende behoefte aan controle, veiligheid of spanningsverlichting. Afhankelijk van de specifieke onderliggende behoefte zal rescripting een andere invulling krijgen. Hieronder staan enkele voorbeelden beschreven.

Tabel 6.2 Voorbeelden rescripting flashforwards

behoefte	beleving flashforward	rescripting
veiligheid	dood = eindelijk rust	kuuroord, lamp van Aladin, die grenzeloze, veilige manieren biedt om rust te verkrijgen
verbondenheid	dood = eenzaamheid niet voelen	vrienden, therapeut in beeld
zelfexpressie	dood = anderen het lijden tonen	boosheid uiten aan anderen
autonomie	dood = zelf iets kunnen doen	visualiseren van roer omgooien in leven, bijvoorbeeld baan opzeggen
waardering	dood = verdiende straf	straffende antagonisten tegenspreken en waardering uiten
realistische grenzen	dood = uiterste grens tegen eisen	grenzen stellen aan andere, eisen, verwachtingen
vrijheid	dood = weg van alles	vakantie, loterij winnen

Voorbeeld: imaginaire rescripting van flashforwards bij een dwangstoornis

Hieronder wordt een IR beschreven van een flashforward bij een cliënt met een obsessief-compulsieve stoornis. De cliënt controleert bij het weggaan van huis de deur tot wel zeventig keer uit angst dat er ingebroken wordt en dat hij er de schuld van krijgt als het hele huis leeggeroofd wordt. Deze angst wordt geactiveerd door een flashforward waarin hij zijn huis ziet nadat het leeggeroofd is. De rescripting start met het levendig visualiseren van deze flashforward.

Visualiseren flashforward

Therapeut: Oké, wat we kunnen doen is dat jij je ogen sluit en opnieuw het beeld beschrijft wat je hebt op dat moment, maar dan alsof het nu gebeurt, jij bent er en beschrijft wat je nu ziet.
Greg: Je bedoelt het moment dat ik dan thuis zou komen en het huis helemaal verwoest is?
T: Het beeld zoals jij het op dat moment in je hoofd hebt zitten. Je hand is op de deurklink, en op dat moment, zo begrijp ik van je, op dat moment heb je dat beeld. Sluit je ogen maar even.
G: Oké …
T: Beschrijf me wat je op dit moment voor ogen hebt.
G: Uhm, de koffietafel ligt omver en is kapotgeslagen, en alle kussens zijn van de bank gegooid … maar ze zijn ook opengescheurd, en alle boeken zijn van de boekenplank afgetrokken … en alle dingetjes die op de schouw stonden zijn ervanaf gegooid … verderop in de keuken zijn alle borden uit de kasten gehaald en zijn gewoon gedumpt, op de grond gegooid. Je kunt dus niet gewoon lopen, er is gewoon geen plek.
T: Waar sta jij in het beeld?
G: Uhm … uhm … ik heb het gevoel dat ik in de woonkamer sta …

6.2 · Specialistische toepassingsgebieden

> T: Oké, wees daar maar nu, maak contact met je gevoelens, en kijk om je heen ... kijk naar de dingen die je ziet, maar probeer ook te ervaren wat je erbij voelt ...
> G: Hoe ik me voel ...? Alsof het mijn schuld is ... dat ik ... dat ik het huis beter had moeten afsluiten, zodat ...
> T: Oké, dus je staat daar nu in de woonkamer, je kijkt om je heen, en je voelt je schuldig?
> G: Hm ...
> T: Alsof jij het anders had moeten doen, jij had moeten voorkomen dat dit is gebeurd?
> G: Hmmm.
> T: Concentreer je op dat schuldgevoel ... waar voel je dat in je lijf?
> G: Uhm ... helemaal om me heen, in mijn maagstreek ...

De leidende vraag tijdens de rescripting is wat de cliënt nodig heeft om meer veiligheid te ervaren.

> **Rescripting flashforward**
>
> T: Oké, blijf bij dat gevoel, ga er niet van weg, maar houd contact met dat gevoel. En als je dit nu zo voelt, wat zou je dan anders willen hebben, wat heb je nu nodig? ... Terwijl je daar nu staat in die verwoeste woonkamer, maar ook met dat schuldgevoel, het gevoel dat dit jouw schuld is, waardoor zou je je beter voelen ... wat heb je nu nodig?
> G: Uhm ... Ik wil dat alles weer op zijn plek staat, alsof het niet gebeurd is ... ik wil niet het gevoel hebben dat dit mijn schuld is ...
> T: Oké, dus wat ik hoor is dat je het nodig hebt dat alle schuld en verantwoordelijkheid van je wordt afgenomen. Als je zou zien dat het allemaal niet gebeurd is, dan zou dat het allemaal beter maken? Maar je staat daar, alles is verwoest, dat is de realiteit waar je nu in staat.
> G: Ja ...

Op dit moment zijn er verschillende opties. De therapeut zou kunnen kiezen voor het bewerken van *beeldaspecten*, waarbij het beeld minder bedreigend wordt gemaakt. Het veranderen van een naar beeld in een positief beeld zal positieve gevoelens genereren. In het huidige voorbeeld zou het beeld veranderd kunnen worden in een plaatje in een boek of cadeautjes die op de grond liggen in plaats van rommel in de kamer. De kern van IR blijft dat beelden een emotionele impact hebben, of het nu een realistisch beeld is of niet. De optie waar hieronder voor gekozen wordt, is het veranderen van de *verhaallijn*. De inbraak en de rommel worden daarbij gezien als de beginscène van een film die wellicht een slechte start heeft, maar die positief kan eindigen.

> **Rescripting flashforward (vervolg)**
>
> T: Ik zit te denken, kun je mij in dit beeld erbij plaatsen? Kun je mij daar naast je zien?
> G: Hmhm.
> T: Naast je, daar in de woonkamer, en ik praat even met je: 'Greg, ik weet dat je heel overstuur bent omdat je gelooft dat dit allemaal jouw schuld is, maar dat is het niet.

> Het is niet jouw schuld! Dit soort dingen gebeuren. En als iemand schuld hieraan heeft dan is het wel de inbreker, diegene die het deed. Jij hebt hem niet uitgenodigd in je huis. Jij hebt iets normaals gedaan wat iedereen doet; je hebt het huis verlaten en de deur afgesloten. Het is dus niet jouw schuld. Wat je ook had gedaan, hoe vaak je ook had gecontroleerd, het had geen verschil gemaakt. Dit is niet iets waar je controle over hebt. En dat voelt misschien naar en dat is het misschien ook wel, maar het is niet iets waar jij je schuldig over kunt voelen.' Hoe voel je je als je naar me luistert?
> G: … Ja, het is moeilijk om te luisteren. Ik wil … het is moeilijk om te luisteren, mijn aandacht blijft maar afdwalen naar de rommel op de vloer.
> T: Oké, dat is goed dat je dat zegt. Dus in het beeld wil ik dat je naar mij kijkt,

De therapeut kiest er in dit geval voor om in het beeld te blijven zoals de cliënt het heeft geschetst. Een andere optie was geweest om de verhaallijn wat terug te spoelen in de tijd en in te grijpen op het moment dat de inbreker net van plan is weg te lopen, of nog eerder, als de inbreker net van plan is om alle spullen te vernielen. In de huidige rescripting worden de rationele argumenten ingebracht die wellicht al van tevoren besproken zijn. Door ze echter in het levendige beeld in te brengen wordt gebruikgemaakt van de grotere emotionele impact die een imaginatie heeft. De intrusieve beelden die onderdeel zijn van de dwangstoornis blijken echter zo sterk beladen met emoties dat de rescripting tot dusver nog niet voldoende is. De realistische informatie wint wellicht aan geloofwaardigheid als de realistische overwegingen ook gedeeld worden door andere belangrijke hechtingsfiguren. Daarom kan de cliënt gevraagd worden om belangrijke anderen, zoals zijn vrouw, in het beeld te brengen en die zich te laten uitspreken over de schuldgedachten van de cliënt.

Rescripting flashforward (vervolg)

> T: Kijk naar mij, maar niet alleen naar mij, maar ook naar al die mensen die belangrijk voor je zijn, ook je vrouw, kun je haar erbij plaatsen?
> G: Ja, maar ik wil niet dat zij deze troep hoeft te zien …
> T: Ik snap het, dit is weer hetzelfde gevoel van verantwoordelijkheid, waarbij je vooral kijkt naar wat anderen nodig hebben. Concentreer je op je vrouw, wat zegt ze nu tegen je?
> G: Ze zegt dat … dat ik op geen enkele manier had kunnen weten dat dit zou gebeuren. Ze zegt dat dit niet mijn schuld is. Ze zegt dat deze dingen, inbraken, gebeurtenissen zijn die nu eenmaal gebeuren. Dat niemand daar iets aan kan doen …
> T: En hoe voel je je terwijl ze dat allemaal zegt?
> G: … Uhm … Het is moeilijk, maar ik kan haar wel horen …
> T: Dat is goed, concentreer je op haar stem … en ik ben het helemaal met haar eens. (Cliënt begint te huilen) Greg, het is niet jouw schuld, we zijn hier samen, het is niet alleen maar jouw verantwoordelijkheid, de inbreker is diegene die hier schuldig is, het is de inbreker die hiervoor gestraft zou moeten worden, niet jij … jij hebt niets verkeerds gedaan, helemaal niets. We zullen dit oplossen. We zullen ervoor zorgen dat de dingen gerepareerd worden … Hoe voel je je?
> G: Beter …

> T: Wat is dat voor beter gevoel?
> G: Uhm … ik kan … ik kan makkelijker ademen …
> T: Oké, concentreer je op dat gevoel, op het gevoel dat je makkelijker kunt ademen, geniet ervan dat die last wat van je is afgehaald … houd contact met dat gevoel, en laat het beeld maar wat vervagen en breng jezelf terug naar de kamer hier bij mij … Probeer contact te houden met dat gevoel, en als je eraan toe bent, kun je je ogen opendoen.
>
> …
>
> T: Oké, hoe voel je je?
> G: Uhm … uhm … prima.
> T: Wat er nu moet gebeuren is dat je dit oefent, dat je dit beeld terughaalt, maar ook die andere mensen die tegen je zeggen wat klopt en niet klopt.

Bovenstaand is slechts één voorbeeld hoe de flashforward van de cliënt herschreven kan worden. Andere opties zouden zijn geweest dat de rommel in het beeld opgeruimd wordt of dat de dader opgepakt wordt en de rechter uitspraak doet dat niet de cliënt maar de dader verantwoordelijk is voor de rommel. Gebruikmakend van de grenzeloze mogelijkheden van de verbeelding kan gezocht worden naar betekenisvolle manieren van rescripting die aansluiten op de behoeften van de cliënt.

6.3 Specialistische vormen van imaginaire rescripting: positieve imaginatie

6.3.1 Inleiding

Bij IR worden eerst negatieve beelden gevisualiseerd, die vervolgens herschreven worden. Bij positieve imaginatie worden daarentegen meteen positieve beelden gevormd (Hackmann et al. 2011). De effectiviteit van positieve imaginatie is al decennia bekend binnen de sportwereld, en positieve imaginatie is dan ook een van de meest voorkomende interventies binnen de sportpsychologie (Cummings en Ramsey 2003). Ook in de behandeling van vormen van psychopathologie zou positieve imaginatie een effectieve interventie kunnen zijn, of een bestaande behandeling effectiever kunnen maken. Zo veronderstelt men dat een gebrek aan positieve toekomstgerichte imaginaire beelden een factor is die een depressie in stand houdt (Holmes et al. 2016). Positieve imaginatie zou hier rechtstreeks op in kunnen grijpen en dan ook een onderdeel kunnen zijn van de behandeling van depressie. Er blijkt inderdaad bewijs te zijn dat positieve imaginatie een positieve stemming versterkt en zou kunnen beschermen tegen depressie (Holmes et al. 2009).

Een voorbeeld van positieve imaginatie is te vinden in een studie van Meevissen en anderen (2011). Zij vroegen gezonde proefpersonen om dagelijks een imaginatieoefening te doen, waarbij ze zichzelf visualiseerden als 'de beste versie van zichzelf' ('the best possible self (BPS)'). Dit hield in dat ze een denkbeeldige toekomstige versie van zichzelf visualiseerden, waarbij alle positieve doelen die ze zichzelf zouden stellen ook daadwerkelijk behaald waren. Vergeleken met mensen die dagelijks de activiteiten van de vorige dag visualiseerden, leidde de positieve, toekomstgerichte imaginatie tot een toename van optimisme over de toekomst. Optimistische mensen blijken minder suïcidale ideaties te hebben (Carver en Scheier 2014) en meer hoop (Tucker et al. 2013). Bovendien lopen optimistische mensen minder risico op een depressie (Vickers en Vogeltanz 2000; Korn et al. 2014).

6.3.2 Verschillende vormen van positieve imaginatie

In dit hoofdstuk is positieve imaginatie tot dusver in algemene termen beschreven, met een enkel concreet voorbeeld, zoals het visualiseren van de 'beste versie van zichzelf' (Meevissen et al. 2011). In de praktijk zijn er echter diverse vormen van positieve imaginatie. Iedere variant is gebaseerd op een andere theorie over het werkingsmechanisme van de gebruikte methoden en technieken. Wat deze verschillende vormen van positieve imaginatie met elkaar gemeen hebben is het gegeven dat positieve beelden rechtstreeks worden gegenereerd in plaats van negatieve beelden te herschrijven tot meer positieve beelden. Hieronder worden enkele vormen van positieve imaginatie beschreven. Voor een uitgebreide beschrijving wordt verwezen naar de vermelde artikelen en/of handboeken.

Compassionate mind training

Imaginatieoefeningen worden in de *compassionate mind training* (Lee 2005; Gilbert 2009) gebruikt om cliënten te leren zichzelf te kalmeren en een gevoel van veiligheid te genereren. In deze benadering moedig je de cliënte aan om een gepersonaliseerd beeld te fantaseren dat compassie symboliseert. Dit beeld van de *perfect nurturer* kan zo fungeren als een reminder, coach of gids die compassie kan blijven houden met je cliënte. Dit beeld kan van een bestaand of fictief persoon of een mythische figuur zijn. Ook beelden van de natuur kunnen onderdeel zijn van dit beeld, zoals een boom vol bloesem. De vorm is van ondergeschikt belang, van belang is de ervaring dat de gevoelens en het lijden van de cliënte op een milde manier begrepen worden. Vervolgens wordt dit beeld opgeroepen in diverse omstandigheden, zodat de compassie geleidelijk geïnternaliseerd wordt.

Dit positieve beeld heeft doorgaans de volgende kenmerken:
- Het is gevormd door de cliënte zelf, zodat het aansluit bij de beleving en behoeften van de cliënte.
- Het beeld symboliseert het persoonlijke ideaal van complete compassie van de cliënte. Voor de ene cliënte kan het dus een beeld zijn van een ander die compassie met de cliënte heeft, voor een andere cliënte is het een beeld van zichzelf waarin ze ouder, wijzer en milder is.
- Compassie heeft meerdere elementen, zoals wijsheid, kracht, mildheid en een niet-veroordelende acceptatie van het zelf.
- Compassie genereert meerdere zintuiglijke ervaringen, zoals een warm gevoel in het lijf en compassievolle emoties, zoals sympathie of empathie.

Competitive memory training

Het doel van *competitive memory training* (COMET) (Korrelboom et al. 2009a, b, 2011) is om betekenisvolle, positieve zelfbeelden toegankelijker te maken dan de negatieve zelfbeelden. Deze benadering sluit aan bij de theorie van Brewin (2006) dat in het geheugen allerlei concepten met meerdere betekenissen opgeslagen liggen. Het concept 'ik' kan bijvoorbeeld geassocieerd zijn met meerdere betekenissen, zoals 'doorzettingsvermogen' of 'humor', maar ook met 'onzekerheid' of 'domheid'. Afhankelijk van de context wordt één betekenis tegelijk geactiveerd. Er is daarbij sprake van een 'retrieval-hiërarchie', waardoor in een bepaalde context verschillende betekenissen met elkaar 'strijden' om te worden geactiveerd. COMET richt zich op het bevorderen van de activeerbaarheid van het positievere zelfbeeld. Imaginatie is, in combinatie met motoriek (lichaamshouding en gelaatsuitdrukking) en muziek, een van de kernelementen van COMET waarmee een emotioneel doorleefd positief zelfbeeld wordt gecreëerd. Dit positieve zelfbeeld, met functionelere betekenissen van het 'ik', wordt vervolgens regelmatig opgeroepen, zowel in de sessie als tijdens huiswerkopdrachten.

Functional imagery training

Mensen zijn vaak geneigd om gezonde doelen verder in de toekomst te plaatsen, waardoor die vaag blijven (bijvoorbeeld: 'Ik wil gezonder gaan eten'). Daarentegen hebben intrusieve beelden vaak betrekking op het nú of de nabije toekomst en zijn ze concreet en levendig (bijvoorbeeld bij iemand met eetproblematiek specifieke beelden over het eten van ongezond voedsel). Daarom hebben deze beelden meer invloed op het gevoel en gedrag dan de vage langetermijndoelen om minder of gezonder te gaan eten (Trope en Liberman 2010). Wanneer mensen zich echter verbeelden dat ze daadwerkelijk uitvoeren wat ze zichzelf als langetermijndoel hebben gesteld, dan wordt het aannemelijker dat ze daadwerkelijk actie ondernemen om dat langetermijndoel te behalen (Knäuper et al. 2009). *Functional imagery training* (FIT, Andrade et al. 2016) is een geprotocolleerde interventie, waarmee cliënten getraind worden in het visualiseren van positieve doelen. Mensen worden bij FIT aangemoedigd om zich te verbeelden wat het nut van een functionele gedragsverandering is en wat de mogelijkheden zijn om tot die gedragsverandering te komen. Cliënten oefenen dit zowel in de sessies als met huiswerkopdrachten. Middels deze verbeeldingsoefeningen worden langetermijndoelen opgesplitst in concrete, haalbare doelen die gemakkelijker en levendiger kunnen worden gevisualiseerd. De doelgerichte imaginaties worden gekoppeld aan alledaagse activiteiten waardoor de beelden veel herhaald worden. Ervaringen waarin ze met succes aan hun doelstellingen hebben gewerkt worden regelmatig in herinnering geroepen. FIT bleek als interventie effectief te zijn voor het uitstellen van snacken bij mensen met zelfgerapporteerde eetproblematiek (Andrade et al. 2016).

Imaginaire cognitive bias modification

Zowel angst- als stemmingsstoornissen kenmerken zich door een aantal vertekeningen in de informatieverwerking aangetoond in aandachts-, interpretatie- en geheugenprocessen (Mathews en MacLeod 2005). Angstige mensen zijn bijvoorbeeld meer geneigd aandacht te hebben voor angst-gerelateerde informatie dan niet-angstige mensen. Daarnaast zullen depressieve mensen geneigd zijn een een situatie die op meerdere manieren te beoordelen is negatief te interpreteren. Verondersteld wordt dat deze vertekeningen in de informatieverwerking deze psychische stoornissen veroorzaken of in stand houden (Koster et al. 2009). Het uitgangspunt van *cognitive bias modification* (CBM) (Blackwell et al. 2015; Torkan et al. 2014; Lang et al. 2012) is om deze vertekeningen in de informatieverwerking te bewerken. Met behulp van specifieke, gestructureerde taken worden deelnemers getraind om bijvoorbeeld meer aandacht te hebben voor positieve informatie, of onduidelijke situaties op een positievere manier te interpreteren. In de behandeling van depressie zijn deze CBM-procedures aangepast door er imaginatie aan toe te voegen: CBM-I (Holmes et al. 2006; Holmes et al. 2008, 2009b). Deelnemers moeten dan een positieve interpretatie visualiseren van situaties die voor meerdere uitleg vatbaar zijn. Ze krijgen bijvoorbeeld een reeks combinaties te zien van plaatjes (bijvoorbeeld een beeld van een drukke straat) en woorden/korte zinnen met een positieve betekenis (bijvoorbeeld het woord 'levendig' in plaats van een negatieve interpretatie als 'intimiderend'). Deelnemers worden gevraagd deze beelden te visualiseren vanuit het eerstepersoonsperspectief en in de tegenwoordige tijd. Een week lang dagelijks oefenen leidde zo tot een vermindering van depressieve klachten (Lang et al. 2012). Ondanks positieve effecten van CBM-I bij depressieve cliënten (Blackwell et al. 2013; Kom et al. 2014; Lang et al. 2012; Torkan et al. 2014) bleek CBM-I niet effectiever dan een controleconditie waarin geen gebruikgemaakt werd van expliciete positieve imaginatie (Blackwell et al. 2015).

6.4 Samenvatting

In dit hoofdstuk is beschreven hoe IR gebruikt kan worden bij diverse psychische klachten en stoornissen, zoals verslavingsproblematiek, de nachtmerriestoornis en flashforwards die voorkomen bij depressie, en de dwangstoornis. De werkingsmechanismen en daarmee de praktische uitvoering van IR zijn feitelijk niet anders, en de voorbeelden van IR bij deze stoornissen zullen dan ook herkenbaar zijn geweest. Iedere stoornis heeft echter specifieke kenmerken, waardoor de toepassing van de techniek wel anders aanvoelt. Een voorbeeld hiervan is het bewerken van flashforwards, waarbij opdringende beelden worden bewerkt die nog niet hebben plaatsgevonden. Verder is positieve imaginatie beschreven als een specialistische vorm van IR. Positieve imaginatie is al decennialang bekend in de sportpsychologie, maar heeft inmiddels verschillende varianten, zoals imaginaire cognitive bias modification, functional imagery training en compassionate mind training. Deze vormen van IR kunnen als opzichzelfstaande interventies worden toegepast, maar eventueel ook gebruikt worden als onderdeel van een uitgebreide behandeling waarbij IR wordt ingezet. Zo zijn COMET, compassionate mind training en functional imagery training tot op zekere hoogte een onderdeel van de toekomstgerichte IR zoals beschreven in ▶ H. 5.

Tot dusver zijn de verschillende fasen van IR beschreven en de verschillende specialistische vormen en toepassingsgebieden. In het volgende en laatste hoofdstuk wordt beschreven in welke valkuilen je als therapeut kunt trappen tijdens de toepassing van de interventie.

Valkuilen van therapeuten

7.1 Inleiding – 126

7.2 Therapeut vraagt de cliënte te snel om zelf te herschrijven – 126
7.2.1 Bewustwording – 127
7.2.2 Compassie – 127
7.2.3 Cognitieve herstructurering – 128
7.2.4 Gedragsmodificatie – 128

7.3 De rescripting is niet krachtig genoeg – 128
7.3.1 Bewustwording – 130
7.3.2 Compassie – 130
7.3.3 Cognitieve herstructurering – 130
7.3.4 Gedragsinstructie – 130

7.4 Therapeut is te rationeel en snel – 131
7.4.1 Bewustwording – 132
7.4.2 Compassie – 133
7.4.3 Cognitieve herstructurering – 133
7.4.4 Gedragsinstructie – 133

7.5 Therapeut is te gedetailleerd – 133
7.5.1 Bewustwording – 135
7.5.2 Compassie – 135
7.5.3 Cognitieve herstructurering – 135
7.5.4 Gedragsinstructie – 135

7.6 Samenvatting – 136

© Bohn Stafleu van Loghum is een imprint van Springer Media B.V., onderdeel van Springer Nature 2020
R. van der Wijngaart, *Imaginaire rescripting*, https://doi.org/10.1007/978-90-368-2451-4_7

7.1 Inleiding

In dit hoofdstuk worden de meest voorkomende valkuilen beschreven waar we als therapeut bij imaginaire rescripting (IR) in terecht kunnen komen. Het toepassen van IR is niet alleen lastig omdat we als therapeut in de praktijk te maken krijgen met zeer moeilijke en uitdagende situaties. Een deel van de worsteling met de techniek komt ook voort uit onze 'onhandigheid', waardoor we de uitdagende situaties in de klinische praktijk niet altijd op een adequate manier hanteren. Niemand kiest er natuurlijk bewust voor om inadequaat met een uitdagende klinische situatie om te gaan. Dat dit toch gebeurt is deels te verklaren door onervarenheid met de methode. Met dit boek kun je meer bekend raken met de methode. Daarnaast is echter ook de activatie van onze eigen schema's en valkuilen een reden dat we de techniek niet altijd even adequaat toepassen. Als beroepsgroep hebben we specifieke veelvoorkomende schema's of valkuilen gemeen. Zo rapporteert een aanzienlijk deel van de therapeuten nare ervaringen in hun jeugd die hen weliswaar in staat stellen om empathisch te zijn voor het lijden van cliënten, maar die hen ook kwetsbaar maken voor de activatie van schema's en copingstijlen (Barnett et al. 2007). Onder therapeuten zijn zelfopoffering en meedogenloze normen de meest voorkomende schema's (Kaeding et al. 2017; Simpson et al. 2018). Activatie van schema's kan leiden tot een copingstijl van vermijding, overgave of overcompensatie (Young 2003). Dat zijn niet altijd de meest adequate reacties, met als gevolg dat we de techniek van IR minder effectief toepassen. In dit hoofdstuk wordt beschreven hoe we de activatie van onze schema's tijdens de toepassing van IR kunnen herkennen. Vervolgens worden praktische adviezen gegeven hoe we deze valkuilen het best kunnen hanteren en daarmee IR zo effectief mogelijk kunnen toepassen.

De beschrijving van onderstaande valkuilen is gebaseerd op jarenlange trainingen, supervisie van een groot aantal therapeuten en uiteraard veel eigen ervaringen met het zelf vastlopen of dreigen vast te lopen in de toepassing van IR. Hieronder worden enkele van de meest voorkomende valkuilen beschreven.

7.2 Therapeut vraagt de cliënte te snel om zelf te herschrijven

Het doel van IR is dat cliënten correctieve emotionele ervaringen geboden krijgen waarmee ze in staat worden om zelf betekenisvolle beelden te herschrijven. De gerichtheid op de behoeften van cliënten, gecombineerd met de wens om hen zo snel mogelijk te helpen, kan ertoe leiden dat we te snel vragen of de cliënte zelf het beeld kan herschrijven. Daarmee spreken we een gezond, volwassen deel van de cliënte aan dat in staat zou moeten zijn haar behoeften te herkennen en dat zich krachtig genoeg zou moeten voelen om emotionele beelden te herschrijven. De realiteit is echter dat veel van onze cliënten in het begin van therapie vaak nog geen gezond, volwassen deel hebben dat daartoe in staat is. Onze vragen als 'Wat heb je nu nodig?', 'Wat zou je willen zeggen tegen die ander?' en 'Kun je die ander dan ook aanspreken/wegsturen?' confronteren cliënten in die beginfase onbedoeld met hun onvermogen. Daarmee loop je het risico dat de oefening, die bedoeld is om een correctieve emotionele ervaring te bieden, gevoelens van incompetentie en machteloosheid versterkt.

7.2 · Therapeut vraagt de cliënte te snel om zelf te herschrijven

> **Therapeut vraagt de cliënte te snel om zelf te rescripten: een voorbeeld**
>
> Therapeut: Oké, dus je vader wordt boos in het beeld, kun je me vertellen wat hij doet? Wat hij zegt?
> Nicky: Hij is gewoon heel erg boos, hij schreeuwt, wijst naar me en zegt: 'Het is allemaal jouw schuld, ik kan het niet geloven dat je dit hebt gedaan, het is jouw schuld'.
> T: Oké, ik wil nu dat je het beeld stilzet Nicky, en dat je jouw gezonde volwassene in het beeld erbij brengt. Ik wil dat je jouw gezonde volwassene ziet, dat je die bént en dat je tussen vader en Kleine Nicky in staat. Ik wil dat je die gezonde volwassene bent die het zat is hoe vader met Kleine Nicky omgaat. Ik wil dat je in contact komt met die gevoelens. Wat wil je zeggen als je ziet hoe hij omgaat met Kleine Nicky?
> N: Euh … ik weet het niet … ik wil daar eigenlijk niet zijn …
> T: Kun je nu boos worden en echt tegen hem ingaan, en zeggen dat je het niet meer toestaat hoe hij met Kleine Nicky omgaat?
> N: Hij zou alleen maar bozer op mij worden, nog meer schreeuwen tegen mij. (duidelijk angstig gespannen, schudt haar hoofd)
> T: … Nou, ik wil graag dat je die gezonde volwassene bent, die het niet meer pikt en tegen hem ingaat.
> N: (Nicky opent haar ogen, angstig gespannen) Ik denk niet dat ik dat kan doen, hij zou alleen maar meer tegen me schreeuwen, ik wil dat niet doen …
> T: Oké, dat is oké, we zullen het een andere keer wel weer opnieuw proberen.

7.2.1 Bewustwording

Er kunnen verschillende redenen zijn voor de neiging om cliënten te snel aan te spreken als een gezonde volwassene. Voor sommige therapeuten komt dit voort uit de overtuiging dat het respectvol is onze cliënten aan te spreken op hun kracht. Een andere reden kan zijn dat therapeuten zich ongemakkelijk voelen bij een directievere houding waarbij ze de leiding nemen. Hierbij kunnen gevoelens van schaamte meespelen ('Wie denk ik wel dat ik ben als ik zeg dat ik in het beeld wil stappen en dat ga herschrijven?') en/of gevoelens van falen ('Als ik dat doe, mislukt het misschien en verliest de cliënte haar geloof in de therapie') of wellicht strengere normen over 'hoe het hoort' ('Je kunt toch niet voor iemand anders bepalen wat die nodig heeft').

7.2.2 Compassie

De intentie is goed om je cliënten ruimte te bieden voor hun eigen proces, en het is begrijpelijk dat het dan wat vreemd of onwennig kan voelen om in de beginfase van IR zo directief de leiding te nemen. Natuurlijk voelt dat nog onprettiger als er schema's spelen van Falen/Mislukken of Schaamte/Tekortschieten. Daarmee is het niet alleen de situatie op zichzelf die het lastig maakt om directief te zijn, maar speelt er nog een hele geschiedenis mee, waardoor je je nog geremder kunt voelen om de leiding te nemen.

7.2.3 Cognitieve herstructurering

Bovenstaande betekent niet dat het altijd verkeerd is om je cliënte het voortouw te laten nemen in de oefening. Het is echter wel belangrijk dat ons handelen aansluit op de behoeften van onze cliënten. In het begin van een therapie is de behoefte aan steun en verbondenheid bij onze volwassen cliënten wellicht groter dan we aannemen. Cliënten raken dan mogelijk ook sneller overspoeld door de emotionele ervaringen en het hanteren daarvan kost hun zoveel energie dat ze niet goed in staat zijn om vanuit een volwassen perspectief te herschrijven. In die fase steunt een directieve houding van jou als therapeut mogelijk een cliënte die moeite heeft om haar emoties zelf op een adequate manier te reguleren. In de loop van de therapie kun je dan van houding veranderen wanneer je cliënte meer behoefte krijgt aan competentie en autonomie. Bij een succesvol therapieverloop zal je cliënte ook steeds beter haar emoties kunnen verdragen en op een gezonde manier hanteren.

7.2.4 Gedragsmodificatie

Concluderend is het raadzaam je cliënte niet te snel te vragen om de opgeroepen beelden zelf te herschrijven. Zelfs bij klachtgerichte behandelingen, waarbij cliënten een sterk ontwikkeld gezond, volwassen deel hebben, is het beter om de eerste sessies als therapeut de beelden zelf te herschrijven of tenminste voor te stellen dat jij dat zult doen. Daarmee valideer je niet alleen behoeften aan verbondenheid, steun en zorg, maar ben je tevens een rolmodel dat laat zien hoe je antagonisten kunt bestrijden en emotionele beelden kunt herschrijven.

7.3 De rescripting is niet krachtig genoeg

Tijdens IR worden we soms geconfronteerd met het beeld van een dader die groter, sterker en bozer is dan wij zijn en van wie bovendien ook nog bekend is dat hij grenzeloos is in zijn agressie. Of we worden geconfronteerd met meerdere daders die zich agressief gedragen. Het gevolg van deze overmacht aan agressie kan zijn dat je als therapeut onzeker wordt en je machteloos voelt om iets te veranderen aan het beeld. Dit zullen waarschijnlijk veel therapeuten herkennen.

Persoonlijke eigenschappen kunnen een therapeut nog vatbaarder maken voor dergelijke gevoelens van onzekerheid of machteloosheid. Misschien ben je een wat kleiner, tenger uitgevallen therapeut en word je in de imaginatie geconfronteerd met een agressieve, grote man. Het contrast in fysiek postuur kan gevoelens van machteloosheid of onzekerheid oproepen. Maar ook bij een grote, sterke hulpverlener kunnen zich legio situaties aandienen die tot een emotionele reactie van machteloosheid leiden. Dit kan maken dat de rescripting minder krachtig is; wanneer je je zo onprettig voelt zijn de acties die je voorstelt om de situatie veilig te maken voorzichtig, aarzelend, en je bent bovendien minder creatief in het bedenken van mogelijkheden tot rescripting. Doordat je minder daadkrachtig bent in de rescripting en minder zeker klinkt, zal je cliënte minder geloven in je mogelijkheden om de situatie de baas te zijn. Doordat je cliënte minder goed reageert op je pogingen tot rescripting zul je je misschien nog onzekerder en machtelozer gaan voelen.

7.3 · De rescripting is niet krachtig genoeg

Rescripting is niet krachtig genoeg: een voorbeeld

T: Dus je zit op je bed, je bent vijf jaar oud, en je vader is ook in de kamer. En hoe kijkt hij?
N: … Euh … hij kijkt echt boos, hij is boos op mij …
T: Wat zegt hij? Zegt hij iets?
N: Hij zegt: 'Ik kan niet geloven dat je dit hebt gedaan. Waarom heb je dit nou gedaan? Het is allemaal jouw schuld. Ik moet het nu schoonmaken!'
T: … Hmhm … nog iets anders? …
N: Gewoon van 'Het is allemaal jouw schuld! Je doet ook altijd alles verkeerd!' En ik weet dat hij gaat slaan, ik voel dat gewoon aankomen … (klinkt heel bang).
T: … Hmhm … en kun je mij nu in het beeld brengen? Ik zou graag daar bij je willen zijn, om je … euh, proberen je een beetje te helpen … euh … om tegen je vader te vechten … zoiets … kun je mij erbij plaatsen?
N: Ja, maar hij is echt razend, hij komt op je af, en hij gaat je echt iets aandoen …!
T: Oké, dus dan zou ik bijvoorbeeld zeggen, euh, 'Zo praat je niet tegen een kind … dat is niet goed … euh … dat is niet de manier waarop je kinderen behandelt' … Hoe reageert hij erop?
N: … Hij staat daar nog steeds heel boos … kijkt nog steeds boos, echt heel boos …
T: Euh … zou het helpen, als ik een soort van tussen jullie in zou staan?
N: Euh … misschien …
T: Nou, laten we dat anders eens proberen. Dus ik sta daar, en ik zou dan tegen hem zeggen zoiets van: 'Dat zeg je niet tegen je dochter …' Zou dat misschien kunnen helpen om iets te veranderen?
N: (ongelovige uitdrukking op haar gezicht) Hm, nee, hij zou gewoon zeggen: 'Het is gewoon fout, het is haar schuld!'
T: En eh, op welke manier zegt hij dat?
N: Razend! 'Ze had dat gewoon niet moeten doen!'
T: Dus … als ik zou zeggen 'Nee!'… wat zou je vaders reactie dan zijn?
N: … Euh … Hij zou gewoon 'Nee' terugzeggen (radeloos ongeloof op haar gezicht). Dat verandert echt niets …
T: … of we zou kunnen proberen, dat eh … dat … we hem een soort van verder weg in de kamer plaatsen, zou dat kunnen helpen, denk je?
N: Ik weet het niet (opent ogen), het werkt niet echt. Ik wil hier niet verder mee gaan … hij is gewoon boos …
T: Ja, maar laten we verder gaan om te kijken of ik hem zou kunnen tegenhouden … en ervoor zorgen dat het veilig is voor je …
N: Nee, ik wil er niet mee verder gaan.
T: Nee?
N: Nee …
T: Misschien volgende keer?
N: Euh, ik weet het niet … ik weet het niet … dit voelt echt slecht …
T: Natuurlijk wil ik je je niet slecht laten voelen, het is gewoon … nou, misschien is het voor vandaag ook wel genoeg, je hebt hard gewerkt, dat is heel goed, je hebt het echt goed gedaan … en … misschien kunnen we volgende keer kijken of we hier verder aan werken?
N: Ja, misschien …

7.3.1 Bewustwording

Op de eerste plaats is het belangrijk te begrijpen wat er gebeurt. Bovenstaande gebeurtenissen zullen door veel therapeuten ervaren worden als overweldigend en ontmoedigend. Het is op zichzelf geen probleem om als therapeut dergelijke gevoelens en gevoeligheden te hebben. Sterker nog, voor een deel is bekendheid met gevoelens van onzekerheid iets wat je tot een goede therapeut maakt. Doordat je zelf weleens onzekerheid hebt ervaren, kun je beter aansluiten bij de emotionele beleving van cliënten die worstelen met schaamte of de angst om te falen. Deze bekendheid heeft echter ook een nadeel. Wanneer gevoelens als de angst om te falen of tekort te schieten sterk geactiveerd worden, kun je als therapeut minder krachtig of geloofwaardig overkomen op die momenten dat je cliënte dat juist wel van je nodig heeft om zich veilig te voelen.

7.3.2 Compassie

Wees op de eerste plaats mild en begripvol tegenover jezelf. Natuurlijk voel je je onzeker wanneer je met een antagonist geconfronteerd wordt die groot, sterk en agressief is. Dat is in dergelijke gevallen een normale, menselijke reactie. Bovendien heb je nu eenmaal die gevoelens van schaamte of angst om te falen die je in je leven met je meedraagt. Er zijn redenen dat je die gevoelens met je meedraagt; met jóuw achtergrond en de dingen die jíj hebt meegemaakt, is het niet meer dan logisch dat je een zekere kwetsbaarheid voor gevoelens van onzekerheid hebt. Het is dan heel begrijpelijk dat die angstgevoelens juist in deze situatie met overweldigende antagonisten geactiveerd worden en je daar last van hebt.

7.3.3 Cognitieve herstructurering

Vervolgens is het belangrijk dat je je eigen gezonde volwassene mobiliseert en actief ingaat tegen de ondermijnende gedachten dat je faalt of dat je niet goed genoeg bent. Denk dus even na welke argumenten er zijn waaruit blijkt dat die gedachten niet kloppen. Als je op dit punt bent aanbeland, is er waarschijnlijk meer ruimte ontstaan om na te denken over hoe je het best met deze situatie kunt omgaan.

7.3.4 Gedragsinstructie

Er zijn enkele adviezen die je hierbij kunnen helpen. Op de eerste plaats geldt het credo: *fake it till you make it*. Met andere woorden, ook al voel je je onzeker, probeer krachtig te blijven in je houding, stem en handelen. Door deze krachtige houding tijdelijk te 'acteren' maak je de kans groter dat je cliënte zich veilig gaat voelen, waardoor het alleen maar gemakkelijker voor je wordt om de situatie de baas te blijven. Een tweede advies is om niet te vergeten dat de mogelijkheden van de verbeelding grenzeloos zijn. Door jezelf groter te maken, het beeld stil te zetten, hulptroepen in te schakelen et cetera, versterk je een gevoel van kracht, competentie en steun bij zowel je cliënte als jezelf, waardoor de onzekerheid en machteloosheid vermindert.

7.4 Therapeut is te rationeel en snel

Een van de meest voorkomende valkuilen van therapeuten is dat ze te rationeel blijven. In plaats van ervaringen te beleven wordt er óver die ervaringen gesproken. Het praten óver de beelden uit zich in een aantal opzichten. Zo wordt er dan vaak in de verleden tijd gesproken, met vragen als 'Wat gebeurde er toen?', 'Wat zei hij toen?', of 'Wat zou je toen hebben willen doen?'

Een andere uiting is de toon en het tempo van spreken. In de reflectieve toestand waarin je je als therapeut bevindt, zal je stem wat al te rationeel klinken. Deze rationele manier kan verder gepaard gaan met een hoger spreektempo. De intensiteit van de IR zal hierdoor afnemen; er wordt een beroep gedaan op de ratio, niet op de emoties.

> **Therapeut is te rationeel en snel: een voorbeeld**
>
> Therapeut: Oké Greg, ik zat te denken dat we nu nog een imaginatieoefening zouden kunnen doen, is dat oké?
> Greg: Ja, is goed.
> T: Oké, nou, in deze imaginatieoefening zal ik je vragen om je ogen te sluiten, nou, misschien kunnen we dat meteen doen?
> G: Oké …
> T: (klinkt feitelijk, instrumenteel) Dus sluit je ogen en laten we beginnen met een veilige plek op te roepen. Dus zie je zelf op een plek waar je je ontspannen voelt, op je gemak, en je voelt je oké over waar je bent. Waar ben je?
> G: … In het park …
> T: Oké, dus je bent in het park, en je voelt je fijn en goed, en nu wil ik dat je dit beeld laat vervagen, of zet het opzij, en neem nu een beeld van een situatie die zich onlangs heeft voorgedaan, misschien een situatie die een beetje stressvol voor je was, een situatie waarin je je … euh … boos voelde misschien, of schuldig! Want dat zou ook gebeurd kunnen zijn, misschien met je vrouw? Heb je zo'n soort beeld? Iets stressvols?
> G: Euh …
> T: Iets wat je triggerde?
> G: Euhh … ja.
> T: En wat gebeurde er in die situatie?
> G: … Ik ben in de kamer …
> T: In de kamer, en wat gebeurde er?
> G: … Nou, ik was tv aan het kijken, en mijn vrouw wilde dat ik de afwasmachine zou inruimen, en ik had dat niet gedaan, en dat was niet een groot ding, maar ik was er wat gespannen over …
> T: Oké, richt nu je aandacht op dat gevoel van gespannen zijn, en tegelijkertijd wil ik dat je het beeld laat vervagen, het gaat niet om de afwasmachine of zoiets, het gaat om dat gespannen gevoel, blijf bij dat gevoel, en dan wil ik dat je een beeld op laat komen uit je jeugd, wat gekoppeld is aan dat gespannen gevoel. Wat zie je dan nu?
> G: … Euh … uhm … uhm … mijn moeder …
> T: Hm … en wat gebeurde daar met je moeder, wat zei ze dan?
> G: … Uhm … ze was boos op me …
> T: Oké, omdat je iets had gedaan wat haar boos had gemaakt? Wat gebeurde er?
> G: … Euh … ik was aan het spelen met lucifers …

T: Oké, goed, nou, richt je op dat beeld … en nu wil ik dat je mij in het beeld haalt, bij jou en je moeder, oké?
G: Uhm, oké?
T: (kijkt weg, alsof voor zichzelf nadenkend) En dan zou ik zeggen, zo van: 'Ik wil niet dat u boos bent op Greg, want daardoor voelt hij zich slecht, en ik wil niet dat hij zich zo voelt, hij is gewoon een kind.' En misschien dat ik dan wat zou vertellen over behoeften van kinderen, dat ze gewoon spelen, dat ze dit soort dingen doen, spelen met lucifers; ik heb met lucifers gespeeld, dat is geen slecht ding. Hoe denk je dat dat je had doen voelen toen?
G: … Euh. Uhm, ja goed …
T: Oké, is er nog iets anders wat je nodig hebt?
G: … Euh … nee?
T: Oké, houd dan maar contact met dat gevoel, dat goede gevoel … en laat het beeld nu los, en keer terug naar je veilige plek, probeer daar te zijn, in het park waar je je goed voelt, en veilig … en houd dat gevoel vast, en wanneer je eraan toe bent, kun je je ogen opendoen.
(Terwijl G ogen opent) Oké, omdat we wat krap zitten in de tijd, Greg, wil ik graag nog even spreken over wat je hiermee kunt doen …

Dit fenomeen van rationeel en reflectief blijven tijdens IR kan zich voordoen wanneer de oefening nog nieuw en onbekend is. De aandacht van de therapeut gaat dan vanzelfsprekend uit naar de technische aspecten van de oefening; wat is de volgende stap die ik moet zetten, wat kwam daarna ook alweer? Deze begrijpelijke reactie kan versterkt worden door het schema van Meedogenloze Normen, een van de meest voorkomende schema's onder therapeuten (Simpson et al. 2019; Saddichha et al. 2012). Die hoge eisen worden gevoeld als een druk om 'het goed te willen doen'. Deze druk versterkt de neiging om de oefening cognitief te benaderen, met als effect dat de cliënte niet de emotionele ervaring heeft waar de therapeut op hoopte. Het uitblijven van dergelijke emotionele reacties van de cliënte kan de druk van geïnternaliseerde hoge eisen bij de therapeut verder doen toenemen. Hoe kun je uit een dergelijke vicieuze cirkel stappen?

7.4.1 Bewustwording

Op de eerste plaats is het belangrijk om deze valkuil van 'praten óver' te leren onderkennen. Hoe eerder je doorhebt dat je in een wat rationele modus zit, hoe eerder je hier iets aan kunt doen. Je kunt deze valkuil op verschillende manieren herkennen. Op de eerste plaats weet je wellicht van jezelf dat je de neiging hebt wat cognitief te worden als je dingen moeilijk of spannend vindt. Een gewaarschuwd mens telt voor twee, en dus kun je extra alert zijn op deze valkuil. Een tweede manier om de valkuil te herkennen is te letten op de reacties van je cliënte. Het is soms gemakkelijker om iets bij anderen op te merken dan bij jezelf. Wanneer je dus merkt dat je cliënte cognitief of rationeel blijft klinken kan dat een signaal zijn dat je zelf misschien ook in de rationele modus zit.

7.4.2 Compassie

Nadat je hebt opgemerkt dat je wellicht wat te veel praat óver een beleving in plaats van je cliënte te helpen die beleving te hebben, is het van belang dat je mild en begripvol blijft tegenover jezelf. Het is namelijk lastig om iets te doen wat je nog niet helemaal onder de knie hebt. Wellicht is het bij deze cliënte ook nog eens extra lastig om haar in contact te brengen met haar gevoelens. En ten slotte voel je je wellicht wat ongemakkelijk als je moet praten op een manier die je als 'dramatisch' en 'overdreven' ervaart.

7.4.3 Cognitieve herstructurering

Met de ruimte die deze mildheid biedt, kun je vervolgens bedenken dat het niet overdreven of dramatisch is om de oefening emotioneler te maken. Het voelt wellicht ongemakkelijk voor je, en misschien in eerste instantie ook voor je cliënte, maar door de oefening emotioneler te maken zorg je dat je cliënte meer kans heeft op een correctieve emotionele ervaring. Een ongemakkelijk gevoel betekent nog niet dat het verkeerd is om de oefening emotioneler te maken.

7.4.4 Gedragsinstructie

Er is een aantal manieren om te voorkomen dat je te rationeel en cognitief bent bij het uitvoeren van IR:
- Sluit je ogen, en probeer de situatie te visualiseren die je cliënte beschrijft. Door zelf ook het beeld voor ogen te nemen zul je vooral gericht zijn op zintuiglijke informatie, aspecten van de imaginatie die bijdragen tot het genereren van een emotionele respons.
- Spreek in de tegenwoordige tijd alsof het nú gebeurt. Het woordje 'nu' kan daarbij helpen: 'Wat zie je nu?', 'Wat gebeurt er nu?'
- Parafraseer regelmatig, want door de korte samenvattingen breng je het tempo van de oefening omlaag.
- Vraag regelmatig naar het gevoel, want door die vraag merk je of je cliënte wat afgesloten raakt en nodig je ook regelmatig uit om contact te houden met de emotionele beleving.

7.5 Therapeut is te gedetailleerd

Soms zijn therapeuten er te zeer op uit om de beelden tot leven te brengen en vragen ze misschien wel té goed door over de zintuiglijke ervaringen. Gedetailleerd en specifiek doorvragen heeft dan wel als doel om te zorgen voor een emotionele ervaring, maar als je daar te veel over doorvraagt, komt de focus zo nadrukkelijk te liggen op die zintuiglijke aspecten dat de emotionele lading van het beeld juist vermindert. Ook de vertragende werking van het gedetailleerd doorvragen vermindert de emotionele lading van de gevisualiseerde situatie.

Een andere manier waarop deze valkuil zich toont, is dat de beelden zo realistisch worden dat je als therapeut gehinderd wordt door de levensechtheid van de beelden. Zo kan je cliënte het beeld schetsen dat ze als kind op haar slaapkamer wordt belaagd door haar vader. Je wilt in het beeld komen om in te grijpen, maar in plaats van dat je jezelf rechtstreeks in de slaapkamer plaatst, vraag je je cliënte zich voor te stellen dat je aanbelt aan de voordeur, waarna je haar vader vraagt of je binnen mag komen. Het beeld is kennelijk zo levensecht dat natuurkundige wetten uit de realiteit je belemmeren in het valideren van basisbehoeften van veiligheid en verbondenheid.

> **Therapeut is te gedetailleerd: een voorbeeld**
>
> Therapeut: Sluit je ogen, en neem een beeld voor ogen van dat gevoel dat je bekritiseerd wordt door je vader. Kun je dat doen?
> Greg: ... (zucht) ... Oké.
> T: Oké, en laat dat beeld maar voor je ogen komen ... wat zie je nu?
> G: ... Uhm ... dat ik aan mijn bureau zit en dat vader naast me staat.
> T: En wat heeft je vader aan?
> G: Hij heeft zijn uniform aan ...
> T: Ja? En de kleur van de muren van de kamer?
> G: Uhm, die waren een soort van lichtgroen ...
> T: En wat is de kleur van het bureau?
> G: Uhm ... dat is een donkere houtkleur ...
> T: En kun je het gezicht van je vader zien?
> G: Euh, ja ...
> T: Hoe kijkt hij naar je?
> G: Hij kijkt alsof ... hij ziet er boos uit.
> T: En wat hoor je?
> G: Euh ... ik kan vader horen schreeuwen tegen me ...
> T: En welke geuren ruik je in de kamer?
> G: Euh ... het papier op het bureau ...
> T: En hoe voel je je?
> G: ... Euh ... ik voel me ... een beetje bang, denk ik?
> T: Oké, je voelt je bang, terwijl je daar zit aan je bureau, en je vader is boos op je ... je vader die het je moeilijk maakt, je voelt je bang ... en ... wat heb je nodig?
> G: ... Uh ... ik heb het nodig dat vader stopt met schreeuwen, ik heb wat hulp nodig?
> T: ... Oké, kun je mij nu in het beeld brengen ... kun je me zien?
> G: Hmhm ...
> T: En wat zie je? Hoe zie ik eruit?
> G: ... Euh ... je draagt je donkere broek en je overhemd ...
> T: En waar zit ik in de kamer?
> G: ... Uhm ... daar op het bed ...
> T: En wat hoor je?
> G: Uhm ... ik kan de airco horen ...
> T: En hoe voel je je nu ik er ben, in het beeld bij jou en je vader ...?
> G: (geeuwt) ... Ik voel me ... uhm ... ik weet het niet ...

Deze valkuil komt mogelijk voort uit een drang tot perfectie. Wellicht dat in het achterhoofd van de therapeut een veeleisende norm actief is als: 'Als je iets doet, dan moet je het ook goed doen.' Dergelijke hoge normen komen veel voor in de beroepsgroep van hulpverleners. De kracht van deze strenge eisen is dat we gedreven worden ons werk goed te doen en daarmee goede zorg leveren aan onze cliënten. De keerzijde hiervan is dat we té gedetailleerd, té veel op de vorm gericht kunnen zijn.

7.5.1 Bewustwording

Op de eerste plaats is het belangrijk dat we ons bewust zijn van deze valkuil. Het lezen over de valkuil en de mogelijke herkenning kan daartoe al bijdragen. Dit besef maakt je tijdens de sessie wellicht opmerkzamer wanneer je IR iets te 'dwangmatig' uitvoert. Een ander signaal is dat jij toch doorvraagt over feitelijkheden van het imaginaire beeld, terwijl je cliënte emotioneel is. Je poging om het beeld zo levensecht te maken sluit dan kennelijk niet aan bij de emotionele beleving van je cliënte.

7.5.2 Compassie

Blijf vervolgens wel mild en vol compassie tegenover jezelf. Misschien betrap je jezelf erop dat je wat te dwangmatig bezig bent, maar dat hoeft niet erg te zijn. Zorgvuldigheid heeft sowieso veel voordelen. Als je nu té zorgvuldig bent, heeft dat zijn redenen. Misschien ben je wel zo opgevoed dat je alles wat je doet ook goed wilt doen.

7.5.3 Cognitieve herstructurering

Vervolgens is het wel belangrijk om te beseffen dat het in de oefening niet alleen maar gaat om het zo levensecht maken van het beeld. De levendigheid van het beeld is niet het dóél van de oefening, maar slechts een hulpmiddel om te komen tot betekenisvolle ervaringen. Als je cliënte nu al emotioneel is, dan heb je al materiaal waar je verder mee kunt werken en hoef je niet eerst nog na te vragen welke kleur de kozijnen hebben of dat het raam zich links of rechts van je cliënte bevindt. Besef dus dat het prima is om soms wat losser te zijn in het opbouwen van het imaginaire beeld en dat je je niet hoeft te houden aan alle natuurkundige wetten. Al deze overwegingen kunnen wat tegenwicht bieden aan die veeleisende drang om het perfect te doen.

7.5.4 Gedragsinstructie

Geef jezelf de vrijheid om spontaan en creatief te werk te gaan; eigenlijk is alles geoorloofd om te komen tot die correctieve emotionele ervaring. Je hoeft je dus niet te bekommeren om vragen als 'Hoe kom ik daar binnen in die slaapkamer?' of 'Wat zeg ik nu als die vader niet wil luisteren?' In plaats van verlamd te raken door dergelijke, veel te realistische afwegingen mag je creatief en spontaan jezelf gewoon in de kamer erbij plaatsen en mag je jezelf groter maken. En als dat niet voldoende effect heeft op die vader in het beeld, dan vertel je gewoon hoe het eruitziet als jij vader de deur uitwerkt, de cliënte kan het door je beschrijving vanzelf wel gaan visualiseren.

7.6 Samenvatting

In dit hoofdstuk werden veelvoorkomende valkuilen beschreven waar we als therapeut in kunnen trappen wanneer we IR doen. De meest voorkomende valkuilen zijn dat we de oefening te cognitief en reflectief doen, waardoor de imaginatie onvoldoende emoties genereert, dat we de cliënten te snel en te veel aanspreken als de gezonde volwassene die ze lijken te zijn, dat we zelf te aarzelend zijn bij de rescripting, of dat we soms juist te perfectionistisch zijn bij de imaginatie. Hoewel dit allemaal normale, menselijke fenomenen zijn, worden deze valkuilen verder in de hand gewerkt door kenmerken die veel therapeuten gemeen hebben. Zo zijn veel therapeuten gevoelig voor de angst om te falen, geneigd zich te voegen naar wat de cliënte aangeeft te willen, en stellen ze hoge eisen aan hun handelen waardoor ze soms te veel op de techniek gericht zijn en minder op het doel dat die techniek dient. Ten slotte is voor iedere valkuil beschreven hoe we daar het best mee kunnen omgaan. De algemene strategie is op de eerste plaats bewustwording van deze valkuilen. Vervolgens dienen we met mildheid en compassie te blijven kijken naar onszelf en ons handelen, omdat er rust en kalmte nodig is om uit de valkuil te komen. Bewuste aandacht voor het cognitief herstructureren van de oude valkuilen is dan een opmaat naar het bijsturen van je handelen zodat de IR effectiever kan worden.

Bijlagen

Bijlage 1 Richtlijn diagnostische imaginatie – 138

Bijlage 2 Uitleg imaginaire rescripting aan cliënten – 140

Bijlage 3 Richtlijn imaginaire rescripting – de therapeut herschrijft – 143

Bijlage 4 Richtlijn imaginatie van gezonde volwassene – 145

Bijlage 5 Richtlijn imaginaire rescripting – cliënte herschrijft – 147

Bijlage 6 Richtlijn toekomstgerichte imaginaire rescripting – 149

Literatuur – 151

© Bohn Stafleu van Loghum is een imprint van Springer Media B.V., onderdeel van Springer Nature 2020
R. van der Wijngaart, *Imaginaire rescripting*, https://doi.org/10.1007/978-90-368-2451-4

Bijlage 1 Richtlijn diagnostische imaginatie

Doel: Opsporen betekenisvolle beelden uit verleden

> **Diagnostische imaginatie: stappenplan**
>
> Stap 1 Introductie van diagnostische imaginatie
> Stap 2 Veilige plek
> Stap 3 Nare situatie in het heden
> Stap 4 Affectbrug naar het verleden
> Stap 5 Exploratie van betekenisvolle ervaring uit het verleden
> Stap 6 Terug naar de veilige plek
> Stap 7 Nabespreking

1. **Introductie van diagnostische imaginatie**
   Ik ga je zo vragen je ogen te sluiten en ze gedurende tien tot vijftien minuten gesloten te houden. In die tijd zal ik je vragen om beelden op te laten komen van betekenisvolle situaties uit de afgelopen tijd en uit het verleden. Ik zal je door de oefening heen leiden. Naderhand kunnen we dan samen bespreken wat je beleefd hebt en wat we daaruit kunnen leren over je klachten en de achtergrond ervan. Het is geen hypnose, en jij behoudt te allen tijde de controle. Het sluiten van je ogen is enkel bedoeld om je te helpen concentreren op de beelden en te zorgen dat je niet te veel wordt afgeleid door je omgeving.
   Goed, dan wil ik je vragen om er even gemakkelijk voor te gaan zitten, voeten op de grond, handen in je schoot … En je ogen mag je nu sluiten … Haal eerst maar eens diep adem … goed zo … Als eerste wil ik je vragen om je aandacht even te richten op jezelf. Je bent hier naartoe gereisd, mensen waren aan het praten, er was drukte, maar nu gaat het alleen even om jou … met je voeten op de grond … wees je maar bewust van de stoel onder je, je rug tegen de leuning … en je ademhaling … Je hoeft er niets mee te doen, wees je enkel bewust van jij, nu, in dit moment … Oké …
   NB
   - *Benoem duur van oefening*
   - *Licht kort werkwijze toe*
   - *Bied veiligheid en controle*

2. **Veilige plek**
   In deze situatie wil ik je nu eerst vragen om een beeld op te laten komen van een veilige plek … dat kan iedere plek zijn, uit je huidige leven of je verleden of misschien kies je iets wat je hebt gezien in een film. Als het maar een plek is waarop jij je fijn voelt … En als je een beeld hebt, kun je me dan vertellen wat je nu ziet? … Wanneer je een beeld hebt, probeer je dan echt in die situatie te verplaatsen alsof je er nú bent. Kijk goed rond: Waar ben je nu? Wat zie je nu? Ben je alleen? Hoe voel je je nu? Wat maakt dat deze plek prettig en veilig is voor je? Waar voel je dit fijne gevoel in je lijf? Concentreer je op dat gevoel.

3. **Nare situatie in het heden**
   Laat deze situatie en het gevoel los, laat het wegdrijven of vervagen. Laat nu een beeld opkomen van een nare situatie die je onlangs hebt meegemaakt. Ga er niet te diep over nadenken wat het zou moeten zijn, kijk maar wat er in je opkomt. Als je een beeld hebt, leef je dan in alsof je daar nu bent. Kijk goed om je heen: Waar ben je nu? Met wie ben je?

Wat is er aan de hand? Hoe voel je je nu? Waar voel je je nu zo naar over? Waar voel je dat in je lijf? Concentreer je op het gevoel.
NB
Vraag je cliënte altijd naar drie verschillende aspecten van de emotionele respons:
- *emoties: hoe voelt je je nu? Angstig? Boos? Verdrietig? Beschaamd?*
- *fysiologische aspecten: waar voel je dit gevoel in je lichaam?*
- *betekenisaspecten: waar ben je nu bang voor, boos over, verdrietig over?*

4. **Affectbrug naar het verleden**
   Herken je dit gevoel? Houd dit gevoel dan vast, maar laat het beeld los, laat het wegdrijven of vervagen. Laat nu een situatie uit je jeugd bovenkomen die op de een of andere manier gekoppeld is aan dit gevoel. Ga niet nadenken wat het zou moeten zijn, concentreer je enkel op dit gevoel, en zie maar wat er bovenkomt.
   Als er niets bovenkomt, geef het dan maar wat meer tijd, en concentreer je ondertussen op het gevoel dat je nu hebt. Heeft het iets bekends voor je? Waar ken je het van? Ga er niet te diep over nadenken.
   Als er meer dan één situatie tegelijk opkomt, kies er dan maar een uit. Alles is goed.

5. **Exploratie van betekenisvolle ervaring uit het verleden**
   Als je een beeld hebt, leef je dan in alsof je daar nú weer bent. Kijk goed om je heen: Hoe oud ben je (ongeveer)? Waar ben je nu? Wat is er aan de hand? Met wie ben je nu? Wat gebeurt er? Hoe voel je je nu? Waar voel je dat in je lijf? Wat betekent dit voor je? Is er iets wat je zou willen doen, maar misschien niet durft? Wat houd je tegen? Is wat je wilt onmogelijk?
   Probeer eventueel iets uit wat je zou willen doen. Of wil je iemand erbij halen om je te helpen? Stel je voor dat jij met of zonder helper net iets hebt gezegd of gedaan wat je anders zou willen hebben. Hoe wordt daar nu op gereageerd?
   NB
   - *Stel je vragen in de tegenwoordige tijd, en probeer je cliënte ook in de tegenwoordige tijd te laten spreken.*
   - *Pas de toon van je stem aan, afhankelijk van of je een volwassene of een jonger of ouder kind in het beeld aanspreekt.*

6. **Terug naar de veilige plek**
   Laat nu je gevoel én de situatie los en verplaats je weer naar de veilige situatie. Kijk goed om je heen, en concentreer je op je prettige gevoel. Wees daar maar weer in gedachten. Wat is er goed voor jou hier? Blijf hier maar even, en merk maar wat fijn voor je is.

7. **Nabespreking**
   Cliënt mag de ogen weer openen. Bespreek na wat eventuele verbanden zijn tussen de huidige probleemsituaties en gevoelens én de betekenisvolle gebeurtenissen uit het verleden.

Bijlage 2 Uitleg imaginaire rescripting aan cliënten

(grotendeels ontleend aan Arntz en Van Genderen 2020)
Doel: Opsporen en bewerken betekenisvolle beelden uit verleden

1. Wat je overkomen is in het verleden was afschuwelijk, en wanneer je niet geholpen wordt om met die gebeurtenissen om te gaan kunnen zich later in je leven klachten ontwikkelen, zoals gevoelens van angst, schaamte, een lage zelfwaardering en problemen in relaties met anderen.
2. De herinneringen aan wat je is overkomen zijn nog niet goed verwerkt. Je kunt nog veel last hebben van de betekenis welke deze ervaringen voor je hebben gehad. Zo kan een kind bijvoorbeeld hebben geconcludeerd dat zij slecht is en dat dit de reden is waarom haar is overkomen wat er is gebeurd; dat niemand te vertrouwen is; dat het slecht is om je te hechten aan iemand; of voelt ze zich schuldig en beschaamd over wat er is gebeurd en zichzelf. Zelfs als je op rationeel weet dat die gevoelens niet terecht zijn, dan kunnen ze nog aanvoelen alsof het echt waar is.
3. We kunnen niet veranderen wat er feitelijk is gebeurd, en we kunnen niet onze herinneringen eraan uitwissen.
4. Maar we kunnen wel de betekenis die het voor je heeft gekregen veranderen.
5. We kunnen proberen om die betekenis te veranderen door erover te praten of te begrijpen waarom die betekenis niet terecht is, maar we weten uit onderzoek dat het veel effectiever is om verbeeldingsoefeningen te gebruiken.
6. Hersenonderzoek heeft aangetoond dat de hersenen op dezelfde manier reageren wanneer we een gebeurtenis feitelijk meemaken of ons die gebeurtenis levendig voorstellen, zelfs als iemand weet dat die gebeurtenis niet werkelijk heeft plaatsgevonden. Dat betekent dat het verbeelden van dingen een grotere impact heeft op ons brein dan wanneer we er enkel over praten.
7. In Imaginaire Rescripting zullen we veranderen hoe je tegen de verschrikkelijke gebeurtenissen aankijkt die je zijn overkomen. We kunnen de herinneringen daaraan niet uitwissen, dat kan niet, maar we zullen je helpen om een ander beeld te krijgen van wat er is gebeurd en dat zo sterk te ervaren dat daarmee de betekenis van de gebeurtenissen verandert. Dat betekent dat pijnlijke gevoelens die samenhangen met die herinneringen (zoals schaamte, schuld, walging, boosheid, paniek) zullen verminderen en jij een positiever zelfbeeld kunt ontwikkelen en anderen meer kunt leren te vertrouwen. Als je tot dusver de neiging hebt gehad met mensen om te gaan die eigenlijk niet goed voor je zijn, dan zal je merken dat de behandeling je helpt om te leren kiezen voor mensen die je beter behandelen. Als je bang was voor de heftigheid van je emoties, dan zal de behandeling helpen minder bang te worden die emoties toe te laten. De behandeling kan dus verschillende positieve effecten hebben.
8. Imaginaire Rescripting bied je ook de mogelijkheid om gevoelens, behoeften en gedragingen te uiten die je toentertijd hebt moeten onderdrukken. Bijvoorbeeld, als iemand wordt aangevallen, kan hij of zij de opwelling voelen om terug te vechten. Als het echter te gevaarlijk is om terug te vechten dan onderdrukken mensen vaak (automatisch) die opwelling. Hoewel dat heel wijs is om te doen wanneer je machteloos bent (omdat de consequenties van terugvechten nog erger kunnen zijn) kan het onderdrukken van die opwelling op de lange termijn ongezonde gevolgen hebben. Daarom willen we je helpen die gevoelens, behoeften en gedragingen in de verbeeldingsoefening alsnog te uiten, omdat het nu wel veilig is om dat te doen.

9. Kinderen hebben bescherming nodig tegen een slechte behandeling en verwaarlozing, en als dat dan toch plaatsvindt dan moeten ze steun krijgen, gerustgesteld en gekalmeerd worden, horen wat een gezonde visie is op wat er gebeurd is, wie er feitelijk schuldig is en zich dan ook zou moeten schamen. Deze behoefte aan steun en uitleg is heel natuurlijk maar is vaak niet naar geluisterd bij mensen die eenzelfde achtergrond hebben als jij. In Imaginaire Rescripting helpen we je te laten ervaren hoe er wel naar die behoeften geluisterd wordt, en hoewel dat in verbeelding gebeurt reageren de hersenen erop alsof dit een helende ervaring is.
10. De behandeling zal allerlei gevoelens en inzichten op kunnen roepen. Sommige van die gevoelens en inzichten kunnen aanvankelijk moeilijk te verdragen lijken maar ik zal je daarbij helpen. Zo kan je bijvoorbeeld verdriet voelen over wat er is gebeurd en dat verdriet kan heel pijnlijk zijn om te voelen. Verdriet is echter een natuurlijke reactie en wanneer die natuurlijke reactie onderdrukt wordt kan dat voor problemen zorgen. Het is oké om verdriet te voelen, of andere emoties, die door de therapie kunnen worden opgeroepen, ze zijn onderdeel van een natuurlijk helingsproces. Dergelijke gevoelens zijn daarmee niet een bewijs dat de therapie niet zou werken, maar kunnen juist als een positief teken gezien worden.
11. In Imaginaire Rescripting zal je gevraagd worden om een betekenisvolle gebeurtenis te verbeelden die opnieuw staat te gebeuren. Wanneer duidelijk is wat er gaat gebeuren dan zal ik je vragen te verbeelden dat ik bij jou ben in dat beeld. Ik zal dan ingrijpen om te voorkomen of te stoppen wat er misgaat. Ik zal je helpen te verbeelden dat er veiligheid is en dat er aandacht is voor al je behoeften rond deze gebeurtenis. In de latere fasen van de therapie zal ik je helpen je voor te stellen dat jij zelf deze hulp en steun biedt door het misbruik of andere nare gebeurtenissen te stoppen en zorg te dragen voor je behoeften.
12. In Imaginaire Rescripting hoef je niet alle details te vertellen van wat er is gebeurd. Dat is niet noodzakelijk om deze behandeling effectief te laten zijn. Dus, als er afschuwelijke dingen zijn gebeurd dan hoef je niet alle details daarvan aan me te vertellen. Wanneer duidelijk is wat er gaat gebeuren, en je emoties zijn voldoende geactiveerd, dan is dat het moment dat ik in het beeld in zal stappen.
13. Als je merkt dat een bepaalde interventie niet voldoende effect heeft voor je, dan is dat geen probleem. We kunnen het verloop van de gebeurtenissen gewoon wat terugspoelen in tijd en iets anders proberen. Hoe meer jij meedenkt wat er nog meer moet gebeuren, des te beter.
14. We kunnen een lijstje maken van alle nare gebeurtenissen die relevant zijn voor je huidige klachten. Jij kan dan kiezen welke van die gebeurtenissen we het eerst aanpakken. We zullen ook aandacht hebben voor de klachten in je huidige leven die samenhangen met de gebeurtenissen in je verleden aangezien die gebeurtenissen je kwetsbaar maken voor problemen nu. Wanneer ik de indruk heb dat je misschien geneigd bent bepaalde onderdelen te vermijden terwijl die wel van belang zouden kunnen zijn voor je herstel, dan zal ik dat met je bespreken. Ik zal je echter niet dwingen iets te doen wat jij niet wilt.
15. We hebben bemerkt dat het beter is vroegere herinneringen te gebruiken dan latere herinneringen. Dus, als we een keuze hebben dan zullen we proberen die herinneringen op te halen waarin je jong bent aangezien vroegere herinneringen vaak aan de wortels liggen van de problemen.

16. Meestal werken we aan één herinnering per sessie. Het is niet noodzakelijk om alle herinneringen te behandelen. Vaak hebben meerdere herinneringen eenzelfde betekenis en wanneer we succesvol zijn begonnen de betekenis van één relevante herinnering te veranderen zal je merken dat de betekenis van andere herinneringen ook verandert. We zijn dus vrij in het kiezen van de herinnering waaraan we willen werken; het is afhankelijk van de relevantie van die herinnering in die fase van de therapie.
17. Dit was best een lange uitleg. Heb je nog vragen op dit moment?

Bijlage 3 Richtlijn imaginaire rescripting – de therapeut herschrijft

Doel: Veranderen van (het verloop en de betekenis van) betekenisvolle beelden

> **Imaginaire rescripting: stappenplan**
>
> Stap 1 Introductie van imaginaire rescripting
> Stap 2 Veilige plek
> Stap 3 Nare situatie in het heden
> Stap 4 Affectbrug naar het verleden
> Stap 5 Exploratie van betekenisvolle ervaring uit het verleden
> Stap 6 Rescripting van deze betekenisvolle beelden
> Stap 6 Eventueel terug naar de veilige plek
> Stap 7 Nabespreking

1. Introductie van imaginaire rescripting
   Ik ga je zo vragen je ogen te sluiten en ze gedurende tien tot vijftien minuten gesloten te houden. In die tijd zal ik je vragen om beelden op te laten komen van betekenisvolle situaties uit de afgelopen tijd en uit het verleden. Ik zal je door de oefening heen leiden. Naderhand kunnen we dan samen bespreken wat je hebt beleefd en wat we daaruit kunnen leren over je klachten en de achtergrond ervan. Het is geen hypnose, en jij behoudt te allen tijde de controle. Het sluiten van je ogen is enkel bedoeld om je te helpen concentreren op de beelden en te zorgen dat je niet te veel wordt afgeleid door je omgeving.
2. Veilige plek
   Sluit je ogen, en laat een beeld opkomen van je fijne plek. Wanneer je dat beeld hebt, probeer je dan echt in die situatie te verplaatsen alsof je er nú bent. Kijk goed rond: Waar ben je nu? Wat zie je nu? Ben je alleen? Hoe voel je je nu? Wat maakt deze plek prettig en veilig voor jou? Waar voel je dit fijne gevoel in je lijf? Concentreer je op dat gevoel.
3. Nare situatie in het heden
   Laat deze situatie en het gevoel los, laat het wegdrijven of vervagen. Laat nu een beeld opkomen van die nare situatie die je onlangs hebt meegemaakt. Als je stilstaat bij die situatie waardoor je zo van streek raakte, welk beeld komt dan bij je op? Als je een beeld hebt, leef je dan in alsof je daar nu bent. Kijk goed om je heen: Waar ben je? Met wie ben je? Wat is er aan de hand? Hoe voel je je nu? Waar voel je je nu zo naar over? Waar voel je dat in je lijf? Concentreer je op het gevoel.
4. Affectbrug naar het verleden
   Herken je dit gevoel? Houd dit gevoel dan vast, maar laat het beeld los, laat het wegdrijven of vervagen. Laat nu een situatie uit je jeugd bovenkomen die op de een of andere manier gekoppeld is aan dit gevoel. Ga niet nadenken wat het zou moeten zijn, concentreer je enkel op dit gevoel, en zie maar wat er bovenkomt.
5. Exploratie van betekenisvolle ervaring uit het verleden
   Als er niets bovenkomt, geef het dan maar wat meer tijd, en concentreer je ondertussen op dat gevoel wat je nu hebt. Heeft het iets bekends voor je? Waar ken je het van? Ga er niet te diep over nadenken.

Als er meer dan één situatie tegelijk opkomt, kies er dan maar een uit. Alles is goed. Als je een beeld hebt, leef je dan in alsof je daar nu weer bent. Hoe oud ben je (ongeveer)? Kijk goed om je heen: Waar ben je nu? Wat is er aan de hand? Met wie ben je nu? Wat gebeurt er? Hoe voel je je nu? Waar voel je dat in je lijf? Wat betekent dit voor je?

6. Rescripting van deze betekenisvolle beelden

    A. In beeld stappen

    Oké, zet het beeld maar even op pauze, alsof je een afstandsbediening hebt. En nu wil ik je vragen of je mij erbij kunt plaatsen. Ik wil er graag bijkomen om je te helpen, want die kleine (naam cliënte) heeft hulp nodig. Kun je mij zien? Ik ga iets tegen (de antagonist) zeggen, en luister maar even.

    B. Bevechten antagonist

    Antagonist tegenspreken/bevechten, net zo lang tot de basisbehoeften van cliënte in die situatie zijn vervuld.

    C. Troosten kleine kind

    Expliciete erkenning van gevoelens, zachte toon van stem, rustig tempo.

    D. Rescripting eindigen met prettige/plezierige activiteit

    Neem kind mee naar prettige plek voor wat ontspanning/spontaniteit en spel

7. Eventueel terug naar de veilige plek

    Als cliënte zich na de rescripting goed voelt, hoeft deze stap niet per se.

    Laat nu je gevoel én de situatie los, en verplaats je weer naar de veilige situatie. Kijk goed om je heen, en concentreer je op je prettige gevoel. Wees daar maar weer in gedachten. Wat is er goed voor jou hier? Blijf hier maar even, en merk maar wat fijn voor je is.

8. Nabespreking

    Cliënt mag ogen weer openen. Bespreek de correctieve emotionele ervaring na.

    – Hoe voel je je nu?
    – Hoe voelde je je toen ik het voor je opnam? Waar voelde je dat in je lijf? Wat vond je er prettig aan dat ik het voor je opnam?
    – Luisteren naar wat je nodig hebt en daarvoor opkomen voelt dus prettig. Door heel veel van deze ervaringen te genereren ga je je steeds beter voelen.

    Expliciet bespreken van de gewijzigde aannames over zichzelf of de ander (Ik dacht altijd dat ik een slecht kind was maar …).

    Eventueel kun je als therapeut ook vertellen wat je ervaren hebt en wat kan gelden als erkenning voor de gevoelens en behoeften van cliënte.

    Huiswerk: deze ervaring vaak herhalen met behulp van (audio)flashcards, afluisteren van opname van sessies, terugdenken aan het effect van de rescripting.

Bijlage 4 Richtlijn imaginatie van gezonde volwassene

Doel: Bewustwording van gezond, volwassen deel

> **Stappenplan voor het leren visualiseren van de gezonde volwassene**
>
> *NB*
> *Bij lichtere problematiek is het ook mogelijk enkel stap 4 en 5 te doen.*
>
> Stap 1 Leg uit waarom cliënte de gezonde volwassene moet leren visualiseren
> Stap 2 Geef een persoonlijk voorbeeld van jouw gezonde volwassene
> Stap 3 Focus op specifieke aspecten van deze herinnering
> Stap 4 Vraag cliënte haar gezonde volwassene te visualiseren
> Stap 5 Nabespreking en huiswerk

1. Leg uit waarom cliënte de gezonde volwassene moet leren visualiseren
   Oké, we hebben al een heleboel werk verricht in de therapie. En wat je misschien wel hebt opgemerkt, is dat ik het heel vaak heb gehad over jouw gezonde, volwassen kant. We hebben als doel van deze therapie gesteld dat we jouw gezonde kant sterker maken. Misschien kunnen we vandaag het er eens over hebben wat daar precies mee bedoeld wordt, met die gezonde kant van jou.
   Ik wil namelijk dat gezonde deel van jou sterker maken. Wanneer je geconfronteerd wordt met moeilijke situaties heb je die gezonde volwassene nodig. Dat deel van jezelf kun je activeren door terug te denken aan situaties uit het verleden waarin je die gezonde volwassene was. Door jezelf te zien als gezonde volwassene in uitdagende situaties van toen breng je jezelf in contact met die kant van jezelf, en word je steeds meer een gezonde volwassene.
2. Geef een persoonlijk voorbeeld van jouw gezonde volwassene
   Als ik bijvoorbeeld tegen een lastige situatie aankijk, en ik moet me daarop voorbereiden, dan sluit ik soms letterlijk mijn ogen om even terug te denken aan een situatie waarin ik die gezonde volwassene was. En dat helpt me dan om dat gevoel te krijgen, me sterker te voelen, om die gezonde volwassene daadwerkelijk te zijn en daarmee de moeilijkheden beter onder ogen te kunnen zien. Als ik dat nu zou moeten doen dan zou ik waarschijnlijk terugdenken aan een situatie die zich een paar dagen geleden voordeed … (Beschrijf een persoonlijke situatie waarin je je emotioneel geraakt of uitgedaagd voelde, maar die je goed hanteerde, waardoor je er met een zekere trots op terugkijkt.)
3. Focus op specifieke aspecten van deze herinnering
   Beschrijf de verschillende modaliteiten van de ervaring: emotionele, cognitieve, fysiologische en houdingsaspecten.
   - Wat ik nu voel is …
   - Ik voel dat (plek in lichaam).
   - Waar voel ik me zo trots/zelfverzekerd/krachtig of iets dergelijks over?
   - Als ik een houding zou moeten zoeken die past bij dit goede gevoel, dan zou ik … (beschrijf de houding die je aanneemt).
   - Als ik een mentale foto zou nemen van mezelf wanneer ik dit beleef, dan zie ik … (beschrijf beeldaspecten van de gezonde volwassene).

4. Vraag cliënte haar gezonde volwassene te visualiseren
   Nou wil ik dat jij ook een beeld vormt van jouw gezonde volwassene. Daar wil ik vandaag aan werken, is dat oké? Ik wil graag dat je je ogen even sluit ... haal maar even diep adem ... oké, laat nu een herinnering opkomen aan jouw gezonde volwassene. Dat zijn vaak herinneringen van een situatie die lastig was, maar die je toch goed hebt gehanteerd ... waar je met een zekere trots op terug kunt kijken ... Welke herinnering komt er bij jou op?
   ...
   – Wat is dat gezonde gevoel?
   – Waar voel je dat in je lichaam?
   – Welke betekenis heeft dit gevoel? (Waar voel jij je zo trots/zelfverzekerd/krachtig of iets dergelijks over?)
   – Zoek maar een houding die past bij dit goede gevoel. Waarom voelt deze houding passend?
   – Als je een mentale foto neemt van jezelf wanneer je dit beleeft, hoe ziet die volwassene er op die foto uit?
   – Besef dat dit je gezonde, volwassen deel is, dit ben jij op je best, de kapitein op jouw schip.
   NB
   Vraag naar die herinneringen waarin je cliënte het moeilijk had, maar waar ze toch met een zekere trots op terugkijkt, omdat ze de situatie en alles wat ze erbij ervaren heeft, goed heeft weten te hanteren.
5. Nabespreking en huiswerk
   Bespreek alle verschillende aspecten, modaliteiten van de gezonde, volwassen kant die cliënte zojuist heeft gevisualiseerd.
   Huiswerk is dat beeld regelmatig te visualiseren en de eigenschappen van de gezonde kant op te schrijven en die te herlezen.

Bijlage 5 Richtlijn imaginaire rescripting – cliënte herschrijft

Doel: Versterken van gezond volwassen deel van cliënt

> **Stappenplan imaginaire rescripting – cliënte herschrijft**
> Stap 1 Introductie
> Stap 2 Visualiseren van de gezonde volwassene in plaats van veilige plek
> Stap 3 Visualiseren van traumatische gebeurtenis vanuit perspectief kind/slachtoffer
> Stap 4 Rescripting van dit traumatische beeld vanuit perspectief gezonde volwassene
> Stap 5 Herhaling van deze rescripting, maar nu vanuit perspectief kind/slachtoffer
> Stap 6 Nabespreking

1. Introductie
   Je hebt inmiddels al heel wat vorderingen gemaakt; je hebt mij toegelaten om nieuwe ervaringen op te doen door mij beelden van je verleden te laten herschrijven. Daarnaast heb je inmiddels ook steeds meer een beeld van je eigen gezonde volwassene. Je bent echt goed bezig! Het doel van de therapie is dat jij met je gezonde volwassene contact kunt blijven houden met je basisbehoeften, dat je kunt luisteren naar wat je nodig hebt. Om daarnaartoe te werken wil ik samen met je oefenen dat jij herinneringen of beelden uit je verleden bewerkt.
2. Visualiseren van de gezonde volwassene in plaats van veilige plek
   Oké, sluit nu maar je ogen ... Ik wil dat je het beeld oproept van dat krachtige, gezonde deel van jezelf ... die kant van jou waar we een paar sessies geleden over gesproken hebben. Wat zie je nu? ... Probeer nu die gezonde volwassene te zíjn ... Wat gebeurt er om je heen?
   ... Hoe voel je je? ... Waar voel je dat in je lijf? ... Neem maar de houding aan van je gezonde volwassene, ga maar zitten op een manier die past bij dit gevoel.
   NB
   Door de oefening nu te beginnen met het visualiseren van die gezonde volwassene zet je deze al 'in de grondverf'; geheugenbestanden rondom de gezonde volwassene zijn reeds geactiveerd, waardoor het later in de oefening minder moeilijk zal zijn deze opnieuw te activeren.
3. Visualiseren van traumatische gebeurtenis vanuit perspectief kind/slachtoffer.
   Eventueel visualiseren recente triggersituatie met daarna affectbrug naar verleden.
   Laat je cliënte zich inleven in het perspectief van het kind, of, wanneer de betekenisvolle ervaring later in het leven heeft plaatsgevonden, in haar beleving tijdens die gebeurtenis. Vanuit dat perspectief exploreer je de ervaring en vraagt naar zintuiglijke informatie:
   'Wat gebeurt er?'
   'Wat zie/ruik/hoor je?'
   Laat je cliënte het beeld stilzetten op het moment dat er ingegrepen moet worden.
4. Rescripting van dit traumatische beeld vanuit perspectief gezonde volwassene
   Ik wil dat je het beeld nu op pauze zet. Haal nu je gezonde volwassene erbij. Wees die gezonde volwassene ... Waar sta je? ... Wat vind je van wat hier allemaal gebeurt? ... Heb je het gevoel dat je het zo wel aankunt, of wil je jezelf graag nog wat groter maken? ...

Wat wil je doen/zeggen? … Doe het maar (hardop)! … Hoe voel je je als je dit zegt/doet? … En waar voel je dat in je lijf? … Wat gebeurt er nu met kleine (naam cliënte)? … Hoe voel je je over haar?

5. Herhaling van deze rescripting, maar nu vanuit perspectief kind/slachtoffer
   Vraag je cliënte nu of ze het beeld terug kan spoelen tot het punt dat de gezonde volwassene in het beeld stapt.
   Vraag je cliënte zich nu opnieuw in te leven in het perspectief van het kleine kind/slachtoffer en de rescripting nogmaals te visualiseren.
   Nu wil ik dat je terugspoelt tot het punt dat je als gezonde volwassene in het beeld erbij komt. Maar nu wil ik dat je weer dat kind/slachtoffer bent … dus je zit daar, in deze situatie, maar nu is er ook de grote (naam cliënte) … zie je haar? Hoe is het voor je dat zij er nu bij is? … En wat gaat er door je heen? … En wat gebeurt er nu? *(Laat de situatie opnieuw beschrijven vanuit het perspectief van het kind/slachtoffer)* … Wat zegt ze? Wat doet ze nu? …
   Hoe voelt dat voor jou om dat te horen/zien? … Wat heb je nu nodig / wat zou je nog meer fijn vinden? … Kun je dat tegen haar zeggen? … En hoe reageert zij? … En hoe voelt dat?
   NB
   Wees helder in je instructie.
   Gebruik de toon van je stem en het tempo van spreken om de verandering van perspectief te ondersteunen.
6. Nabespreking
   Exploreer expliciet en uitgebreid de gezonde ervaringen:
   'Wat heb je geleerd?'
   'Hoe voelde het om zo op te komen voor jezelf?'
   'Waar voelde je dat? Kun je dat nog steeds een beetje voelen?'
   Probeer ook samen met de cliënte te bespreken hoe ze deze ervaringen vast kan houden: audioflashcards, geschreven flashcards, het thuis herhalen van bepaalde onderdelen van de oefening, het afluisteren van (bepaalde delen van) de opname van de sessie.
   NB
   Het is niet strikt noodzakelijk om eerst nog terug te keren naar de veilige plek voordat de oefening afgerond kan worden.

Bijlage 6 Richtlijn toekomstgerichte imaginaire rescripting

Doel: Voorbereiden van gezonde volwassene op toekomstige triggers

> **Stappenplan rescripting patronen in de toekomst**
>
> NB
> *De afzonderlijke stappen kunnen, verspreid over meerdere sessies, afzonderlijk geoefend worden.*
>
> Stap 1 Voorbespreking
> Stap 2 Visualiseren Gezonde Volwassene
> Stap 3 Visualiseren gevreesd rampscenario
> Stap 4 Contact maken met gezond, volwassen deel
> Stap 5 Coachen in zelfcompassie, cognitieve herstructurering, gedragsverandering
> Stap 6 Nabespreking en huiswerk

1. Voorbespreking
   - *Rationale toekomstgerichte imaginaire rescripting*
     We zitten nu in een fase van de therapie waarbij we de aandacht steeds meer richten op de toekomst. We gaan gebruikmaken van de kracht van de verbeelding om je voor te bereiden op probleemsituaties die zich in de toekomst kunnen voordoen. Door je nu goed voor te stellen hoe je met die probleemsituaties omgaat, zal het later in het echt een stuk minder moeilijk worden om er goed mee om te gaan.
     Eventueel:
     – Onderzoek geeft aan dat dezelfde hersengebieden actief zijn als je een herinnering uit het verleden ophaalt en wanneer je je een situatie in de toekomst verbeeldt.
     – In de sport wordt al heel lang gebruikgemaakt van toekomstgerichte imaginaties om sportprestaties in de toekomst te verbeteren.
   - *Bepalen toekomstige probleemsituaties*
     Welke probleemsituaties doen zich waarschijnlijk voor in de toekomst:
     – hoe waarschijnlijk is het dat deze situatie zich zal voordoen?
     – is de situatie betekenisvol voor de klachten?
     – hoe concreet is de situatie?
     – wat zijn typische emotionele en gedragsmatige reacties in dergelijke probleemsituaties?
   - *Voorbespreking gedragsverandering*
     – Hoe zou je cliënte willen omgaan met een dergelijke situatie?
2. Visualiseren Gezonde Volwassene
   In dit soort situaties hebben we echt de gezonde volwassene nodig, de sterke (naam cliënte), die in staat is om in contact te blijven met haar eigen gevoelens, maar tegelijkertijd ook kan omgaan met moeilijke, uitdagende situaties. Een manier om je voor te bereiden op dergelijke situaties is om nu je ogen even te sluiten. Sluit je ogen maar … En ik wil je vragen of je contact kunt maken met dit gezonde, volwassen deel van jezelf … De kapitein op het schip, die sterk is, maar niet op een stoere, afgesloten manier, maar de sterke, gezonde volwassene … Wees maar die gezonde volwassene. Neem maar een houding aan die bij haar past … Hoe voel je je nu je die gezonde volwassene bent?

3. Visualiseren gevreesd rampscenario
   Vraag om beelden op te laten komen van het toekomstige klachtscenario en daarin de oude patronen van gevoelens en gedragingen te herkennen. Vraag je cliënte om deze beelden zo levendig mogelijk te beschrijven.
   Vraag je cliënte dan ook alert te zijn op automatische emotionele en gedragsmatige reacties.
   'Herken je dit gevoel? Waar ken je het van? Dus je voelt je nu het kind dat je ooit was, het kind dat zich ook angstig en bedreigd voelde?'
4. Contact maken met gezond, volwassen deel
   'Je voelt je weer dat angstige kind van toen, en het liefst zou je beschermer nu het roer over willen nemen om van dat gevoel af te komen. Maar ik wil dat je als kapitein aan het roer staat en de koers bepaalt.'
5. Coachen in zelfcompassie, cognitieve herstructurering, gedragsverandering
   In deze fase worden de drie stappen van de Gezonde Volwassene geoefend;
   1. *Zelfcompassie*
      Je voelt je ... (gevoelsbeleving cliënte) ...
      Natuurlijk voel je dat, want in deze situatie ... (expliciet begrip voor situationele aspecten) ...
      Natuurlijk voel je je zo, want met wat jij hebt meegemaakt ... (expliciet begrip voor belaste voorgeschiedenis) ...
   2. *Cognitieve herstructurering*
      Breng alle rationele argumenten uit eerdere sessies in herinnering die het negatieve zelfbeeld tegenspreken.
      Waarom klopt die aanname ook alweer niet?
   3. *Gedragsverandering*
      Vraag je cliënte het vooraf besproken script te visualiseren, of coach je cliënte in het ter plekke bedenken van gedragsalternatieven.
      Focus op details; wat zeg je precies, op welke toon, met welke houding?
6. Nabespreking en huiswerk
   Bespreek de ervaring tijdens de imaginatie, en geef concreet en specifiek huiswerk mee om deze toekomstgerichte imaginaire rescripting thuis te oefenen.

Literatuur

Alliger-Horn, C., Zimmermann, P., & Mitte, K. (2015). Comparative effectiveness of IRRT and EMDR in war-traumatized German soldiers [Vergleichende Wirksamkeit von IRRT und EMDR bei kriegstraumatisierten deutschen Soldaten]. *Trauma & Gewalt, 9*(3), 204e215.

American Psychiatric Association (2013). *Diagnostic and statistical manual of mental disorders (DSM-5)*. Washington: American Psychiatric Pub.

Andrade, J., Khalil, M., Dickson, J., May, J., & Kavanagh, D. J. (2016). Functional imagery training to reduce snacking: Testing a novel motivational intervention based on elaborated intrusion theory. *Appetite, 100*, 256–262. ▶ https://doi.org/10.1016/j.appet.2016.02.015.

Arntz, A. (2011). Imagery rescripting for personality disorders. *Cognitive and Behavioral Practice, 18*, 466–481.

Arntz, A. (2012). Imagery rescripting as a therapeutic technique: Review of clinical trials, basic studies, and research agenda. *Journal of Clinical and Experimental Psychopathology, 3*, 189–208. ▶ https://doi.org/10.5127/jep.024211.

Arntz, A. (2015). Imagery rescripting for personality disorders. Healing maladaptive schemas. In N. C. Thoma, & D. McKay (Eds.), *Working with emotion in cognitive-behavioral therapy: Techniques for clinical practice* (pp. 175–202). New York: The Guildford Press.

Arntz, A. (2019). *Een update van theorie en onderzoek naar schematherapie*. Keynote Schematherapiecongres 'Setting the stage'. Vereniging Schematherapie, 20 september 2019.

Arntz, A., & Van Genderen, H. (2010). *Schematherapie bij borderline-persoonlijkheidsstoornis*. Amsterdam: Nieuwezijds.

Arntz, A., & Van Genderen, H. (2020, in press). *Schema therapy for Borderline Personality Disorder*. Wiley & Blackwell.

Arntz, A., & Weertman, A. (1999). Treatment of childhood memories: Theory and practice. *Behaviour Research and Therapy, 37*, 715–740. ▶ https://doi.org/10.1016/S0005-7967(98)00173-9.

Arntz, A., Lavy, E., Van den Berg, G., & Van Rijsoort, S. (1993). Negative beliefs of spider phobics: A psychometric evaluation of the Spider Phobia Beliefs Questionnaire. *Advances in Behaviour Research and Therapy, 15*(4), 257–277.

Arntz, A., Tiesema, M., & Kindt, M. (2007). Treatment of PTSD: A comparison of imaginal exposure with and without imagery rescripting. *Journal of Behavior Therapy and Experimental Psychiatry, 38*, 345–370. ▶ https://doi.org/10.1016/j.jbtep.2007.10.006.

Augedal, A. W., Hansen, K. S., Kronhaug, C. R., Harvey, A. G., & Pallesen, S. (2013). Randomized controlled trials of psychological and pharmacological treatments for nightmares: A meta-analysis. *Sleep Medicine Reviews, 17*(2), 143e152. ▶ https://doi.org/10.1016/j.smrv.2012.06.001.

Bamelis, L. L. M., Evers, S. M. A. A., Spinhoven, P., & Arntz, A. (2014). Results of a multicenter randomized controlled trial of the clinical effectiveness of schema therapy for personality disorders. *American Journal of Psychiatry, 171*, 305–322.

Barnett, J., Baker, E. K., Elman, N., & Schoener, G. (2007). In pursuit of wellness: The self-care imperative. *Professional Psychology: Research and Practice, 38*, 603–612. ▶ https://doi.org/10.1037/0735.7028.38.6.603.

Blackwell, S. E. (2018). Mental imagery: From basic research to clinical practice. *Journal of Psychotherapy Integration*. ▶ https://doi.org/10.1037/int0000108 Advance online publication.

Blackwell, S. E., Rius-Ottenheim, N., Schulte-van Maaren, Y. W. M., Carlier, I. V. E., Middelkoop, V. D., Zitman, F. G., et al. (2013). Optimism and mental imagery: A possible cognitive marker to promote well-being? *Psychiatry Research, 206*, 56–61. ▶ https://doi.org/10.1016/j.psychres.2012.09.047.

Blackwell, S. E., Browning, M., Mathews, A., Pictet, A., Welch, J., Davies, J., et al. (2015). Positive imagery-based cognitive bias modification as a web-based treatment tool for depressed adults: A randomized controlled trial. *Clinical Psychological Science, 3*(1), 91–111. ▶ https://doi.org/10.1177/2167702614560746.

Bögels, S. M., & Van Oppen, P. (2011). *Cognitieve therapie: Theorie en praktijk*. Houten: Bohn Stafleu van Loghum.

Brewin, C. R. (2006). Understanding cognitive behaviour therapy: A retrieval competition account. *Behaviour Research and Therapy, 44*, 765–784. ▶ https://doi.org/10.1016/j.brat.2006.02.005.

Brewin, C. R., Wheatley, J., Patel, T., Fearon, P., Hackmann, A., Wells, A., et al. (2009). Imagery rescripting as a brief stand-alone treatment for depressed patients with intrusive memories. *Behaviour Research and Therapy, 47*, 569–576. ▶ https://doi.org/10.1016/j.brat.2009.03.008.

Brewin, C. R., Gregory, J. D., Lipton, M., & Burgess, N. (2010). Intrusive images in psychological disorders: Characteristics, neural mechanisms, and treatment implications. *Psychological Review, 117*, 210–232. ▶ https://doi.org/10.1037/a0018113.

Buhlmann, U., Cook, L. M., Fama, J. M., & Wilhelm, S. (2007). Perceived teasing experiences in body dysmorphic disorder. *Body Image, 4*(4), 381–385. ▶ https://doi.org/10.1016/j.bodyim.2007.06.004.

Buhlmann, U., Wilhelm, S., Glaesmer, H., Mewes, R., Brähler, E., & Rief, W. (2011). Perceived appearance-related teasing in body dysmorphic disorder: A population-based survey. *International Journal of Cognitive Therapy, 4*, 342–348.

Byrne, P., Becker, S., & Burgess, N. (2007). Remembering the past and imagining the future: A neural model of spatial memory and imagery. *Psychological Review, 114*, 340–375. ▶ https://doi.org/10.1037/0033-295X.114.2.340.

Bywaters, M., Andrade, J., & Turpin, G. (2004). Determinants of the vividness of visual imagery: The effects of delayed recall, stimulus affect and individual differences. *Memory, 12*(4), 479–488.

Casement, M. D., & Swanson, L. M. (2012). A meta-analysis of imagery rehearsal for post-trauma nightmares: Effects on nightmare frequency, sleep quality, and posttraumatic stress. *Clinical Psychology Review, 32*(6), 566–574.

Chan, C. K. Y., & Cameron, L. D. (2012). Promoting physical activity with goal-oriented mental imagery: A randomized controlled trial. *Journal of Behavioral Medicine, 35*(3), 347–363. ▶ https://doi.org/10.1007/s10865-011-9360-6.

Claassen, A-M., & Broersen, J. (2019). *Handleiding module Schematherapie en de Gezonde volwassene*. Houten: Bohn Stafleu van Loghum. ▶ https://doi.org/10.1007/978-90-368-2272-5.

Claassen, A-M., & Pol, S. (2015). *Introductie van de Schematherapie en de Gezonde Volwassene*. Houten: Bohn Stafleu van Loghum. ▶ https://doi.org/10.1007/978-90-368-0951-1_1.

Clark, D. M. (2001). A cognitive perspective on social phobia. In W.R. Crozier & L.E. Alden (Eds.), *International handbook of social anxiety: Concepts, research and interventions relating to the self and shyness* (pp. 405–430). New York: Wiley and Sons.

Clark, D. M., Ehlers, A., Hackmann, A., McManus, F., Fennell, M., Grey, N., et al. (2006). Cognitive therapy versus exposure and applied relaxation in social phobia: A randomized controlled trial. *Journal of Consulting and Clinical Psychology, 74*(3):568–578.

Conway, M. A., & Loveday, C. (2015). Remembering, imagining, false memories & personal meanings. *Consciousness and Cognition, 33*, 574–581.

Cooper, M. J. (2011). Working with imagery to modify core beliefs in people with eating disorders: A clinical protocol. *Cognitive and Behavioral Practice, 18*, 454–465.

Cooper, M., Deepak, K., Grocutt, E., & Bailey, E. (2007). The experience of feeling fat in women with anorexia nervosa, dieting and non-dieting women. *European Eating Disorders Review, 15*, 366–372.

Crane, C., Shah, D., Barnhofer, T., & Holmes, E. A. (2012). Suicidal imagery in a previously depressed community sample. *Clinical Psychology & Psychotherapy, 19*(1), 57–69.

Cumming, J., & Ramsey, R. (2009). Imagery interventions in sport. In S. Mellalieu & S. Hanton (Eds.), *Advances in applied sports psychology: A Review* (pp. 5–36). Londen: Routledge. ▶ https://doi.org/10.13140/2.1.2619.2322.

Davis, J. L., & Wright, D. C. (2006). Exposure, relaxation, and rescripting treatment for trauma-related nightmares. *Journal of Trauma & Dissociation, 7*(1), 5–18.

Day, S. J., Holmes, E. A., & Hackmann, A. (2004). Occurrence of imagery and its link with early memories in agoraphobia. *Memory, 12*(4), 416–427.

D'Argembeau, A., & Van der Linden, M. (2006). Individual differences in the phenomenology of mental time travel: The effect of vivid visual imagery and emotion regulation strategies. *Consciousness and Cognition, 15*(2), 342–350.

Deeprose, C., & Holmes, E. A. (2010). An exploration of prospective imagery: The Impact of Future Events Scale. *Behavioural and Cognitive Psychotherapy, 38*, 201–209. ▶ https://doi.org/10.1017/S1352465809990671.

Dibbets, P., & Arntz, A. (2016). Imagery rescripting: Is incorporation of the most aversive scenesnecessary? *Memory, 24*(5), 683–695.

Dibbets, P., Poort, H., & Arntz, A. (2012). Adding imagery rescripting during extinction leads to less ABA renewal. *Journal of Behaviour Therapy & Experimental Psychiatry, 43*, 614–624.

Dibbets, P., Lemmens, A., & Voncken, M. (2018). Turning negative memories around: Contingency versus devaluation techniques. *Journal of Behavior Therapy and Experimental Psychiatry, 60*, 5–12. ▶ https://doi.org/10.1016/j.jbtep.2018.02.001.

Dugué, R., Keller, S., Tuschen-Caffier, B., & Jacob, G. A. (2016). Exploring the mind's eye: Contents and characteristics of mental images in overweight individuals with binge eating behaviour. *Psychiatry Research, 246*, 554–560. ▶ https://doi.org/10.1016/j.psychres.2016.10.028.

Dugué, R., Renner, F., Austermann, M., Tuschen-Caffier, B., & Jacob, G. A. (2019). Imagery rescripting in individuals with binge-eating behavior: An experimental proof-of-concept study. *International Journal of Eating Disorders, 52*, 183–188. ▶ https://doi.org/10.1002/eat.22995.

Literatuur

Edwards, D. (2007). Restructuring implicational meaning through memory-based imagery: Some historical notes. *Journal of Behavior Therapy and Experimental Psychiatry, 38*(4), 306–316.

Ehlers, A., & Clark, D. M. (2000). A cognitive model of posttraumatic stress disorder. *Behaviour Research and Therapy, 38,* 319–345. ▶ https://doi.org/10.1016/S0005-7967(99)00123-0.

Ehlers, A., Hackmann, A., & Michael, T. (2004). Intrusive re-experiencing in post-traumatic stress disorder: Phenomenology, theory, and therapy. *Memory, 12*(4), 403–415.

Ehlers, A., Clark, D. M., Hackmann, A., McManus, F., & Fennell, M. (2005). Cognitive therapy for PTSD: Development and evaluation. *Behaviour Research and Therapy, 43,* 413–431.

Engelhard, I. M., Van den Hout, M. A., Janssen, W. C., & Van der Beek, J. (2010). Eye movements reduce vividness and emotionality of 'flashforwards'. *Behaviour Research and Therapy, 48,* 442–447. ▶ https://doi.org/10.1016/j.brat.2010.01.003.

Farrell, J. M., Shaw, I. A., & Webber, M. A. (2009). A schema-focused approach to group psychotherapy for outpatients with borderline personality disorder: A randomized controlled trial. *Journal of Behavior Therapy and Experimental Psychiatry, 40,* 317–328. ▶ https://doi.org/10.1016/j.jbtep.2009.01.002.

Fennell, M. (2016). *Overcoming low self-esteem (2nd edition), A self-help guide using cognitive behavioural techniques.* Londen: Little Brown UK.

Field, A. P. (2006). Watch out for the beast: Fear information and attentional bias in children. *Journal of Clinical Child and Adolescent Psychology, 35*(3), 431–439. ▶ https://doi.org/10.1207/s15374424jccp3503_3.

Field, A. P., & Lawson, J. (2003). Fear information and the development of fears during childhood: Effects on implicit fear responses and behavioural avoidance. *Behaviour Research and Therapy, 41*(11), 1277–1293.

Frets, P. G., Kevenaar, C., & Van der Heiden, C. (2014). Imagery rescripting as a stand-alone treatment for patients with social phobia: A case series. *Journal of Behavior Therapy and Experimental Psychiatry, 45*(1), 160–169. ▶ https://doi.org/10.1016/j.jbtep.2013.09.006.

Ganis, G., Thompson, W. L., & Kosslyn, S. M. (2004). Brain areas underlying visual mental imagery and visual perception: An fMRI study. *Cognitive Brain Research, 20*(2), 226–241.

Giesen-Bloo, J., Van Dyck, R., Spinhoven, Ph., Van Tilburg, W., Dirksen, C., Van Asselt, Th., et al. (2006). Outpatient psychotherapy for borderline personality disorder: A randomized trial of schema-focused therapy vs transference-focused psychotherapy. *Archives of General Psychiatry, 63,* 649–658. ▶ https://doi.org/10.1001/archpsyc.63.6.649.

Gilbert, P. (2009). Introducing compassion-focused therapy. *Advances in Psychiatric Treatment, 15,* 199–208. ▶ https://doi.org/10.1192/apt.bp.107.005264.

Gonsalves, B., Reber, P. J., Gitelman, D. R., Parrish, T. B., Mesulam, M. M., & Paller, K. A. (2004). Neural evidence that vivid imagining can lead to false remembering. *Psychological Science, 15*(10), 655–660.

Grey, N., & Holmes, E. A. (2008). 'Hotspots' in trauma memories in the treatment of post-traumatic stress disorder: A replication. *Memory, 16*(7), 788–796. ▶ https://doi.org/10.1080/09658210802266446.

Grey, N., Young, K., & Holmes, E. (2002). Cognitive restructuring within reliving: A treatment for peritraumatic emotional hotspots in PTSD. *Behavioural & Cognitive Psychotherapy, 30,* 37–56.

Grunert, B. K., Weis, J. M., Smucker, M. R., & Christianson, H. F. (2007). Imagery rescripting and reprocessing therapy after failed prolonged exposure for post-traumatic stress disorder following industrial injury. *Journal of Behavior Therapy and Experimental Psychiatry, 38*(4), 317–328. ▶ https://doi.org/10.1016/j.jbtep.2007.10.005.

Hackmann, A. (1998). Working with images in clinical psychology. In A.S. Bellack & M. Hersen (Eds.), *Comprehensive Clinical Psychology, 6*(14), 301–318.

Hackmann, A. (2011). Imagery rescripting in posttraumatic stress disorder. *Cognitive and Behavioral Practice, 18*(2011), 424–432.

Hackmann, A., & Holmes, E. A. (2004). Reflecting on imagery: A clinical perspective and overview of the special issue of *Memory* on mental imagery and memory in psychopathology. *Memory, 12*(4), 389–402.

Hackmann, A., Clark, D. M., & McManus, F. (2000). Recurrent images and early memories in social phobia. *Behaviour Research and Therapy, 38,* 601–610.

Hackmann, A., Bennett-Levy, J., & Holmes, E. A. (2011). *Oxford guide to imagery in cognitive therapy.* Oxford: Oxford University Press.

Hagenaars, M. A. (2012). Anxiety symptoms influence the effect of post-trauma interventions after analogue trauma. *Journal of Experimental Psychopathology, 3,* 209–222.

Hagenaars, M. A., & Arntz, A. (2012). Reduced intrusion development after post-trauma imagery rescripting: An experimental study. *Journal of Behavior Therapy and Experimental Psychiatry, 43,* 808–814. ▶ https://doi.org/10.1016/j.jbtep.2011.09.005.

Hagenaars, M. A., & Holmes, E. A. (2012). Mental imagery in psychopathology: Another step (editorial for the special issue of Journal of Experimental Psychopathology). *Journal of Experimental Psychopathology, 3,* 121–126.

Hansen, K., Höfling, V., Kröner-Borowik, T., Stangier, U., & Steil, R. (2013). Efficacy of psychological interventions aiming to reduce chronic nightmares: A meta-analysis. *Clinical Psychology Review, 33*(1), 146–155. ▶ https://doi.org/10.1016/j.cpr.2012.10.012.

Hayes, C. (2016). Persoonlijke communicatie tijdens voorbereidingen opnames 'Fine Tuning Imagery Rescripting'. Australia: Perth.

Hinrichsen, H., Morrison, T., Waller, G., & Schmidt, U. (2007). Triggers of self-induced vomiting in bulimic disorders: The roles of core beliefs and imagery. *Journal of Cognitive Psychotherapy, 21*(3), 261–272.

Hirsch, C. R., & Holmes, E. A. (2007). Mental imagery in anxiety disorders. *Psychiatry, 6*(4), 161–165.

Holmes, E. A. (2015). Mentioned during presentation at the annual conference of the Dutch Society for Cognitive Behavioral Therapy (VGCt).

Holmes, E. A., & Mathews, A. (2005). Mental imagery and emotion: a special relationship? *Emotion, 5*, 489–497.

Holmes, E. A., & Mathews, A. (2010). Mental imagery in emotion and emotional disorders. *Clinical Psychology Review, 30*(3), 349–362. ▶ https://doi.org/10.1016/j.cpr.2010.01.001.

Holmes, E. A., Mathews, A., Dalgleish, T., & Mackintosh, B. (2006). Positive interpretation training: Effects of mental imagery versus verbal training on positive mood. *Behaviour Therapy, 37*, 237–247.

Holmes, E. A., Arntz, A., & Smucker, M. R. (2007). Imagery rescripting in cognitive behaviour therapy: Images, treatment techniques and outcomes. *Journal of Behavior Therapy and Experimental Psychiatry, 38*(4), 297–305. ▶ https://doi.org/10.1016/j.jbtep.2007.10.007.

Holmes, E. A., Crane, C., Fennell, M. J. V., & Williams, J. M. G. (2007). Imagery about suicide in depression – 'Flash-forwards'? *Journal of Behavior Therapy and Experimental Psychiatry, 38*(4), 423–434.

Holmes, E. A., Mathews, A., Mackintosh, B., & Dalgleish, T. (2008). The causal effect of mental imagery on emotion assessed using picture-word cues. *Emotion, 8*(3), 395–409. ▶ https://doi.org/10.1037/1528-3542.8.3.395.

Holmes, E. A., Lang, T. J., & Deeprose, C. (2009). Mental imagery and emotion in treatment across disorders: Using the example of depression. *Cognitive Behaviour Therapy, 38*, 21–28.

Holmes, E. A., Lang, T. J., & Shah, D. M. (2009). Developing interpretation bias modification as a 'cognitive vaccine' for depressed mood: Imagining positive events makes you feel better than thinking about them verbally. *Journal of Abnormal Psychology, 118*, 76–88. ▶ https://doi.org/10.1037/a0012590.

Holmes, E. A., Blackwell, S. E., Burnett Heyes, S., Renner, F., & Raes, F. (2016). Mental imagery in depression: Phenomenology, potential mechanisms, and treatment implications. *Annual Review of Clinical Psychology, 12*(1), 249–280.

Horowitz, M. J. (1970). *Image formation and cognition*. New York: Appleton-Century-Crofts.

Hublin, C., Kaprio, J., Partinen, M., & Koskenvuo, M. (1999). Nightmares: Familial aggregation and association with psychiatric disorders in a nationwide twin cohort. *American Journal of Medical Genetics (Neuropsychiatric Genetics), 88*(4), 329–336.

Hunt, M., & Fenton, M. (2007). Imagery rescripting versus in vivo exposure in the treatment of snake fear. *Journal of Behavior Therapy and Experimental Psychiatry, 38*, 329–344. ▶ https://doi.org/10.1016/j.jbtep.2007.09.001.

Hunt, M., Bylsma, L., Brock, J., Fenton, M., Goldberg, A., Miller, R., et al. (2006). The role of imagery in the maintenance and treatment of snake fear. *Journal of Behavior Therapy and Experimental Psychiatry, 37*(4), 283–298.

Hyman, I. E., & Pentland, J. (1996). The role of mental imagery in the creation of false childhood memories. *Journal of Memory and Language, 35*(2), 101–117.

Isaac, A. R., & Marks, D. F. (1994). Individual differences in mental imagery experience: Developmental changes and specialization. *British Journal of Psychology, 85*, 479–500.

Ison, R., Medoro, L., Keen, N., & Kuipers, E. (2014). The use of rescripting imagery for people with psychosis who hear voices. *Behavioural and Cognitive Psychotherapy, 2014*(42), 129–142.

Ji, J., Heyes, S., MacLeod, C., & Holmes, E. A. (2016). Emotional mental imagery as simulation of reality: Fear and beyond. A tribute to Peter Lang. *Behavior Therapy, 47*, 702–719. ▶ https://doi.org/10.1016/j.beth.2015.11.004.

Johnson, M. K. (2006). Memory and reality. *American Psychologist, 61*, 760–771.

Johnson, M. K., & Raye, C. L. (1981). Reality monitoring. *Psychological Review, 88*(1), 67–85.

Jung, K., & Steil, R. (2013). A randomized controlled trial on cognitive restructuring and imagery modification to reduce the feeling of being contaminated in adult survivors of childhood sexual abuse suffering from posttraumatic stress disorder. *Psychotherapy and Psychosomatics, 82*(4), 213e220. ▶ http://dx.doi.org/10.1159/000348450.

Kaeding, A., Sougleris, C., Reid, C., Van Vreeswijk, M., Hayes, C., Dorrian, J., et al. (2017). Professional burnout, early maladaptive schemas and the effect on physical health in clinical and counseling trainees. *Journal of Clinical Psychology, 73*(12), 1782–1796. ▶ https://doi.org/10.1002/jclp.22485.

Literatuur

Kavanagh, D. J., Andrade, J., & May, J. (2005). Imaginary relish and exquisite torture: The elaborated intrusion theory of desire. *Psychological Review, 112*(2), 446–467. ISSN 0033-295X.

Kindt, M., Buck, N., Arntz, A., & Soeter, M. (2007). Perceptual and conceptual processing as predictors of treatment outcome in PTSD. *Journal of Behavior Therapy and Experimental Psychiatry, 38*(4), 491e506. ▶ http://dx.doi.org/10.1016/j.jbtep.2007.10.002.

Knäuper, B., Roseman, M., Johnson, P. J., & Krantz, L. H. (2009). Using mental imagery to enhance the effectiveness of implementation intentions. *Current Psychology: A Journal for Diverse Perspectives on Diverse Psychological Issues, 28*(3), 181–186. ▶ https://doi.org/10.1007/s12144-009-9055-0.

Knäuper, B., McCollam, A., Rosen-Brown, A., Lacaille, J., Kelso, E., & Roseman, M. (2011). Fruitful plans: Adding targeted mental imagery to implementation intentions increases fruit consumption. *Psychology & Health, 26*(5), 601–617. ▶ https://doi.org/10.1080/08870441003703218.

Korn, C. W., Sharot, T., Walter, H., Heekeren, H. R., & Dolan, R. J. (2014). Depression is related to an absence of optimistically biased belief updating about future life events. *Psychological Medicine, 44*(3), 579–592. ▶ https://doi.org/10.1017/S0033291713001074.

Korrelboom, C. W., De Jong, M., Huijbrechts, I. P. A. M., & Daansen, P. (2009). Competitive Memory Training (COMET) for treating low self-esteem in patients with eating disorders: A randomized clinical trial. *Journal of Consulting and Clinical Psychology, 77,* 974–980.

Korrelboom, C. W., Van der Weele, K., Gjaltema, M., & Hoogstraten, C. (2009). Competitive Memory Training (COMET) for treating low self-esteem: A pilot study in a routine clinical setting. *Behaviour Therapist, 32,* 3–9.

Korrelboom, C. W., Marissen, M., & Van Assendelft, T. (2011). Competitive Memory Training (COMET) for low self-esteem in patients with personality disorders: A randomised effectiveness study. *Behavioural and Cognitive Psychotherapy, 39,* 1–19.

Kosslyn, S. (1994). *Image and brain: The resolution of the imagery debate* (p. 1). Cambridge: The M T Press.

Kosslyn, S. M., & Thompson, W. L. (2003). When is early visual cortex activated during visual mental imagery? *Psychological Bulletin, 129*(5), 723–746. ▶ https://doi.org/10.1037/0033-2909.129.5.723.

Kosslyn, S. M., Ganis, G., & Thompson, W. L. (2001). Neural foundations of imagery. *Nature Reviews Neuroscience, 2*(9), 635–642.

Koster, E. H. W., Fox, E., & MacLeod, C. (2009). Introduction to the special section on cognitive bias modification in emotional disorders. *Journal of Abnormal Psychology, 118,* 1–4. ▶ https://doi.org/10.1037/a0014379.

Krakow, B., & Zadra, A. (2006). Clinical management of chronic nightmares: Imagery rehearsal therapy. *Behavioral Sleep Medicine, 4*(1), 45–70. ▶ https://doi.org/10.1207/s15402010bsm0401_4.

Krakow, B., & Zadra, A. (2010). Imagery rehearsal therapy: Principles and practice. *Sleep Medicine Clinics, 5*(2), 289–298. ▶ https://doi.org/10.1016/j.jsmc.2010.01.004.

Krakow, B., Hollifield, M., Johnston, L., Koss, M., Schrader, R., Warner, T. D., et al. (2001). Imagery rehearsal therapy for chronic nightmares in sexual assault survivors with posttraumatic stress disorder. *Journal of the American Medical Association, 286*(5), 537–545. ▶ https://doi.org/10.1001/jama.286.5.537.

Krans, J., Näring, G., Becker, E. S., & Holmes, E. A. (2009). Intrusive trauma memory: A review and functional analysis. *Applied Cognitive Psychology, 23,* 1076–1088. ▶ https://doi.org/10.1002/acp.1611.

Kunze, A. E., Lancee, J., Morina, N., Kindt, M., & Arntz, A. (2016). Efficacy and mechanisms of imagery rescripting and imaginal exposure for nightmares: Study protocol for a randomized controlled trial. *Trials, 17,* 469. ▶ https://doi.org/10.1186/s13063-016-1570-3.

Kunze, A. E., Arntz, A., Morina, N., Kindt, M., & Lancee, J. (2017). Efficacy of imagery rescripting and imaginal exposure for nightmares: A randomized wait-list controlled trial. *Behaviour Research and Therapy, 97,* 14–25. ▶ https://doi.org/10.1016/j.brat.2017.06.005.

Kunze, A. E., Lancee, J., Morina, N., Kindt, M., & Arntz, A. (2019). Mediators of change in imagery rescripting and imaginal exposure for nightmares: Evidence from a randomized wait-list controlled trial (in press). *Behavior Therapy.* ▶ https://doi.org/10.1016/j.beth.2019.03.003.

Lancee, J., & Schrijnemaekers, N. C. (2013). The association between nightmares and daily distress. *Sleep and Biological Rhythms, 11*(1), 14e19. ▶ http://doi.org/10.1111/j.1479-8425.2012.00586.x.

Lang, T. J., Blackwell, S. E., Harmer, C. J., Davison, P., & Holmes, E. A. (2012). Cognitive bias modification using mental imagery for depression: Developing a novel computerized intervention to change negative thinking styles. *European Journal of Personality, 26,* 145–157. ▶ https://doi.org/10.1002/per.855.

Layden, M. A., Newman, C. F., Freeman, A., & Morse, S. B. (1993). *Cognitive therapy of borderline personality disorder.* Boston: Allyn & Bacon.

Lee, S. W., & Kwon, J. (2013). The efficacy of imagery rescripting (IR) for social phobia: A randomized controlled trial. *Journal of Behavior Therapy and Experimental Psychiatry, 44*(4), 351–360. ▶ https://doi.org/10.1016/j.jbtep.2013.03.001.

Libby, L. K., Shaeffer, E. M., Eibach, R. P., & Slemmer, J. A. (2007). Picture yourself at the polls: Visual perspective in mental imagery affects self-perception and behavior. *Psychological Science, 18*(3), 199–203.

Lipton, M. G., Brewin, C. R., Linke, S., & Halperin, J. (2010). Distinguishing features of intrusive images in obsessive-compulsive disorder. *Journal of Anxiety Disorders, 24,* 816–822.

Lobbestael, J., Arntz, A., & Bernstein, D. P. (2010). Disentangling the relationship between different types of childhood maltreatment and personality disorders. *Journal of Personality Disorders, 24,* 285–295.

Loft, M. H., & Cameron, L. D. (2013). Using mental imagery to deliver self-regulation techniques to improve sleep behaviors. *Annals of Behavioral Medicine, 46*(3), 260–272. ▶ https://doi.org/10.1007/s12160-013-9503-9.

Maarsingh, M., Korrelboom, K., & Huijbrechts, I. (2010). Competitive Memory Training (COMET) voor een negatief zelfbeeld als aanvullende behandeling bij depressieve patiënten: Een pilotstudie. *Directieve Therapie, 30*(2), 94–112.

Malcolm, C. P., Picchioni, M. M., & Ellet, L. (2015). Intrusive prospective imagery, posttraumatic intrusions and anxiety in schizophrenia. *Psychiatry Research, 230*(3), 899–904. ▶ https://doi.org/10.1016/j.psychres.2015.11.029.

Maloney, G., Koh, G., Roberts, S., & Pittenger, C. (2019). Imagery rescripting as an adjunct clinical intervention for obsessive compulsive disorder. *Journal of Anxiety Disorders, 66*(2019), 102110.

Martin, M., & Williams, R. (1990). Imagery and emotion: Clinical and experimental approaches. In P. Hampson, P.J. Marks, F. David, J.T.E. Richardson (Eds), *Imagery: Current developments* (pp. 268–306). Florence, KY: Taylor & Francis/Routledge.

Mathews, A., & MacLeod, C. (2005). Cognitive vulnerability to emotional disorder. *Annual Review of Clinical Psychology, 1,* 167–195. ▶ https://doi.org/10.1146/annurev.clinpsy.1.102803.143916.

May, J., Andrade, J., Panabokke, N., & Kavanagh, D. (2004). Images of desire: Cognitive models of craving. *Memory, 12,* 447–461. ▶ https://doi.org/10.1080/09658210444000061.

McNally, R. J. (2005). Debunking myths about trauma and memory. *Canadian Journal of Psychiatry, 50,* 817–822.

Meevissen, Y. M. C., Peters, M. L., & Alberts, H. J. E. M. (2011). Become more optimistic by imagining a best possible self: Effects of a two-week intervention. *Journal of Behavior Therapy and Experimental Psychiatry, 42,* 371–378.

Morina, N., Deeprose, C., Pusowski, C., Schmid, M., & Holmes, E. A. (2011). Prospective mental imagery in patients with major depressive disorder or anxiety disorders. *Journal of Anxiety Disorders, 25*(8), 1032–1037. ▶ https://doi.org/10.1016/j.janxdis.2011.06.012.

Morina, N., Lancee, J., & Arntz, A. (2017). Imagery rescripting as a clinical intervention for aversive memories: A meta-analysis. *Journal of Behavior Therapy and Experimental Psychiatry, 55,* 6–15. ▶ https://doi.org/10.1016/j.jbtep.2016.11.003.

Morrison, A. P. (2004). The use of imagery in cognitive therapy for psychosis: A case example. *Memory, 12*(4), 517–524.

Morrison, A., Beck, A. T., Glentworth, D., Dunn, H., Reid, G. S., Larkin, W., et al. (2002). Imagery and psychotic symptoms: A preliminary investigation. *Behaviour Research and Therapy, 40,* 1053–1062.

Moritz, S., Ahlf-Schumacher, J., Hottenrott, B., Peter, U., Franck, S., Schnell, T., et al. (2018). We cannot change the past, but we can change its meaning: A randomized controlled trial on the effects of self-help imagery rescripting on depression. *Behaviour Research and Therapy, 104,* 74–83.

Moscovitch, D. A., Gavric, D. L., Merrifield, C., Bielak, T., & Moscovitch, M. (2011). Retrieval properties of negative vs. positive mental images and autobiographical memories in social anxiety: Outcomes with a new measure. *Behaviour Research and Therapy, 49*(8), 505–517.

Moulton, S. T., & Kosslyn, S. M. (2009). Imagining predictions: Mental imagery as mental emulation. *Philosophical Transactions of The Royal Society B: Biological Sciences, 364*(1521), 1273–1280. ▶ https://doi.org/10.1098/rstb.2008.0314.

Nader, K. (2003). Re-recording human memories. *Nature, 425,* 571–572.

Nadort, M. M., Arntz, A., Smit, J. H., Giesen-Bloo, J., Eikelenboom, M., Spinhoven, P., et al. (2009). Implementation of outpatient schema therapy for borderline personality disorder with versus without crisis support by the therapist outside office hours: A randomized trial. *Behaviour Research and Therapy, 47,* 961–973.

Newby, J. M., & Moulds, M. L. (2011). Characteristics of intrusive memories in a community sample of depressed, recovered depressed and never-depressed individuals. *Behaviour Research and Therapy, 49,* 234–243.

Neziroglu, F., Khemlani-Patel, S., & Yaryura-Tobias, J. A. (2006). Rates of abuse in body dysmorphic disorder and obsessive-compulsive disorder. *Body Image, 3,* 189–193.

Nielsen, T., & Levin, R. (2007). Nightmares: A new neurocognitive model. *Sleep Medicine Reviews, 11*(4), 295–310. ▶ https://doi.org/10.1016/j.smrv.2007.03.004.

Nilsson, J., Lundh, L., & Viborg, G. (2012). Imagery rescripting of early memories in social anxiety disorder: An experimental study. *Behaviour Research and Therapy, 50*(6), 387–392. ▶ https://doi.org/10.1016/j.brat.2012.03.004.

Nordahl, H. M., & Nysaeter, T. E. (2005). Schema therapy for patients with borderline personality disorder: A single case series. *Journal of Behavior Therapy and Experimental Psychiatry, 36,* 254–264. ▶ https://doi.org/10.1016/j.jbtep.2005.05.007.

Norton, A. R., & Abbott, M. J. (2016). The efficacy of imagery rescripting compared to cognitive restructuring for social anxiety disorder. *Journal of Anxiety Disorders, 40,* 18–28.

Osman, S., Cooper, M., Hackmann, A., & Veale, D. (2004). Spontaneously occurring images and early memories in people with body dysmorphic disorder. *Memory, 12*(4), 428–436.

Øktedalen, T., Hoffart, A., & Langkaas, T. F. (2015). Trauma-related shame and guilt as time-varying predictors of posttraumatic stress disorder symptoms during imagery exposure and imagery rescripting: A randomized controlled trial. *Psychotherapy Research, 25*(5), 518–532. ▶ https://doi.org/10.1080/10503307.2014.917217.

Patel, T., Brewin, C. R., Wheatley, J., Wells, A., Fisher, P., & Myers, S. (2007). Intrusive images and memories in major depression. *Behaviour Research and Therapy, 45,* 2573–2580.

Paulik, G., Steel, C., & Arntz, A. (2019). Imagery rescripting for the treatment of trauma in voice hearers: A case series. *Behavioural and Cognitive Psychotherapy,* 1–17. ▶ https://doi.org/10.1017/S1352465819000237.

Pearson, J., Naselaris, T., Holmes, E. A., & Kosslyn, S. M. (2015). Mental imagery: Functional mechanisms and clinical applications. *Trends in Cognitive Sciences, 19*(10), 590–602.

Pennesi, J.-L., & Wade, T. D. (2018). Imagery rescripting and cognitive dissonance: A randomized controlled trial of two brief online interventions for women at risk of developing an eating disorder. *International Journal of Eating Disorders, 51,* 439–448.

Pictet, A., Coughtrey, A. E., Mathews, A., & Holmes, E. A. (2011). Fishing for happiness: The effects of positive imagery on interpretation bias and a behavioral task. *Behaviour Research and Therapy, 49,* 885–891.

Pile, V., & Lau, J. Y. (2018). Looking forward to the future: Impoverished vividness for positive prospective events characterises low mood in adolescence. *Journal of Affective Disorders, 238,* 269–276.

Raabe, S., Ehring, T., Marquenie, L., Olff, M., & Kindt, M. (2015). Imagery rescripting as stand-alone treatment for posttraumatic stress disorder related to childhood abuse. *Journal of Behavior Therapy and Experimental Psychiatry, 48,* 170–176.

Rachmann, S. (2007). Unwanted intrusive images in obsessive compulsive disorders. *Journal of Behavior Therapy and Experimental Psychiatry, 38,* 402–410.

Reimer, S. G., & Moscovitch, D. A. (2015). The impact of imagery rescripting on memory appraisals and core beliefs in social anxiety disorder. *Behaviour Research and Therapy, 75,* 48–59.

Reiss, N., Warnecke, I., Tibubos, A. N., Tolgou, T., Luka-Krausgrill, U., & Rohrmann, S. (2018). Effects of cognitive-behavioral therapy with relaxation vs. imagery rescripting on psychophysiological stress responses of students with test anxiety in a randomized controlled trial. *Psychotherapy Research,* 1–2. ▶ https://doi.org/10.1080/10503307.2018.1475767.

Renner, F., Ji, J. L., Pictet, A., Holmes, E. A., & Blackwell, S. E. (2017). Effects of engaging in repeated mental imagery of future positive events on behavioural activation in individuals with major depressive disorder. *Cognitive Therapy and Research, 41,* 369–380. ▶ https://doi.org/10.1007/s10608-016-9776-y.

Rijkeboer, M. M., Daemen, J. J., Flipse, A., Bouwman, V., & Hagenaars, M. A. (2019). Rescripting experimental trauma: Effects of imagery and writing as a way to reduce the development of intrusive memories (in press). *Journal of Behavior Therapy and Experimental Psychiatry.* ▶ https://doi.org/10.1016/j.jbtep.2019.04.004.

Ritter, V., & Stangier, U. (2016). Seeing in the mind's eye: Imagery rescripting for patients with body dysmorphic disorder. A single case series. *Journal of Behavior Therapy and Experimental Psychiatry, 50,* 187–195.

Roediger, E., Stevens, B., Brockman, R., Behary, W. T., & Young, J. (2018). *Contextual schema therapy: An integrative approach to personality disorders, emotional dysregulation, & interpersonal functioning.* Oakland: New Harbinger Publications.

Saddichha, S., Kumar, A., & Pradhan, N. (2012). Cognitive schemas among mental health professionals: Adaptive or maladaptive? *Journal of Research in Medical Sciences, 17,* 523–526.

Schacter, D. L., & Addis, D. R. (2007). The cognitive neuroscience of constructive memory: Remembering the past and imagining the future. *Philosophical Transactions of the Royal Society B: Biological Sciences, 362*(1481), 773–786. ▶ https://doi.org/10.1098/rstb.2007.2087.

Schacter, D. (1997). *Memory distortion: How minds, brains, and societies reconstruct the past.* Cambrigde: Harvard University Press.

Schacter, D. L., Addis, D. R., & Buckner, R. L. (2008). Episodic simulation of future events: Concepts, data, and applications. *Annals of the New York Academy of Sciences, 1124,* 39–60.

Schacter, D. L., Addis, D. R., Hassabis, D., Martin, V. C., Spreng, R. N., & Szpunar, K. K. (2012). The future of memory: Remembering, imagining, and the brain. *Neuron, 76,* 677–694.

Schredl, M. (2016). Dreams and nightmares in personality disorders. *Current Psychiatry Reports, 18*(2), 1–5. ▶ https://doi.org/10.1007/s11920-015-0653-2.

Schulze, K., Freeman, D., Green, C., & Kuipers, E. (2013). Intrusive mental imagery in patients with persecutory delusions. *Behaviour Research and Therapy, 51,* 7–14.

Seebauer, L., Froß, S., Dubaschny, L., Schönberger, M., & Jacob, G. (2013). Is it dangerous to fantasize revenge in imagery exercises? An experimental study. *Journal of Behavior Therapy and Experimental Psychiatry, 45,* 20–25. ▶ https://doi.org/10.1016/j.jbtep.2013.07.003.

Selby, E. A., Anestis, M. D., & Joiner, T. E. (2007). Daydreaming about death: Violent daydreaming as a form of emotion dysregulation in suicidality. *Behavior Modification, 31*(6), 867–879.

Serruya, G., & Grant, P. (2009). Cognitive-behavioral therapy of delusions: Mental imagery within a goal-directed framework. *Journal of Clinical Psychology: In session, 65*(8), 791–802.

Sirigu, A., & Duhamel, J. R. (2001). Motor and visual imagery as two complementary but neurally dissociable mental processes. *Journal of Cognitive Neuroscience, 13,* 910–919.

Smucker, M. R., & Niederee, J. (1995). Treating incest-related PTSD and pathogenic schemas through imaginal exposure and rescripting. *Cognitive and Behavioral Practice, 2,* 63–93. ▶ https://doi.org/10.1016/S1077-7229(05)80005-7.

Somerville, K., Cooper, M., & Hackmann, A. (2007). Spontaneous imagery in women with bulimia nervosa: An investigation into content, characteristics and links to childhood memories. *Journal Behavior Therapy & Experimental Psychiatry, 38,* 435–446.

Speckens, A. E. M., Hackman, A., Ehlers, A., & Cuthbert, B. (2007). Imagery special issue: Intrusive images and memories of earlier adverse events in patients with obsessive compulsive disorder. *Journal of Behavior Therapy and Experimental Psychiatry, 38,* 411–422.

Spoormaker, V. I., Schredl, M., & Van den Bout, J. (2006). Nightmares: From anxiety symptom to sleep disorder. *Sleep Medicine Reviews, 10*(1), 19–31. ▶ https://doi.org/10.1016/j.smrv.2005.06.001.

Steil, R., Jung, K., & Stangier, U. (2011). Efficacy of a two-session program of cognitive restructuring and imagery modification to reduce the feeling of being contaminated in adult survivors of childhood sexual abuse: A pilot study. *Journal of Behavior Therapy and Experimental Psychiatry, 42*(3), 325e329. ▶ http://dx.doi.org/10.1016/j.jbtep.2011.01.008.

Stopa, L. (2009). Reconceptualizing the self. *Cognitive and Behavioral Practice, 16,* 142–148.

Stopa, L., & Jenkins, A. (2007). Images of the self in social anxiety: Effects on the retrieval of autobiographical memories. *Journal of Behavior Therapy and Experimental Psychiatry, 38,* 459–473.

Stopa, L., Brown, M., & Hirsch, C. (2012). The effects of repeated imagery practice on self-concept, anxiety and performance in socially anxious participants. *Journal of Experimental Psychopathology, 3,* 223–242. ▶ https://doi.org/10.5127/jep.021511.

Suddendorf, T., & Corballis, M. C. (2007). The evolution of foresight: What is mental time travel, and is it unique to humans? *Behavioral and Brain Sciences, 30,* 299–351. ▶ https://doi.org/10.1017/S0140525X07001975.

Ten Napel-Schutz, M. C., Abma, T. A., Bamelis, L., & Arntz, A. (2011). Personality disorder patients' perspectives on the introduction of imagery within schema therapy: A qualitative study of patients' experiences. *Cognitive and Behavioral Practice, 18,* 482–490. ▶ https://doi.org/10.1016/j.cbpra.2011.04.005.

Thomas, A. K., Hannula, D. E., & Loftus, E. F. (2007). How self-relevant imagination affects memory for behaviour. *Applied Cognitive Psychology, 21*(1), 69–88.

Torkan, H., Blackwell, S. E., Holmes, E. A., Kalantari, M., Neshat- Doost, H. T., Maroufi, M., et al. (2014). Positive imagery cognitive bias modification in treatment-seeking patients with major depression in Iran: A pilot study. *Cognitive Therapy and Research, 38,* 132–145. ▶ https://doi.org/10.1007/s10608-014-9598-8.

Van Asselt, A. D. I., Dirksen, C. D., Arntz, A., Giesen-Bloo, J. H., Van Dyck, R., Spinhoven, P., et al. (2008). Outpatient psychotherapy for borderline personality disorder: Cost-effectiveness of schema-focused therapy versus transference-focused psychotherapy. *British Journal of Psychiatry, 192,* 450–457. ▶ https://doi.org/10.1192/bjp.bp.106.033597.

Van der Hart, O., Brown, P., & Van der Kolk, B. A. (1989). Pierre Janet's treatment of posttraumatic stress disorder. *Journal of Traumatic Stress, 2,* 379–395.

Van der Wijngaart, R., & Hayes, C. (2016). Fine tuning imagery rescripting. ▶ www.schematherapy.nl.

Van der Wijngaart, R., & Kreutzkamp, R. (2016). Cognitieve therapie, methoden en technieken. ▶ www.schematherapy.nl.

Veale, D. (2004). Advances in a cognitive behavioural model of body dysmorphic disorder. *Body Image, 1*(1), 113–125. ▶ https://doi.org/10.1016/s1740-1445(03)00009-3.

Literatuur

Veale, D., & Neziroglu, F. (2010). *Body dysmorphic disorder: A treatment manual.* Chichester: Wiley.

Veale, D., Page, N., Woodward, E., & Salkovskis, P. (2015). Imagery rescripting for obsessive compulsive disorder: A single case experimental design in 12 cases. *Journal of Behavior Therapy and Experimental Psychiatry, 49,* 230e236. ► http://dx.doi.org/10.1016/j.jbtep.2015.03.003.

Vickers, K. S., & Vogeltanz, N. D. (2000). Dispositional optimism as a predictor of depressive symptoms over time. *Personality and Individual Differences, 28*(2), 259–272. ► https://doi.org/10.1016/S0191-8869(99), 00095-1.

Voncken, M., Janssen, I., Dibbets, P. & Keijsers, G. (2019). Versterkt een cognitieve uitdaging als voorbereiding op imaginatie met rescripting (ImRs) het therapeutisch effect of is het een verspilling van kostbare tijd? Presentatie Najaarscongres Vereniging voor Cognitieve Gegedragstherapie.

Weertman, A., & Arntz, A. (2007). Effectiveness of treatment of childhood memories in cognitive therapy for personality disorders: A controlled study contrasting methods focusing on the present and methods focusing on childhood memories. *Behaviour Research and Therapy, 45,* 2133–2143.

Weßlau, C., & Steil, R. (2014). Visual mental imagery in psychopathology: Implications for the maintenance and treatment of depression. *Clinical Psychology Review, 34,* 273–281.

Whitaker, K. L., Brewin, C. R., & Watson, M. (2010). Imagery rescripting for psychological disorder following cancer: A case study. *British Journal of Health Psychology, 15,* 41–50. ► https://doi.org/10.1348/135910709X425329.

Whiting, S. W., & Dixon, M. R. (2013). Effects of mental imagery on gambling behavior. *Journal of Gambling Studies, 29*(3), 525–534. ► https://doi.org/10.1007/s10899-012-9314-0.

Wild, J., Hackmann, A., & Clark, D. M. (2007). When the present visits the past: Updating traumatic memories in social phobia. *Journal of Behavior Therapy and Experimental Psychiatry, 38*(4), 386–401.

Wild, J., Hackmann, A., & Clark, D. M. (2008). Rescripting early memories linked to negative images in social phobia: A pilot study. *Behavior Therapy, 39*(1), 47–56.

Willson, R., Veale, D., & Freeston, M. (2016). Imagery rescripting for body dysmorphic disorder: A multiple-baseline single-case experimental design. *Behavior Therapy, 47*(2), 248–261.

Young, J. E., Klosko, J. S., & Weishaar, M. E. (2003). *Schema therapy: A practitioner's guide.* New York: Guilford.

GPSR Compliance

The European Union's (EU) General Product Safety Regulation (GPSR) is a set of rules that requires consumer products to be safe and our obligations to ensure this.

If you have any concerns about our products, you can contact us on

ProductSafety@springernature.com

In case Publisher is established outside the EU, the EU authorized representative is:

Springer Nature Customer Service Center GmbH
Europaplatz 3
69115 Heidelberg, Germany

www.ingramcontent.com/pod-product-compliance
Ingram Content Group UK Ltd.
Pitfield, Milton Keynes, MK11 3LW, UK
UKHW050417240426
12048UKWH00014B/681